游戏化工作

实践蒙氏教育本土化的幼儿园案例

须晶晶　主编

浙江教育出版社·杭州

本书编委会

主　　编：须晶晶

副 主 编：朱　烨　王晓星　郑　慧

编　　委：唐旦旦　赵绮容　鲁瑭玉　余悠悠

编写人员：张　曼　陈翡翠　许　君　傅金丽
　　　　　方红雨　徐阳影　周若妍　沈佳璐
　　　　　陈佳璐

这是一个全新的视角

蒙氏教育是意大利教育家玛丽亚·蒙台梭利创造发明的利用蒙氏教具进行教育的一种教学法。我国学者也于20世纪初开始进行相关的理论研究与实践探索，并对我国学前教育改革产生重要而深远的影响。

鉴于学前阶段幼儿的学习是"以游戏为基本活动"，这一学习方式与蒙台梭利教育所倡导的"工作"有较大的差异。于是，我在想，应该将蒙氏教育思想、工具与教学方式进行本土化，在"游戏"与"工作"中寻找融合点。这一全新视角很快被杭州市西湖区莲花港幼儿园须晶晶园长及其研究团队所认可。作为一支具备较强创新力、思考力的研究团队，莲花港幼儿园坚定文化自信，对蒙氏教育开启了本土化探索。特别是近五年，根据我们共同探讨的思路，幼儿园架构了"游戏化工作"的教学模式，以体现"完整儿童发展"为指向，实现成事与育人相结合；以"项目化任务"为载体，实现游戏与"工作"相结合；以"主题式单元"为形态，实现非预设性活动和结构化活动相结合等特点，通过项目构建、环境支持的机制运行，将幼儿无意识的"游戏"与有目的的"工作"相融合，既凸显"工作"的学习特征，又贯穿"游戏"的精神，让幼儿的游戏与学习更有质量。

今天，作为"蒙氏教育本土化"探索成果的第三本书——《游戏化工作——实践蒙氏教育本土化的幼儿园案例》终于问世了。在翻阅书稿时，我有感于幼儿园在实践探索中已经形成相对完整的教学体系，这为同行们提供了一个很好的研究范式。值得肯定是：

首先，本书具有前瞻性。面对未来社会的发展，我们的生产力和生活方式正发生着显著的变化。以人工智能为代表的第四次工业革命兴起，创新成为生产力发展的关键因素。世界经济论坛发布题为《未来学校为第四次工业革命定义新的教育模式》的报告（以下简称《报告》）。《报告》提出了"教育4.0"全球框架，强调实现高质量学习是教育模式创新的第一步，教育质量尤其是童年时期的教育质量，对人今后的生活和工作具有重大影响。《报告》在谈及"个性化和自定进度学习"这一特征时，强调学习应从一个标准化的系统转向以学习者为中心和最大优化的学生驱动式的系统，学生可以基于自己的兴趣选择学习的进度、工具、目标。这一特征与幼儿教育所提倡的个性化教育的理念相一致。在培养"完整儿童"的道路上，我们尊重幼儿的个体差异，通过个性化的教学策略和方法，促进幼儿在认知、情感、社交等多方面的全面发展，使其形成独特的个性特征。

其次，本书具有科学性。本书作为具有实践指导意义的手册，所提供的活动案例是具有科学性的。它的科学性不仅源于蒙台梭利对幼儿吸收性心智和敏感期的了解，更源于现代科学家对脑科学领域的探索，进而证实了人脑对信息加工是多通道相互作用的结果。因此，本书案例反映了不同年龄段幼儿发展的内在动机，构建了感官学习的新模式，对有效提高幼儿的学习能力起到了较大的作用。

俗话说，施工有规范才有质量。"游戏化工作"体系的建立不是一蹴而就的，它需要通过一个严谨的、科学的建设规范才能结出硕果。我在与研究团队的对话中得知，自启动西湖区幼儿园特色项目创建工作以来，莲花港幼儿园在须晶晶园长的带领下成立了研究小组，通过各种渠道深入了解园所实际，分析课改实际需求。2018年，通过三重环境、三化设计、三坊实施，莲花港幼儿园逐渐形成蒙氏混龄教育本土化操作模式。2019年，通过对"工作"与游戏

的深度剖析，研究小组指向幼儿深度学习的样态，形成符合《幼儿园教育指导纲要（试行）》《3～6岁儿童学习与发展指南》要求的四维度"游戏化工作"学习路径的研究成果。近五年来，幼儿园对研究成果不断总结与更新，在全国推广的同时，通过打磨高质量的经典案例，形成了操作体系，发表了一系列研究成果。

从蒙氏教育本土化建设的研究历程看，我看到了一整套课程建设的规范体系，这是课程高质量发展的前提。当然，课程质量的保证不仅要有规范的制度，实际上还要靠优质的教师团队。今天，幼儿园大多都在谈课程执行力。莲花港幼儿园的教师从最初忠实地执行课程方案，到通过相互调适，与课程设计者双向互动与改变，对课程进行修正调整，再到结合师幼在教学中的具体情境，创生出"游戏化工作"的教学改革经验。教师们所经历的三次变化，意味着幼儿园课程从追求"技术理性"到追求"实践理性"，再到追求"解放理性"，体现了本土化变革的发展方向。

本书不仅是蒙氏教育本土化在我国幼儿园课程改革中的大胆创新，让幼儿在游戏与学习中找到平衡，更为幼儿园课程建设提供了新思路。同时，作为园本课程资源，教师们的深度学习与思考也是推动课程建设不断走向科学和高效的动力。莲花港幼儿园将游戏与"工作"相结合，因时因地转化，体现了儿童为本的教育理念，这是非常可贵的创新精神！最后，祝贺莲花港幼儿园以全新的视角，找到了打开园本课程的金钥匙：游戏化工作！

是为序，与大家共勉！

浙江大学教授　课程与教学论博士生导师
2024年9月

编写说明

自2021年起，我们便有了编撰本书的想法。首先是因为莲花港幼儿园近三年都在研究"游戏化工作"这一新的学习路径，它是我们十余年来坚持蒙氏教育本土化改革背景下的重大创新突破，且申报了基础教学成果奖，取得了好成绩。其次是因为撰写的前两部与蒙氏教育本土化实践相关的著作陆续出版后，得到了许多同行的好评与认可，希望我们将"游戏化工作"这一最新研究成果也能整理成文字，为更多正在做或即将做蒙氏教育本土化改革的幼儿园提供可参考的实践经验。为使读者对我们的研究成果有更深入的理解，我们从"游戏化工作从哪里来，是什么，如何去做"等方面进行说明，并将研究成果转化成八个主题的教育实践案例呈现给读者。本编写说明立足于大量的基础研究，主要针对"游戏化工作"进行阐述，如有不当之处请读者批评指正。

2012年9月《3~6岁儿童学习与发展指南》（以下简称《指南》）实施十年，游戏在幼儿园教学中的普适性价值被大家认同，也是深受幼儿喜欢的学习方式之一。然而，尽管我们希望幼儿在游戏中获得充分的"感受""体验"和"表达"，但受限于游戏自身的特点，幼儿开展的活动主要是对成人的模仿、学习，以满足对未来生活的好奇心与需求，较难为未来生活奠基。2023年6

月,《中华人民共和国学前教育法(草案)》的通过,更是一件在中国学前教育发展中具有里程碑式意义的事件。随着新时代学前教育转向"以提高幼儿学习质量,满足培养高质量的未来公民和劳动力为目标",作为一所自2001年就率先实施蒙氏教育本土化改革并延续至今的公办幼儿园,我们因地制宜地进一步去思考如何适应新形势,为探索新的幼儿学习样式做出有意义的实践。

从幼儿学习的两种学习立场中寻找融合点

聚焦全球学前教育发展理念,存在两种学习立场:一是以游戏为立场的学习。以福禄培尔、卢梭为代表提出"幼儿是在游戏中学习"。游戏作为教育教学的主要形式,具有自主性、娱乐性和教育性特点,但也因游戏本身的特点容易造成如下问题:幼儿在游戏中缺少对真实生活技能的学习;幼儿在游戏中往往处于假想情境,缺少对真实生活文化的了解;游戏是以幼儿为中心的活动,教师较难对幼儿的学习进行设计。二是以工作为立场的学习。由蒙台梭利提出"幼儿是在工作中学习"。她认为幼儿的工作与成人的工作不同,幼儿是"为工作而生活",是有目的、有秩序、有智慧、有创造性地学习,但由于工作缺少趣味性,便在一定程度上限制了幼儿天性的释放和社会交往能力的发展。从《指南》的要求看,强调游戏为幼儿的后继学习和终身发展奠定良好的素质基础,同时,认为游戏是幼儿最喜欢的、幼儿园必须坚持的学习方式之一。怎样既能关注幼儿以游戏化方式的学习,又能突出幼儿学习品质的培养,融合两种学习立场,探索出符合《指南》要求的、适应我国国情的幼儿学习方式,正是本书编写的重要意义所在。

以"游戏化工作"破解幼儿游戏学习的浅层化问题

现阶段,造成幼儿游戏学习浅层化的主要原因,很大程度上是没有处理好游戏与教学的关系。面向未来教育的改革,其立场应让游戏与工作共存。为

此我们提出"游戏化工作"的理念，从游戏和工作的角度探索新的幼儿学习方式，破解幼儿游戏学习浅层化的问题。本书中涉及的幼儿园案例是蒙氏教育本土化实践的又一创新举措。基于儿童立场的"游戏化工作"就是一种面向未来的幼儿学习新模式，它将幼儿无意识的游戏与有目的的工作相融合，坚持游戏与工作相结合的原则，既凸显工作化学习的特征，又兼顾游戏化的精神，使幼儿在游戏与工作的统一中获得自主发展。为此，团队经过三年的研究，提出了"游戏化工作"的学习新概念并付诸实践，从游戏和工作角度架构新的学习方式，破解幼儿游戏学习浅层化难题，形成面向未来的幼儿学习新模式。

"游戏化工作"的原理、理念与特征

"游戏化工作"是幼儿园经过多年探索提出的幼儿学习新概念，它指向为幼儿未来生活做准备，通过选取两种学习理论要素，经科学地组合与叠加所形成的幼儿学习新模式。

1.原理

"游戏化工作"是从幼儿的兴趣爱好和日常生活出发，以"工作"为幼儿的学习基础，融入游戏元素，让幼儿在有意义的"工作"情境中发现问题，将之转化为活动主题，从而开展相应的学习活动（图1）。它既凸显"工作"的学习特征，又体现游戏化的学习精神。

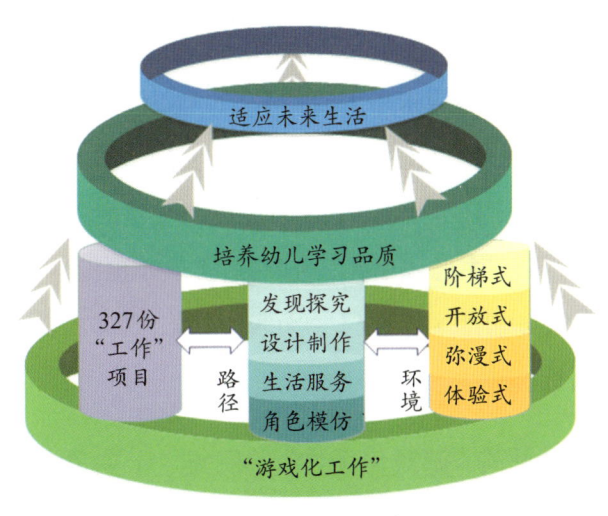

图1 幼儿"游戏化工作"的新学习模式模型图

"游戏化工作"由项目、路径、环境三大部分组成：项目由327份"工作"

构成（本书仅以主题案例的形式出现，未包含全部"工作"）；路径包括"发现探究""设计制作""生活服务""角色模仿"四部分；环境包含阶梯式环境、开放式环境、弥漫式环境和体验式环境。路径是工作实施的主渠道，环境是工作实施的外部条件，三者相辅相成，构成了幼儿"游戏化工作"的新学习模式的整体。

2. 理念

指向幼儿未来的有目的的学习和生活。让幼儿在有意义的日常情境中开展游戏化工作，习得实现高质量学习的各种能力，以满足幼儿不断发展的需求。

将"游戏化工作"全面融入五大领域发展。把新的学习模式融入五大领域，实现游戏与工作在愉悦性、严谨性、成就性上的有机融合。

支持儿童知识、经验的自主建构与完善。项目设计既体现特定目标的指向性，又体现领域目标的综合性；难度设计既有任务完成的可能性，又有一定程度的挑战性；过程设计既强调独立性与合作性的结合，又能促进自主性的发展。

3. 特征

以"完整儿童发展"为指向，实现成事与成人相结合。"游戏化工作"使幼儿获得了适应未来生活和学习的能力，促进幼儿健全人格的发展。

以"项目化任务"为载体，实现游戏与"工作"相结合。坚持新学习的项目导入、任务驱动，在项目完成的过程中激发幼儿深入学习。

以"主题式单元"为形态，实现非预设性活动和结构化活动相结合。关注幼儿学习的主体性与主题的生成性，既突出自由选择、自主操作，又蕴含教育目标。

解构"游戏化工作"的四维、十要素

我们从幼儿生活的现实出发，围绕主题设计了"发现探究、设计制作、生活服务、角色模仿"四个维度的学习形态，总结了操作的十大要素。因学习性质不一样，其教学实施也就各不相同。

1. 发现探究

发现探究的教学实施是基于幼儿观察事物的兴趣，以分组式集思广益、抱团式交流讨论等学习途径，通过"无边界"的猜想、"打破砂锅问到底"的质疑、"反复"的试错等环节，为幼儿猜想与质疑提供平台，以提升幼儿探寻缘由、解决问题的能力。

"无边界"的猜想是指对正在探究的事物有着海阔天空的猜想。"打破砂锅问到底"的质疑是指在验证过程中发现答案和猜想存在差异时，不断询问和疑惑"为什么这样做"的执着。"反复"的试错是指沉迷于不断尝试、验证的过程，反反复复，不厌其烦。通过此三个要素的实施，来探索事物变化的本质（见表1）。

表 1 发现探究的要素及案例

要素	幼儿行为	指南	案例举要 目标	案例举要 行为	案例举要 双链接
"无边界"的猜想	海阔天空的猜想	创设探究的情境，关注幼儿探究的兴趣	"花儿朵朵开" 1.感知纸张的质地	大胆猜测：不同质地的纸花放入水中是否都能"开花"	链接主题："芽儿苞苞""小树弟弟"等 链接生活：观察、寻找水的其他特性，如浮力、张力等
"打破砂锅问到底"的质疑	不断询问和疑惑"为什么这样做"	聚焦问题、答案之间的联系，梳理幼儿探究的经验	2.发现质地不同的纸张在水中的张力也不同 3.提升解决问题、善于合作、乐于表达的能力	积极思考：为什么有些纸花能"开"，有些不能"开"	
"反复"的试错	是不断尝试、验证的过程	引导幼儿尝试反复操作，提升幼儿探究的品质		反复验证：在探究中获得对不同纸张的质地的认知	

2.设计制作

设计制作以艺术类为主的内容,根据幼儿对艺术的兴趣,以"与众不同涂鸦手""想唱就唱的小歌手"等艺术展示方式,通过"多通道"的感知、"独一无二"的设计等环节,生成提升幼儿艺术创新能力的游戏化工作操作模式。

"多通道"的感知是指在工作中通过手、眼、鼻、耳等多种感官感受材料之间的差异性,感知作品各方面的特点。"独一无二"的设计是指在设计图、设计实物中每个幼儿都体现出自己的独特性,呈现出作品的专属性。通过这两个要素的实施,来丰富幼儿艺术的表征(见表2)。

表 2 设计制作的要素及案例

要素	幼儿行为	指南	案例举要 目标	案例举要 行为	案例举要 双链接
"多通道"的感知	通过手、眼、鼻、耳等多种感官尝试感受	创设真实情境,激活幼儿感官体验	"缤纷树叶" 1.接触并发现自然界的落叶 2.发挥想象,用绘画、喷染、编织等方式进行表达、表现	听与看:在自然中听落叶落下的声音、捡树叶、观察树叶外形	链接主题:"会跳舞的树叶"等链接生活:在T恤衫、球鞋上用果子、叶子等进行装饰
"独一无二"的设计	表现独特创意,表现作品的专属性	引导幼儿自主选择材料,萌发创意进行制作		表达与表现:两人为一组,利用喷染、编织等方式进行创作	

3.生活服务

生活服务是链接幼儿生活经验,以劳动的方式满足幼儿的成长需求,使其获得令人欣喜的满足感的一种教学实施。该游戏化工作类型可以通过"好朋友式"的分工、"小红花式"的点赞等环节,实现幼儿的情感互动。

"好朋友式"的分工是指团队中的幼儿像朋友一样聊天、结伴、分工，体验和自己的好朋友一起学习的快乐。"小红花式"的点赞是指服务中对同伴进行口头赞扬和鼓励，在互相点赞的过程中，一同完成学习任务。通过以上两个要素的实施，促进师幼、幼幼之间的情感互动(见表3)。

表3 生活服务的要素及案例

要素	幼儿行为	指南	案例举要 目标	案例举要 行为	案例举要 双链接
"好朋友式"的分工	与好朋友能分工合作，体验学习的快乐	投放自主服务"工作"，引发幼儿协商与分工行为	"我来清洗" 1.学会借助工具进行清洗的基本方法 2.提升自我服务能力 3.体验与同伴合作的乐趣	协商：2~3人为一组，协商劳动内容，确定任务 分工：谁拿工具、谁涂抹肥皂、谁清洗桌子	链接主题："我爱我家"等 链接生活：独立打饭，整理碗筷、衣裤和房间，一日生活链接劳动
"小红花式"的点赞	在互相点赞过程中完成学习任务	引导幼儿相互配合、共同劳动，收获同伴友好的称赞		点赞："清洗得真干净！"	

4.角色模仿

角色模仿是幼儿在模拟情境中进行各种社会角色的模仿，以个性化模仿、扮演、体验多样化的职业角色，提升小小主人翁的责任意识。通过"以我为中心"的冲突、"你我之间"的共识、"我不怕"的挑战等环节，实现幼儿对社会生活的体验和理解。

"以我为中心"的冲突解决是指幼儿在模仿时呈现在问题、角色、观点中的自我冲突、亲子冲突或者资源冲突，通过沟通、协商以解决冲突的行为。

"你我之间"的共识是指面对问题相互协商、相互接纳、彼此谦让。"我不怕"的挑战是指幼儿凭借不怕输的韧劲,不断挑战自我。通过以上三个要素的实施,实现幼儿对社会生活的理解(见表4)。

表4 角色模仿的要素及案例

要素	幼儿行为	指南	案例举要		
			目标	行为	双链接
"以我为中心"的冲突	模拟各类有冲突的情境(含角色扮演、亲子关系、资源等),学习沟通、协商解决问题的能力	情境回顾后,引导幼儿思考形成冲突的根源	"小小面点师" 1.了解制作的基本流程 2.体会"面点师"的辛苦 3.改善自我的行为	创设环境:共同创设自主制作面食的环境	链接主题:"小鬼显身手"等 链接生活:通过和父母买菜、洗菜,陪伴弟弟或妹妹游戏等,感受父母的辛苦
"你我之间"的共识	相互协商、相互接纳、彼此谦让	引导幼儿尝试沟通、协商并相互谅解		冲突谅解:通过立公约、团体讨论等方式进行协商,达成彼此谅解的目的	
"我不怕"的挑战	凭借不怕输的韧劲,不断挑战自我	引导幼儿迁移情感,在合作中化解冲突		情感迁移:体验美味的面食并意识到面食来之不易	

本书选取了"厉害了,我的国""秋天的礼物""我要长大""抱抱冬

天""了不起的我""春天拍了拍你""创客小玩家""完美夏日"八个经典主题案例，从主题说明、环境创设、家园共育等方面提出可行性建议，记录了开展的96个"游戏化工作"、80个教学活动，体现了不同类型的游戏化工作特质以及教学样态，使游戏与"工作"两种学习方式更加有机融合，建立更加完善的学习体系，使之成为幼儿适应未来生活的学习法宝。我们为此做了更加深入的研究，促进幼儿持续、有深度地学习。本书列举了大量的"游戏化工作"案例，围绕课程改革，聚焦教学质量，将教师智慧以文字的形式，与读者分享。其中既有教师从教学实践中得来的鲜活案例，又能体现她们对日常教学活动的独到见解。

莲花港幼儿园一直潜心研究蒙氏教育本土化实践。2019年，我们编写的第一本研究成果——《莲花港范式：蒙氏教育本土化的园本探索》出版了，该书从"三重环境、'三化'设计、三坊实施"的改造行动入手，形成新的行动范式；2021年，我们的第二个研究成果——《民俗节日主题：蒙氏教育活动的本土化设计》应运而生，更好地帮助教师开展有中国文化特色的教育教学活动，使传统"民俗节日"文化在融合与创新中获得传承，此时对"游戏化工作"也已有了初步探索；2024年，我们的第三本研究成果即本书——《游戏化工作——实践蒙氏教育本土化的幼儿园案例》即将问世。本书既可以作为案例分享，也可作为教师指导用书，从而指导教师真正破解幼儿游戏学习浅层化的问题。"游戏化工作"作为本幼儿园的原创理念，融合了两种学习立场，形成面向未来的幼儿学习新模式。

五年来三本书的陆续面世，从理论研究到实践探索，我们一直致力于对蒙氏教育本土化坚持不懈的改革与创新。如今，我们对怎样着眼于幼儿的未来生活和工作寻找合适的学习方式，已经做了长足、有益的探索。最后，我想代表编委会由衷感谢杭州市教育局、西湖区教育局对我们研究的认可与厚爱，感谢指导过此课题的教育专家，特别是浙江大学教育学院刘力教授、浙江省教育科学研究院原院长朱永祥、浙江省教育厅教研室原主任任学宝、杭州市教育科学研究院原院长俞晓东等，以及积极参与本书编撰的全园教师，支持我们编撰系列丛书的浙江教育出版社编辑，参与推广"游戏化工作"的联盟园教师，还有可爱的孩子们、家长们。正因为有你们一直以来对蒙氏教育本土化研究的热情与支持，才使得我们在蒙氏本土化道路上一直都葆有那份执着与勇气，且随着长期的实践也越来越有底气。由于编写组的水平有限，可能还存在一些不足，希望大家给我们提出宝贵的意见和建议。在此我本人代表编委会全体成员，欢迎大家到莲花港幼儿园"儿童之家"来做客，也期待今后我们在教育改革新模式的探索中取得更大的突破，使得"人人皆学、处处能学，且学习是快乐的、有目的的和认真的"。

须晶晶于杭州西湖

2024 年 8 月

"我们一大家"摄于 2024 年 7 月莲花港幼儿园

目录
MULU

厉害了，我的国

主题说明 ·················· 1
环境创设 ·················· 2
家园共育 ·················· 4
主题脉络图 ················ 5

游戏化工作 ············ 6
　发现探究 ················ 6
　　我的生肖 ·············· 6
　　游西湖 ················ 7
　　各种各样的桥 ·········· 9
　　乐器神秘盒 ············ 10
　设计制作 ················ 11
　　扇面蓝印画 ············ 11
　　有趣的印刷 ············ 13

　好看的建筑 ·············· 14
　生活服务 ················ 16
　　清洗桌子 ·············· 16
　　擦拭瓷器 ·············· 17
　角色模仿 ················ 19
　　面粉加工员 ············ 19
　　陶艺大师 ·············· 20
　　造纸小达人 ············ 22

集体活动 ·············· 23
　十二生肖 ················ 23
　中国建筑的秘密 ·········· 25

　稻趣 ···················· 27
　地图里的世界 ············ 29
　美丽的民族服饰 ·········· 30

1

青花世界	32	西湖的桥	39
小小环卫工	34	小脚丫丈量中国	41
我的家	37		

秋天的礼物

主题说明	43
环境创设	44
家园共育	46
主题脉络图	47

游戏化工作	48	秋印挂件	57
发现探究	48	生活服务	58
闻香香	48	好吃的牛奶麦片	58
昆虫博物馆	49	秋日存档	60
秋天的颜色	51	角色模仿	61
设计制作	52	拓印小达人	61
落叶创想	52	植物观察员	62
秋叶滴胶	54	标本制作师	64
缤纷落叶	55		

集体活动	65	秋天的水果	71
树叶飞	65	风儿你带什么来	73
山行	67	丰收舞	76
橘子哪里来	69	秋天的变化	79

目 录

| 秋日去登高 ……………… 81 | 趣玩稻草 ………………… 85 |
| 小刺猬运苹果 …………… 83 | |

我要长大

主题说明 ……………………………………………………………… 87
环境创设 ……………………………………………………………… 88
家园共育 ……………………………………………………………… 90
主题脉络图 …………………………………………………………… 91

游戏化工作 ……………… 92	**生活服务** ………………… 100
发现探究 ………………… 92	我们来除尘 ……………… 100
情绪小怪兽 …………… 92	收纳衣物 ……………… 101
猜猜我是谁 …………… 93	洗切胡萝卜 …………… 103
设计制作 ………………… 95	角色模仿 ………………… 104
五彩甜甜圈 …………… 95	版画大师 ……………… 104
祝福挂件 ……………… 96	蜗牛照护员 …………… 106
看得见的声音 ………… 97	名牌设计师 …………… 107
成长故事盒 …………… 99	

集体活动 ……………… 108	羞答答 …………………… 118
玩具收纳师 ……………… 108	鞋子排排队 ……………… 120
勇敢做自己 ……………… 110	神勇的警察 ……………… 122
有趣的"水画" …………… 112	幼儿园里真好玩 ………… 124
小小发明家 ……………… 114	超市大采购 ……………… 126
我是一颗棉花糖 ………… 116	

抱抱冬天

主题说明 ··· 129
环境创设 ··· 130
家园共育 ··· 132
主题脉络图 ·· 133

游戏化工作 ············· 134
 发现探究 ············· 134
  神奇的雪花 ········· 134
  跳舞的福娃 ········· 135
 设计制作 ············· 137
  暖暖花灯 ··········· 137
  "加油"发箍 ········ 138
  运动奖牌 ··········· 139
  萌趣毛球怪 ········· 141

 护手霜 ··············· 142
 生活服务 ············· 144
  包春卷 ············· 144
  熨烫围巾 ··········· 145
 角色模仿 ············· 147
  小小运动员 ········· 147
  树木照护员 ········· 148
  制作糖葫芦 ········· 150

集体活动 ··············· 151
 冬天在这里 ··········· 151
 小雪花 ··············· 153
 冰融化了 ············· 155
 跳动的心 ············· 157
 放烟花 ··············· 158

 飞舞的雪花 ··········· 160
 神奇的饺子 ··········· 162
 冬季奥运会 ··········· 165
 一起打雪仗 ··········· 166
 天冷我不怕 ··········· 168

目录

了不起的我

主题说明 …………………………………………… 171
环境创设 …………………………………………… 172
家园共育 …………………………………………… 174
主题脉络图 ………………………………………… 175

游戏化工作 ………… 176
 发现探究 ………… 176
  沉与浮 ………… 176
  垃圾分类 ………… 177
  水果真好"吃" ……… 179
  寻找指纹 ………… 180
 设计制作 ………… 181
  我的指纹画 ……… 181
  版画拓印 ………… 183

生活服务 ………… 184
 自制土豆泥 ……… 184
 擦拭鞋子 ………… 185
角色模仿 ………… 187
 棉花糖制作师 …… 187
 恐龙考古学家 …… 188
 快乐邮戳员 ……… 190
 小小泥瓦匠 ……… 191

集体活动 ………… 192
 乒乒和兵兵 ……… 192
 趣味小报 ………… 194
 你听，是什么声音 … 196
 身体里的尺子 …… 198
 迷路的小花鸭 …… 201

 小小粉刷匠 ……… 203
 扣纽扣 …………… 204
 我知道的医院 …… 206
 智救猪宝宝 ……… 208
 小小特警队 ……… 210

春天拍了拍你

主题说明 ·················· 213
环境创设 ·················· 214
家园共育 ·················· 216
主题脉络图 ················ 217

游戏化工作 ············ 218
 发现探究 ············ 218
  蝴蝶对对碰 ······ 218
  花儿朵朵开 ······ 219
  染色花 ·········· 221
  破茧成蝶 ········ 222
 设计制作 ············ 223
  镜子里的小花 ···· 223
  编织花架 ········ 225

生活服务 ·············· 226
 春日便当 ············ 226
 美味樱花糕 ·········· 228
角色模仿 ·············· 229
 农场小卫士 ·········· 229
 花艺大师 ············ 230
 品茶员 ·············· 232
 春日制蜡师 ·········· 233

集体活动 ·············· 235
 春天来了 ············ 235
 春天的诗 ············ 236
 春天的宝贝 ·········· 238
 小水滴变变变 ········ 240
 毛毛虫变蝴蝶 ········ 242
 波点小花 ············ 244
 明日去春游 ·········· 246
 春天藏在哪 ·········· 248
 小花匠 ·············· 250
 树朋友，你好 ········ 252

创客小玩家

主题说明……………………………………255
环境创设……………………………………256
家园共育……………………………………258
主题脉络图…………………………………259

游戏化工作……………260
 发现探究……………260
  图形游戏……………260
  光影探玩……………261
  瓶子喷水……………263
  瓶子滚滚乐…………264
 设计制作……………266
  百变瓶宝宝…………266
  制作浮游瓶…………267
  布艺贴画……………269
  给好朋友的一封信…270
 生活服务……………271
  洗布…………………271
  打包便当盒…………273
 角色模仿……………274
  小小演奏家…………274
  布偶师………………275

集体活动……………277
 纸奶奶过生日………277
 布的奇妙之旅………278
 会移动的箱子………280
 纸的探玩……………282
 瓶罐会唱歌…………284
 漂亮的瓶瓶罐罐……286
 小小蜡染师…………288
 一起来造纸…………290
 好玩的饮料瓶………292
 趣玩纸板……………294

完美夏日

主题说明 …………………………………… 297

环境创设 …………………………………… 298

家园共育 …………………………………… 300

主题脉络图 ………………………………… 301

游戏化工作 ……………… 302

　发现探究 ……………… 302

　　海绵运水 ……………… 302

　　彩色泡泡 ……………… 303

　　夏日驱蚊液 …………… 305

　设计制作 ……………… 306

　　海洋砂画 ……………… 306

　　夏日画扇 ……………… 307

　　夏日荷花 ……………… 309

生活服务 ……………… 310

　剥莲蓬 ………………… 310

　清洗荷叶 ……………… 311

　制泡荷叶茶 …………… 313

角色模仿 ……………… 314

　小小作曲家 …………… 314

　蜡染小能手 …………… 316

　制扇师 ………………… 317

集体活动 ……………… 319

　荷花荷花几月开 ……… 319

　鱼儿戏莲叶 …………… 322

　运水工 ………………… 324

　我和风儿做游戏 ……… 326

　扇子王国 ……………… 328

　萤火虫的森林舞会 …… 330

　小老鼠和大西瓜 ……… 332

　夏天里的辩论 ………… 333

　泥巴大作战 …………… 335

　青蛙蹦蹦跳 …………… 337

厉害了，我的国

爸爸说，中国很大，
有世界上最高的山峰，
有无边的草原，
还有碧蓝的大海。
祖国妈妈，厉害了！
我们永远爱您。

——糯米、阳阳、小西

主题说明

　　我们的祖国是中国，不仅地大物博，拥有许多美丽的风景，还有由五千年悠久历史孕育出的灿烂的中国传统文化。暑期，孩子们和爸爸妈妈游历自己的家乡，欣赏祖国的美景，发现祖国一点一滴的变化。于是，幼儿园生成了主题"厉害了，我的国"，开展了"游西湖""各种各样的桥""有趣的印刷"等游戏化工作。孩子们通过链接生活，化身造纸小达人、陶艺小师傅，在设计制作和角色模仿中欣赏、体验中国传统文化，在亲历活动中感受祖国的日益强大，体验作为一名中国人的自豪。

🌊 环境创设

互动墙

在"厉害了,我的国"的主题环境创设中,我们从"品味家乡""桥这一家子""青瓷世界""一起来玩墨""神奇印刷术"等话题展开学习与讨论,师幼、亲子共同创设互动墙。

◆ **可能引发的学习**

品味家乡

关键词:调查、劳动

在游历家乡的旅程中,幼儿调查家乡特有的美食,收集制作美食的原材料,选择工具,尝试自己动手制作美食,和长辈学习美食的制作方法,感受和大家一起制作并分享美食的幸福。

桥这一家子

关键词:欣赏、调查、阅读、制作

幼儿实地欣赏、调查家乡各地方的桥,从桥的形状、材质、长度等方面探索"桥之最",在阅读中初步了解桥的构造及建造的方法,尝试借助低结构材料在幼儿园设计、制作各种各样的桥。

青瓷世界

关键词:欣赏、劳动、制作

幼儿寻找身边的青花瓷,欣赏青花瓷的美,初步了解青花瓷在生活中的作用与价值。通过走访陶艺馆,亲身参与青花瓷的清洗与擦拭,尝试设计青花瓷,并利用陶土进行制作。

一起来玩墨

关键词:参观、调查、制作、展示

幼儿欣赏各种水墨作品,在参观、调查、走访中简单了解文房四宝的制作工艺,并利用身边的材料制成笔,体验用不同的笔在不同材质的纸上绘制的神奇,愿意将作品进行展示。

神奇印刷术

关键词:参观、制作、创作

教师带领幼儿走访、参观国家版本馆杭州分馆,近距离了解活字印刷的工艺技术,初步了解中国汉字的演变历程,尝试用身边的各种材料制作成拓印工具,学习多种拓印方法,进行大胆创作。

◆ 参考图

展示区

在"厉害了，我的国"主题实施中，在活动室、门厅、走廊等地方悬挂、摆放幼儿制作的与"祖国""家乡"有关的艺术作品，鼓励幼儿用语言、肢体等大胆表达、记录，感受优秀传统文化之美，激发幼儿对家庭、对家乡、对祖国的热爱（见表1）。

表1 展示区创设列表

地点	展示内容
活动室	1. 幼儿用彩纸、超轻黏土、纸盘等不同材料，制作家乡各地的美食模型作品。 2. 幼儿用纸筒、KT板、黏土等材料创设小微景观，表达对青花瓷的喜爱。
门厅	1. 幼儿在宣纸上作画，并将画设计成立体造型，展现西湖十景。 2. 幼儿用低结构材料再现家乡不同造型的桥，以标签展现桥的故事。
走廊	1. 幼儿带来暑期游历的照片，师幼、亲子布置环境并组织相关的小范围团体讨论。 2. 幼儿用黏土等低结构材料制作少数民族人偶，表达对各民族的友好。

◆ 参考图

家园共育

亲子共读

❖《我们的节日》

此书呈现了中国特有的民俗节日，孩子可以在阅读绘本的过程中倾听古老又美丽的民间故事，品尝回味无穷的传统美食，了解流传已久的节日习俗，对传统佳节有情景式的体验。在亲子共读的过程中，家长可向孩子介绍古人诗词里的节日，向孩子讲述历史人物典故，和孩子动手装扮有文化气息的家庭环境，激发他们主动参与传统节日活动的兴趣，引起他们的共鸣。

还可借阅《龙的传说》《同心结》《宝藏中国》《了不起的建筑》等图书。

亲子游戏

❖ 翻花绳

目的：发展手眼协调能力、合作能力。

材料：绳子1根。

玩法：一个人把绳子套在手上，用手指穿出一个花样，对方把绳子绾到自己的手上再形成一个新的图案，双方来回绾，可以绾出各种有趣的图案。在此过程中，教师可以引导幼儿说说绾出的绳结像什么。

主题脉络图

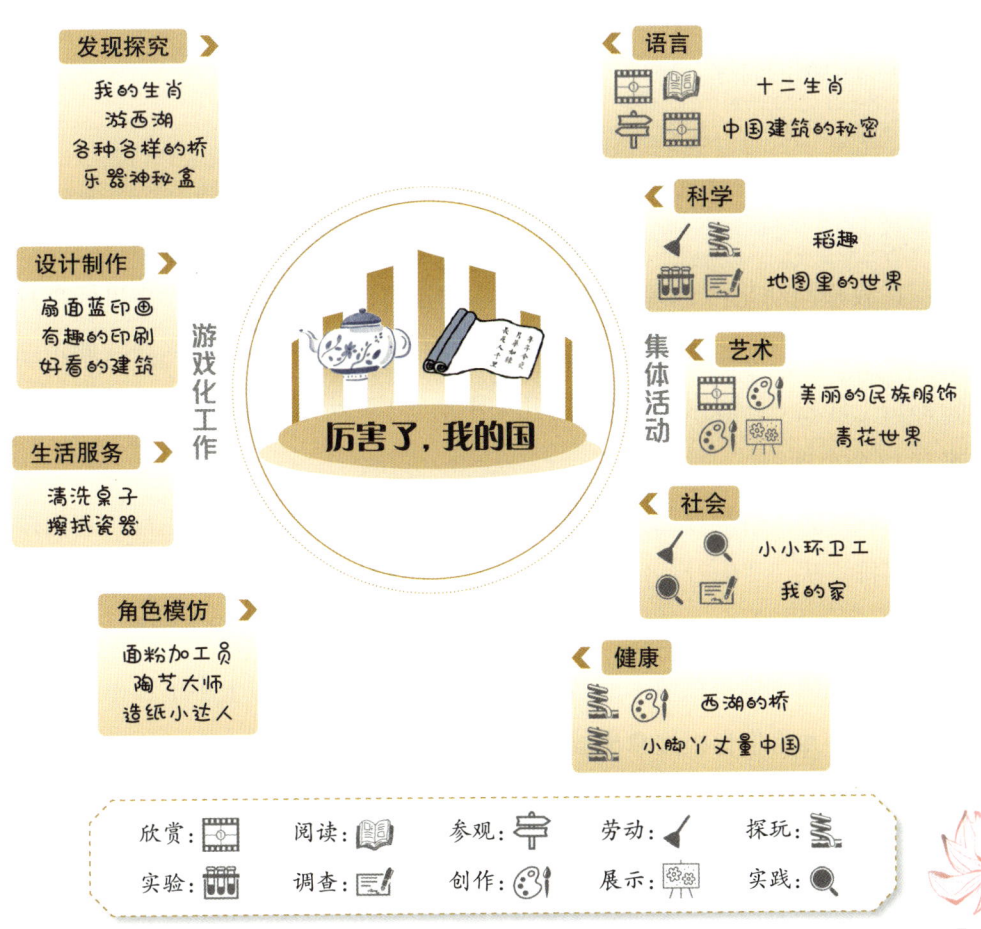

发现探究
- 我的生肖
- 游西湖
- 各种各样的桥
- 乐器神秘盒

设计制作
- 扇面蓝印画
- 有趣的印刷
- 好看的建筑

生活服务
- 清洗桌子
- 擦拭瓷器

角色模仿
- 面粉加工员
- 陶艺大师
- 造纸小达人

游戏化工作

厉害了，我的国

语言
- 十二生肖
- 中国建筑的秘密

科学
- 稻趣
- 地图里的世界

集体活动

艺术
- 美丽的民族服饰
- 青花世界

社会
- 小小环卫工
- 我的家

健康
- 西湖的桥
- 小脚丫丈量中国

欣赏　阅读　参观　劳动　探玩
实验　调查　创作　展示　实践

游戏化工作

发现探究：我的生肖

准备 托盘1个、木盒1个、生肖顺序图1套（含数字）、生肖摆放卡1套（含封套）、十二生肖模型1套。

目标

1. 了解自己及亲近的人的生肖，会根据提示给它们按顺序排队。

2. 简单知道生肖有12个，能说出十二生肖动物的名称。

年龄 3岁至3.5岁。

预备 已认识常见的小动物。

过程

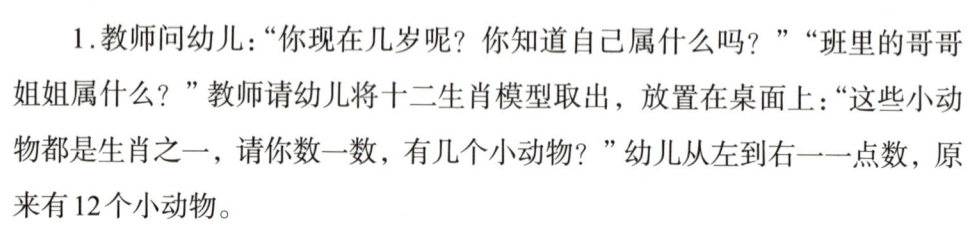

1. 教师问幼儿："你现在几岁呢？你知道自己属什么吗？""班里的哥哥姐姐属什么？"教师请幼儿将十二生肖模型取出，放置在桌面上："这些小动物都是生肖之一，请你数一数，有几个小动物？"幼儿从左到右一一点数，原来有12个小动物。

2. 教师将生肖顺序图交给幼儿："这些小动物是我们的十二生肖，它们按照顺序排排队。""你看，小羊排第几呢？"幼儿根据提示依次将生肖模型按照1~12的顺序进行排列。

3. 教师出示生肖摆放卡并替换顺序图，将生肖摆放卡上小羊和小马的位置盖起来，并将生肖模型拿出放置一边，请幼儿猜测："哪个小动物不见了？我们把它找出来。"

4.幼儿猜测后，选择相应的小动物进行摆放，并打开封套验证与调整。

5.幼儿继续挑战，教师可逐渐增加难度。如，同时摆放2个及以上的小动物。

注意

"无边界"的猜想：幼儿在操作中发现十二生肖中谁不见了，想想不见了的原因可能是什么。

"反复"的试错：幼儿猜测十二生肖的排列顺序，通过与顺序图对比，加深印象。

链接

日常生活：幼儿了解身边人的生肖，尝试进行十二生肖的排列游戏。

延伸工作：教师可针对3.5岁至4岁幼儿再增加1套生肖摆放卡，幼儿两两合作给十二生肖排排队。

相关活动：可能引发的学习活动有"十二生肖歌""龙的传人"等。

发现探究：游西湖

准备 西湖十景"找茬"对比图10张（由简到难）、西湖十景地图1份、五角星色子1颗、颜色不同的棋子小人4个、铅笔1支、桌垫1块、托盘1个、记录表单若干。

目标

1.了解基本的游戏规则和棋子的移动路线。

2.尝试对比图片，了解西湖十景的地理特征。

厉害了，我的国

年龄 4岁至4.5岁。

预备 简单了解西湖十景。

过程

1.教师与幼儿回忆"西湖十景有哪些"，请幼儿观察地图："这张地图有西湖十景，找一找，它们在哪里呢？"

2.幼儿与教师交流西湖十景的地理位置。教师对幼儿说："我们要游西湖。请你选一个自己喜欢的棋子小人放在起点。"

3.幼儿与教师交替扔色子，扔到标注红色五角星的面朝上，就将棋子往前走一步。教师提问："这是哪个景点？"幼儿说出景点名称。随后教师出示一张对比图，请幼儿"找茬"："对比图上的景点和地图上的景点一样吗？如果不一样，哪里不一样？"

4.幼儿反复观察比较，找出对比图中的不同之处。

5.幼儿与教师一同走完西湖十景，谁找出的不同之处最多，谁就获胜。

注意

"无边界"的猜想：幼儿根据地图上的景点特征，说出其对应的名称。

"打破砂锅问到底"的质疑：幼儿将对比图上的景点与地图上的景点进行比较，找不同之处。

链接

日常生活：幼儿和教师、家长一起实地走访西湖，加深对家乡名胜古迹的了解。

延伸工作：教师可针对5岁至5.5岁幼儿增加黏土等材料，让幼儿尝试创作西湖十景的立体作品，并且让幼儿尝试当小导游，学习介绍西湖十景。

相关活动：可能引发的学习活动有"夸夸我的家乡""我住××"等。

发现探究：各种各样的桥

准备 "神秘袋"1个、桥梁模型7个、印有桥模型的转盘1个、托盘1个。

目标

1. 欣赏家乡各种各样的桥的美。

2. 通过视觉、触觉来感知桥梁的基本外形特点。

年龄 5岁至5.5岁。

预备 活动室已布置关于桥梁的作品，幼儿积累了一定的关于桥的经验。

过程

1. 教师和幼儿进行团体讨论："你在杭州见过哪些桥？这些桥美吗？美在哪里？"幼儿尝试讲述自己所见过的各种各样的桥。

2. 教师出示转盘和桥梁模型，幼儿将图片与模型进行配对，并用小手触摸桥梁，感知桥梁的外形特点。

3. 幼儿在教师的引导下将桥梁模型放入"神秘袋"，随后转动转盘，指针转到哪一座桥，幼儿就从"神秘袋"中摸出相应的桥。教师提问："你摸到的桥是什么样的？与图上的桥一样吗？"幼儿猜测并说出桥的关键特征。

4. 幼儿取出"神秘袋"中的桥梁模型，将其与图片配对。若配对成功，将模型放置在桌面上；若不成功，将模型放回"神秘袋"继续触摸。直至将所有桥梁模型从"神秘袋"中摸出，游戏结束。

注意

"无边界"的猜想：幼儿通过触摸猜测拿在手中的是什么桥。

"打破砂锅问到底"的质疑：幼儿将摸到的桥梁模型与指针指向的桥图片进行比较，寻找它们的相同与不同之处。

"反复"的试错：幼儿在触摸比对中加深对各种桥梁外形特征的认识。

链接

日常生活：幼儿观察、寻找身边熟悉的桥，利用生活中的材料进行创意建构。

延伸工作：教师可针对5.5岁至6岁幼儿增加桥梁模型的数量，提高幼儿触摸的难度。

相关活动：可能引发的学习活动有"我的家乡""家乡的桥"等。

发现探究：乐器神秘盒

准备 托盘1个、小木盒2个、布1块、乐器卡片1组、配对乐器模型若干。

目标

1. 能区别乐器的外形特征，简单叫出其名称。

2. 能通过观察、触摸，将乐器卡片与模型进行配对。

年龄 5岁至5.5岁。

预备 已欣赏过乐器演奏的视频，初步认识部分中国传统乐器。

过程

1. 教师与幼儿玩"我做你猜"的游戏。教师抽出一张乐器卡片，一边做演奏的动作，一边对幼儿说："它是吹奏的乐器，一根根不一样长的管子排成一排。"幼儿猜测，并翻开乐器卡验证。

2. 教师与幼儿玩"我说你猜"的游戏。幼儿在教师的引导下用布将所有的乐器模型盖住，从中抽取一个乐器，向教师描述乐器的外形特点，如："它只有

两根弦。"

3.教师若猜测不出，幼儿继续提示："它演奏的音乐听上去有点伤心。"如果教师仍旧猜不出，幼儿继续提示：《二泉映月》就是用它演奏的。"

4.教师根据幼儿的提示出示乐器卡，与乐器模型进行比对。若配对成功，将其放置一侧；若不成功，幼儿继续提示。

5.教师与幼儿轮换角色，全部配对完成后可再次尝试游戏。

注意

"无边界"的猜想：幼儿通过对方的动作、语言提示猜测乐器名称。

"打破砂锅问到底"的质疑：幼儿将猜测的乐器与卡片、模型再作对比，确认是否为同种乐器。

"反复"的试错：幼儿通过言语提示，在猜测中逐步形成对不同乐器外形特征的认知。

链接

日常生活：幼儿喜欢与父母参加音乐会，感知民族音乐的魅力。

延伸工作：教师可针对5.5岁至6岁幼儿增加乐器演奏的音频，让幼儿通过倾听感知传统乐器发出的声音。

相关活动：可能引发的学习活动有"戏曲欣赏——京剧""多彩的民族"等。

设计制作：扇面蓝印画

准备 透明薄膜2张、夹子2个、蓝印液2瓶、扇子1把、碟子1个、毛笔1支、笔架1个、量杯1个、围裙1条、蕾丝花若干。

厉害了，我的国

目标

1. 尝试借助蓝印液作画，感知蓝白对比的美。
2. 发现蕾丝花印晒后的变化，感受艺术创作的神奇。

年龄 4岁至4.5岁。

预备 前期有调试颜料的经验。

过程

1. 教师请幼儿欣赏扇子上的蓝印画："扇子上的画漂亮吗？哪里漂亮？"幼儿表达感受，教师引导幼儿创作。

2. 教师向幼儿展示扇子："杭州扇子很有名，可以选择喜欢的扇子进行蓝印画创作。"

3. 幼儿在教师的引导下，将蓝印液和水按照1∶1的比例分别倒入量杯，然后根据颜色深浅进行配比，再拿笔将配好的蓝印液轻轻刷到扇面上。

4. 教师请幼儿把扇面拿到通风处，将刷有颜料的一面朝下，阴晒五分钟。

5. 取回扇面，幼儿在刷有蓝印液的扇面上用蕾丝花摆出造型，覆盖上透明膜，并用夹子将其固定。

6. 幼儿把扇面放在阳光下晒半小时，直至扇面变干。

注意

"多通道"的感知：教师提供不同形状、不同材质的扇面，印画的效果会有不同。

"独一无二"的设计：幼儿根据喜好调试蓝印液的深浅，选择不同辅件尝试组合创作。

链接

日常生活：收集全国各地、家乡特有的扇子或制作更多样式的扇子来装饰环境或作为礼物进行分享。

延伸工作：教师可针对5岁至5.5岁幼儿增加"杭州丝绸"等有家乡印记

的材料，让幼儿尝试在更多的生活物件上进行创新表达。

相关活动：可能引发的学习活动有"欣赏：魅力蓝印""趣味水墨"等。

设计制作：有趣的印刷

准备 硬币1枚、树叶1片、铅笔1支、颜料1盒、蜡纸1张、油墨1瓶、油墨板1块、木制蘑菇形手柄1根、各种可印刷的纸张若干。

目标

1. 初步认识印刷的原理和特点，体验印刷的乐趣。
2. 动手尝试印刷，感受印刷术为生活带来的便利。

年龄 5岁至5.5岁。

预备 与父母共同收集各种印刷品。

过程

1. 教师帮助幼儿回忆并提问："听了《印刷术的故事》，请你说一说，印刷时需要用到哪些材料？"以激发幼儿动手操作的兴趣。

2. 教师请幼儿观察托盘里的印刷材料，介绍材料的不同用途，引导幼儿尝试印刷。

3. 幼儿在教师的引导下将油墨板平放在面前，拿取滚轮，蘸上墨汁，快速、均匀地涂在油墨板上。

4. 幼儿挑选一张宣纸平铺在油墨板上。教师引导幼儿用蘑菇形手柄在纸张上以打圈的方式进行推压，使纸张吸附在油墨板上，尽量保证蘑菇形手柄拓印到每一个细节。

5. 幼儿轻轻揭下纸张，悬挂晾干。

6.教师鼓励幼儿："还可以选择其他材料试一试，看看印刷的效果有什么不一样。"

注意

"多通道"的感知：教师提供各种可印刷的纸张、不同的油墨板等，幼儿体验印刷的多种方法和不同效果。

"独一无二"的设计：幼儿自主选择不同的印刷材料进行创作并丰富作品。

链接

日常生活：幼儿将印刷作品布置到幼儿园、家庭环境中。

延伸工作：教师可针对5.5岁至6岁幼儿增加软泥、砂纸、篆刻刀等，幼儿尝试制作印章。

相关活动：可能引发的学习活动有"阅读：神奇的印刷术""中国古代四大发明"等。

设计制作：好看的建筑

准备　装各种陶泥罐的架子1个、玻璃密封罐子（有软陶泥、石塑黏土）2个、底板1块、托盘1个、光油1瓶、成套工具若干、辅助材料若干、建筑模型若干。

目标

1.感知中国古建筑的结构特征，尝试用黏土进行塑造。

2.初步掌握搓、捏、磨等黏土创作的技巧。

3.愿意与同伴交流、分享建筑作品，体验创作的乐趣。

年龄 5岁至5.5岁。

预备 通过调查积累对中国古建筑粗浅的认知经验。

过程

1.教师出示材料,向幼儿介绍:"这里有许多标志性的建筑模型,你喜欢哪一个?你能说说它的外形特征吗?"

2.幼儿选择喜欢的建筑物模型(如六和塔),介绍其外形特征。

3.教师引导幼儿选择软陶泥或石塑黏土,做出"建筑"作品的外形。

4.幼儿继续观察建筑模型,发现其图案及花纹。

5.教师请幼儿观察工具:"你可以选择适合的工具在'六和塔'上描画漂亮的花纹。"

6.幼儿完成作品后将其晾干,并对"建筑"作品进行打磨和上色。

7.幼儿将"建筑"作品涂上光油,并将其放于展示架进行展览。

注意

"多通道"的感知:幼儿对不同色彩的颜料、不同功能的工具有感官上的体验。

"独一无二"的设计:幼儿对建筑外形特征有独特的理解与表达,每座"建筑"作品都不一样。

链接

日常生活:幼儿观察身边的建筑物,获取美的感受,运用丰富的材料进行多元化表现。

延伸工作:教师可针对5.5岁至6岁幼儿增加扭扭棒、树叶等低结构材料,创设"建筑物"周边的环境。

相关活动:可能引发的学习活动有"小小建筑师""建筑比一比"等。

生活服务：清洗桌子

准备 围裙1条、防水垫1块、盆子1个、取水壶1个、水桶1个、白瓷碟3个（分别放海绵1块、肥皂1块、刷子1个）。

目标

1. 能用挤、刷、擦等动作清洗桌子，学习清洗桌子的方法。
2. 树立爱护周围环境的意识，体验劳动的快乐。

年龄 3岁至3.5岁。

预备 有自主倒水的经验。

过程

1. 教师请幼儿观察发现："工作室的桌子脏了，我们一起来清洗桌子。"
2. 教师请两名幼儿穿好围裙，尝试分工："你们商量谁取水、谁洗桌子。"
3. 幼儿尝试角色分工：A幼儿取水，B幼儿协助A幼儿将水壶里的水倒入盆里。
4. 教师引导A幼儿拿取海绵，用画圈的方式打湿桌面；B幼儿在桌面打湿处用刷子刷上肥皂。教师在一旁提醒幼儿从左往右、自上而下有秩序地操作。
5. 打好肥皂后，A幼儿用干净的海绵清理桌面上的肥皂泡，B幼儿用毛巾进行擦拭。
6. 两名幼儿一起清洗工具，欣赏劳动成果，教师鼓励幼儿相互点赞。如，A幼儿夸赞B幼儿："桌面擦得真干净！"B幼儿称赞A幼儿："谢谢你能及时帮我换干净的水。"

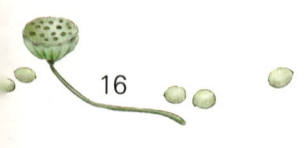

注意

"好朋友式"的分工：幼儿通过讨论协商清洗桌子的具体分工，如谁取水、谁打湿桌面。

"小红花式"的点赞：桌子清洗完成后，幼儿与同伴欣赏干净的桌面，用鼓励性的语言和动作给对方点赞。

链接

日常生活：幼儿体验并养成在干净的桌面上绘画、搭积木、进餐的习惯等。

延伸工作：教师可针对3.5岁至4岁幼儿提供椅子、矮柜子等，让幼儿进行擦洗。

相关活动：可能引发的学习活动有"擦桌椅""我是班级小主人"等。

生活服务：擦拭瓷器

准备　围裙1条、托盘1个、防水垫（长方巾代替）1块、教具巾1块、擦手巾1块、小海绵1块、碟子2个（放置海绵）、取水壶1只、水桶1个、清洗刷1个、各类花瓶5个。

目标

1. 初步掌握瓷器的清洗步骤，能选用合适的工具清洗瓷器。

2. 愿意大显身手，满足劳动需求，树立初步的环保意识。

年龄　4岁至4.5岁。

预备　有清洗桌子的经验。

过程

1. 幼儿发现青花瓷瓶有点脏了，提议："青花瓷瓶积灰了，我们一起把它们洗一洗！"

2. 教师引导幼儿观察并介绍材料，让幼儿穿上围裙。

3. 幼儿在教师的引导下协商工作任务：A幼儿负责换水；B幼儿负责涂抹清洁剂；C幼儿负责清洗瓷瓶。

4. 教师引导三名幼儿清洗瓷器：A幼儿及时更换污水；B幼儿涂抹适量的清洁剂；C幼儿根据器皿瓶口的大小挑选合适的刷头进行瓶内外的洗刷。

5. C幼儿将清洗完成的瓷瓶进行擦拭，并和同伴欣赏干净整洁的瓷瓶。幼儿相互赠送劳动小勋章并点赞。

6. 三名幼儿共同完成整理任务：A幼儿倒污水；B幼儿清洗教具；C幼儿整理桌面。

注意

"好朋友式"的分工：幼儿讨论、协商决定在擦拭瓷器时如何分工合作。

"小红花式"的点赞：瓷器擦拭完成后，幼儿一同欣赏干净的瓷瓶，用自制的劳动小勋章给予彼此鼓励与认可。

链接

日常生活：幼儿能用擦拭后的瓷瓶插花，也可与洗碗、洗碟子等生活活动相链接。

延伸工作：教师可针对4岁至4.5岁幼儿提供白蜡或亮光蜡等，以便幼儿为瓷器打蜡。

相关活动：可能引发的学习活动有"中国民俗：陶艺师""青花瓷器"等。

角色模仿：面粉加工员

准备 石磨盘1个，刷子1个，筛子1个，厨师服饰1套，糯米、黑米或糙米若干。

目标

1.简单了解面粉加工的传统工艺，增加对食物的兴趣。

2.体会面粉加工员劳动的辛苦，感受同伴一起工作的快乐。

年龄 4岁至4.5岁。

预备 已通过绘本阅读或其他途径知道面粉的由来。

过程

1.教师与幼儿交流："你们喜欢吃面条、饺子吗？你们知道这些面食是用什么做的吗？"

2.教师介绍材料，并请幼儿穿上厨师服准备工作。

3.两名幼儿选择一种谷物进行研磨。在教师的引导下，幼儿将挑选好的谷物倒入石磨盘上方的小孔，双手握紧手柄，依照顺时针的方向转动石磨。在此过程中两名幼儿相互轮换，直至将谷物磨成细腻的粉末。

4.两名幼儿协商确定各自的工作任务后，教师请A幼儿用刷子将磨出的粉末轻轻刷到筛子里，B幼儿以打圈的方式摇动手中的筛子筛粉。

5.幼儿一同检查筛子里的粉末。教师鼓励幼儿："可将大颗粒粉末重新倒回石磨盘，你们不怕辛苦，再来研磨一次。"

6.当谷物全都磨成粉末后，幼儿一同整理材料。

注意

"以我为中心"的冲突：针对幼儿不爱吃面食的情况，师幼共同创设"面

食工厂"。

"你我之间"的共识：在面粉加工过程中如果遇到人数不足、体力不济等困难，幼儿可通过协商、约定等方式达成同伴间的谅解与妥协。

"我不怕"的挑战：面对磨粉、将粉制成面的挑战，幼儿选用石磨盘、擀面杖等工具制作各种形状的面食并品尝美食，深切感受面食的来之不易。

链接

日常生活：体验"爸爸妈妈的一天"。通过和父母一起买菜、洗衣，陪伴弟弟或妹妹游戏等，进行"父母"的角色体验。

延伸工作：教师可针对5岁至5.5岁幼儿提供面条机，幼儿尝试制作面条。

相关活动：可能引发的学习活动有"小小记者""能干的小厨师"等。

角色模仿：陶艺大师

准备 陶泥机1台、泥塑工具1套、瓷罐子1个、瓷盘子1个、画笔3支、调色盘1个、移动展台1个、软陶泥1份、颜料（蓝色、红色、黄色各1份）、围裙2条。

目标

1. 学习简单的陶艺技巧，感受陶艺师的魅力。
2. 乐意用陶泥制作瓶瓶罐罐，用青花图纹进行点缀、装饰。

年龄 5岁至5.5岁。

预备 欣赏并初步了解青花瓷的制作工艺。

过程

1. 幼儿换上陶艺师的服装。教师说："你知道陶艺师制作瓷瓶需要用到哪

些工具吗？这些工具是怎么用的？"引发幼儿回忆。

2.幼儿在教师的引导下将陶泥放置在转盘上，打开陶泥机开关，调至合适的速度。

3.幼儿搓泥、拉长、捏瓶嘴、收瓶颈。在此过程中，幼儿不断调试用水量。若水太多，则很难塑形。

4.教师协助幼儿用工具刮掉多余的陶泥，在将陶瓶与陶泥机分离后，关掉陶泥机的电源开关。

5.幼儿将陶瓶放置在展台上晾干，晾干后拿画笔蘸颜料，在陶瓶上点缀不同的青花纹样。

6.制作完成后，幼儿对比作品与真实瓷器的差异。教师对幼儿认真坚持的态度给予赞许。

注意

"以我为中心"的冲突：幼儿亲手尝试制作的陶泥作品与生活中的陶瓷工艺品存在较大的差异，从而让幼儿知道陶艺师职业的辛苦与不易。

"我不怕"的挑战：在泥塑操作中，幼儿会因为水的多少、转盘的速度快慢、技能的熟练程度等问题难以塑形，需要有敢于挑战的精神来坚持完成制作。

链接

日常生活：将自制陶泥作品放于小木屋游戏场，丰富幼儿玩野炊游戏的材料。

延伸工作：教师可针对5.5岁至6岁幼儿提供自然物，幼儿将陶艺作品与自然物相结合，让作品更有意境。

相关活动：可能引发的学习活动有"瓷器欣赏""一只瓷器的诞生"等。

角色模仿：造纸小达人

准备 纸浆1瓶、造纸框1个、造纸胶1瓶、勺子1把、干花1碟、搅拌器1个、亮片1瓶、脸盆2个、架子1个、色素若干。

目标

1. 尝试选用工具进行古法造纸，初步了解纸是如何形成的。

2. 促进手部精细化动作的发展，体验造纸的乐趣。

年龄 5岁至5.5岁。

预备 前期对中国古代造纸术有初步的了解。

过程

1. 教师与幼儿聊一聊古代造纸术，激发幼儿对造纸的兴趣。

2. 教师对幼儿说："今天我们要来当造纸小达人，看看老师为你们准备了哪些材料。"教师出示并介绍造纸材料。

3. 幼儿在教师的指引下穿好围裙，做好分工。

4. A幼儿取出纸浆，放在脸盆里，再倒入适量的水进行搅拌，使纸浆溶解于水。

5. B幼儿将造纸胶倒入水中。教师提示："造纸胶倒入水中要适量。"B幼儿与A幼儿协商后，先将造纸胶倒在勺子里以控制用量，再倒入脸盆，然后将纸浆均匀搅拌。

6. A幼儿取出托盘中的造纸框，将其放在另一个脸盆上；B幼儿将搅拌好的纸浆用勺子舀到造纸框上，把水沥干。

7. 若成功沥干，幼儿可进行自由装饰；若未成功沥干，继续尝试，直至成功为止。最后将造纸框放于阳台晒干。

注意

"以我为中心"的冲突：幼儿发现自主动手制造的纸与实际生活中的用纸不一样。

"你我之间"的共识：幼儿在造纸过程中对造纸胶与水的配比通过实验达成一致。

"我不怕"的挑战：面对造纸的失败，幼儿能不断尝试直到纸浆顺利凝固。

链接

日常生活：幼儿可以将自己制造的纸用于日常绘画、装饰周围环境等。

延伸工作：教师可针对5.5岁至6岁幼儿增加木棍、毛笔、墨水等，让幼儿尝试制作具有中国特色的纸艺台灯。

相关活动：可能引发的学习活动有"纸的由来""有趣的中国字"等。

集体活动

十二生肖

活动领域 语言、社会

活动目标

1.在阅读中知道十二生肖的名称。

2.初步了解生肖、属相是我国特有的民俗内容。

活动年龄 3岁至4.5岁。

活动准备

1.十二生肖玩偶。

2.十二生肖绘本人手一册。

活动过程

1.谈话：十二生肖。

厉害了，我的国

（1）说说自己的属相。

——小朋友们，你们知道自己今年几岁吗？你们属什么？

——你们还知道爸爸、妈妈、爷爷、奶奶分别属什么吗？

（2）分享十二生肖。

——你们知道中国的生肖有几个吗？

——生肖是中国特有的，它们还按照顺序排队。（教师依次出示十二生肖玩偶）你知道它们如何排队吗？

2. 十二生肖的由来。

（1）十二生肖的故事。

——关于十二生肖的顺序有一个有趣的小故事，我们一起来听一听。

（2）理解故事内容。

——故事里的生肖们在做什么？

3. 十二生肖做游戏。

（1）了解十二生肖的顺序。

——请你们闭起眼睛，老师拿走一个动物，然后请你们睁开眼睛，看第几个动物藏起来了。

（2）听故事，展示生肖顺序。

——请每个小朋友拿一个生肖动物，根据故事里的内容出示相应的小动物玩偶。

可能开展的低结构活动：阅读

师幼共读或亲子共读可以丰富幼儿对十二生肖的认识，引发幼儿感兴趣的话题并展开讨论，如："故事中有哪些生肖？你喜欢哪个生肖？发生了什么有趣的事儿？"

可能开展的低结构活动：欣赏

师幼共同收集关于十二生肖的玩偶、视频等，可以集体欣赏，也可以个别欣赏。在此过程中幼儿可以模仿十二生肖动物的动作和叫声，加深对动物的认识。教师鼓励幼儿与同伴分享生肖的特点，画画自己喜欢的生肖。

活动资源

教师提供山东教育出版社出版的绘本《十二生肖的故事》，让幼儿通过阅读了解更多的属相故事和中国的特有民俗文化。

中国建筑的秘密

活动领域 语言、科学

活动目标

1. 阅读关于中国建筑的故事,了解中国建筑蕴含的文化,分享、交流自己的发现。

2. 认识并找出建筑物中的球体、圆柱体、长方体等,说出其基本特征以及与其他形状的区别。

3. 对各种经典的建筑物感兴趣,萌发热爱祖国的情感。

活动年龄 4.5岁至6岁。

活动准备

1. 绘本《会讲故事的建筑》人手1本;中国建筑如东方明珠塔等的图片。

2. 可操作的材料:乒乓球、皮球、排球、魔方、可乐罐、圆柱形的薯片罐等实物;球体、圆柱体、正方体、长方体的组合图片若干。

活动过程

1. 看看展厅里的建筑。

(1) 听听关于建筑的故事。

——教师出示模型,讲述天安门和土楼的故事,请幼儿说说听到了什么。

(2) 自主阅读关于建筑的故事。

——幼儿人手一本绘本,自主阅读,分享交流。

——你喜欢哪一个建筑?书中讲了什么有趣的故事?

> **可能开展的低结构活动:参观**
>
> 家长可带领幼儿参观各类艺术展。回园后,教师支持幼儿结合感兴趣的内容,如天安门、三潭印月等开展持续性的探究和讨论,鼓励幼儿进行有创见的表达。

2. 神秘的中国建筑。

（1）建筑中的立方体。

——中国建筑里还藏着其他秘密。（教师出示东方明珠塔图片，幼儿说说其中包含的图形。）

——我们来试着用乒乓球、魔方、可乐罐、薯片罐等拼一个东方明珠塔模型。

（2）了解各种立方体的名称。

——这些物体形状分别叫球体、圆柱体、正方体、长方体，你们猜一猜，哪些是球体？哪些是圆柱体？哪些是正方体、长方体？

3. 生活中的建筑。

——我们在幼儿园里（或社区）找找建筑物中的球体、圆柱体、正方体和长方体吧。

可能开展的低结构活动：欣赏

在条件允许的情况下，可以让幼儿自主拍摄不同样式的房屋、桥梁等建筑，并将假期收集的照片或视频带回幼儿园，和同伴交流中国建筑的相关话题。

活动资源

教师提供广西科学技术出版社出版的绘本《会讲故事的建筑》，幼儿从故事中了解建筑文化，在生活中发现建筑的基本形状。

稻趣

活动领域 科学、语言

活动目标

1.知道稻谷是人们主要的粮食，探索稻谷、米粒、米粉之间的关系。

2.了解水稻的多种用途，感受秋收时农民伯伯的喜悦之情。

活动年龄 3岁至4.5岁。

活动准备

1.稻谷、米粒、米粉若干，分类装盘，每桌1份。

2.小石臼3组、石磨1个。

活动过程

1.看一看，摸一摸，说说自己的发现。

（1）幼儿自由观察稻谷、米粒和米粉，初步感知这三种物品的特征。

——桌上放着什么？你们见过吗？可以看一看，摸一摸。它们有什么不一样？

（2）分组交流，感知三者之间的联系。

——谁愿意来介绍一下？原来米粒、米粉都是稻谷变出来的，你知道是怎么变的吗？

2.使用工具进行探索。

（1）教师提供小石臼、石磨，让幼儿探玩发现。

——这里有几个小工具，你们可以分组来试试。

——你们发现稻谷、米粒有了什么变化吗？

（2）进一步发现稻谷变成米粒、米粉的顺序。

——刚才有小朋友说稻谷要先变成米粒，米粒才能磨成米粉，是这样的吗？

> **可能开展的低结构活动：探玩**
>
> 开展区域活动时，幼儿尝试进行小组讨论，说说稻谷、米粒和米粉有什么不一样，使用小清单记录它们的不同，并现场进行小组分享。

3. 分组用不同的方式将稻谷变成米粒。

（1）用多种方式尝试将稻谷变成米粒。

——有小朋友发现用手搓、用小石臼砸一砸可以让稻谷变出米粒来，我们试试。

——还有什么办法可以帮助稻谷变出米粒？找一找，可以用班里的什么来帮忙？

（2）中餐品尝会。

——我们用稻谷变出了米粒，香吗？以后我们还可以再试试把米粒变成米粉。

可能开展的低结构活动：劳动

师幼共同准备合适的劳动工具，让幼儿戴头巾、系围裙，准备研磨稻米。也可邀请家长参与，要尽可能地关注每名幼儿的劳动，开展"劳动中的感受"分享会。

活动资源

教师提供图片，帮助幼儿了解稻谷浑身都是"宝"，在多次活动中让幼儿逐步进行探索和发现。

地图里的世界

活动领域 科学、语言

活动目标

1.尝试看地图,找到自己家乡的位置,初步感知地球,了解地球的基本特征。

2.愿意表达自己的想法,在与同伴交流中萌发探索地球的愿望。

活动年龄 4.5岁至6岁。

活动准备

1.幼儿园所在区的地图1张,中国地图1张,世界地图1张,尺子、木条、线若干。

2.请爸爸妈妈带孩子去周边走走,如小区、公园等,记录下行走时间或距离。

活动过程

1.谈话:幼儿园到家的距离。

(1)分享来园的方式和所需时间。

——小朋友,你家住在哪个小区?爸爸妈妈带你来幼儿园用了多少时间?

(2)比比谁的家距离幼儿园最近、最远。

——猜一猜,谁的家离幼儿园最近?谁的家最远?

——你是怎么发现谁的家最远的?

(3)找找地图上的距离。

——教师拿出幼儿园所在地区的地图,事先标注某一名幼儿的家。

——现在我们来量量地图上的距离,怎么比较远近呢?

> **可能开展的低结构活动:调查**
>
> 幼儿尝试每天记录来园的情况,在与同伴分享时,将连续几日的调查结果记录下来并进行比较,看看同伴来园方式、时间等有什么不同,并讨论为什么。

厉害了，我的国

2. 了解中国地图。

（1）教师出示中国地图，对幼儿所说的旅行目的地进行标记。

——你们去过的中国最远的城市是哪个？

——现在我们标注出了大家去过的城市，怎样确定哪个城市离我们最远呢？

（2）选择合适的工具，尝试进行测量。

——小朋友们可以选择桌上的工具来尝试进行测量。

——请你们分享自己测量的方法和结果。

3. 了解地图世界。

——这里还有更大的世界地图，我们下次可以继续探索世界地图的秘密。

> **可能开展的低结构活动：实验**
>
> 教师鼓励幼儿用自制的测量工具，如"一米尺"进行测量。幼儿分小组交流，教师鼓励幼儿对实验方式、实验工具进行介绍，大胆分享自己的经验。

活动资源

该活动中，教师提供所在地区地图、中国地图的图片，幼儿可以在活动中进行探索和发现。

美丽的民族服饰

活动领域 艺术、社会

活动目标

1. 认识各民族服装，感受不同民族服饰的特点。
2. 知道每个民族都有自己的代表性的服饰，大胆地进行艺术表现与创造。

活动年龄 3岁至4.5岁。

厉害了，我的国

活动准备

1. 各民族服饰图片。
2. 水彩笔，不同颜色、不同形状的布。

活动过程

1. 漂亮的民族服饰。

（1）欣赏民族服饰。

——小朋友，中国有56个民族，你知道自己是什么民族的吗？还有哪些民族？

> **可能开展的低结构活动：欣赏**
> 教师在活动区投放并展示各民族服饰。幼儿通过对服饰的欣赏，在特定情境中感知不同民族的特点，丰富对民族服饰的创意表达，对后续的创作产生美好的期待。

（2）发现民族服饰的不同。

——我们来认识一下各民族的服饰。你最喜欢哪个民族的服饰？

——这些服饰是不是跟我们平时穿的不一样？什么地方不一样？

2. 独一无二的服饰。

（1）发现重复连续的图案。

——（放大呈现民族服饰的局部）你们发现衣服上的图案是怎样排列的？

——很多衣服上面有这样重复连续的图案，你们想尝试设计吗？

> **可能开展的低结构活动：创作**
> 教师为幼儿创作提供较大的场地，满足幼儿在自由绘画中充分创作的需求，并鼓励幼儿选用多种材料进行个性化的表达、表现。

（2）提供不同颜色、不同形状的布和彩笔。

——小朋友们，请你设计、制作一件属于自己的民族服饰。

——幼儿画好图案后，可根据自己的喜好，将不同的布搭在脖子上、绑在头上或系在身上。

3. 一起来跳舞。

（1）播放幼儿熟悉的民族乐曲。

——我们一起穿上美丽的民族服饰，开个热闹的舞会吧！

（2）幼儿穿上民族服饰，向其他班甚至是全园的小朋友们进行展示。

> **活动资源**
>
> 该活动中，教师提供部分少数民族服饰的图片，供幼儿欣赏。

青花世界

活动领域 艺术、语言

活动目标

1. 知道青花瓷是我国传统的瓷器工艺品。
2. 感受青花瓷独特的色彩美和纹样美，尝试用多种方法装饰青花瓷器。

活动年龄 4.5岁至6岁。

活动准备

1. 不同形状、不同花纹的青花瓷瓶，将它们布置成小展台。
2. 泡泡泥、蓝色白板笔、水粉、水粉笔，纸盘、花盆、塑料小瓶各若干，展示台。

活动过程

1. 欣赏美丽的青花瓷世界。

（1）近距离观察用青花瓷瓶等布置的小展台。

——你知道这个瓷器叫什么名字吗？

——为什么叫青花瓷？它有什么特别的地方？有哪几种颜色？

（2）教师介绍：青花瓷是中国传统的瓷器工艺品，唐朝时就开始出现青花的纹样了。

厉害了，我的国

2.观察青花瓷的特点。

（1）在每桌摆放几个青花瓷瓶，观察、比较青花瓷的形状特点。

——你们发现这几个青花瓷的外形有哪些不同的地方？

> **可能开展的低结构活动：创作**
> 师幼讨论青花瓷的花纹特点，说说纹样的寓意和象征。在区域中幼儿自主探索创作方式，如用喷绘、拓印等多种形式来绘制青花。

（2）观察、比较青花瓷的花纹特点。

——你看到的青花瓷花纹和图案都有哪些？

——这些花纹和图案在中国传统文化中蕴含着美好的祝福，猜一猜，它们各代表什么祝福？

（3）观察花纹和图案的排列方式。

——有哪些你特别喜欢的花纹？它们是怎么在花瓶上排列的？

3.画画青花瓷。

（1）教师出示纸质餐具、塑料花盆、塑料瓶等材料，供幼儿选择。

> **可能开展的低结构活动：展示**
> 师幼共同参与布置整个展示现场，讨论展示的形式、地点和分工，可根据实际情况采用班级内展示、园内展示或线上展示，为幼儿创建丰富的展示平台。

——我们来当青花瓷设计师。老师为你们准备了各种纸质餐具、塑料花盆、塑料瓶等材料，你们可以选用线描、水粉画、泥塑等方法，大胆设计你心目中的青花瓷样式！

（2）利用幼儿作品举办一场幼儿园青花瓷器作品展览。

活动资源

教师提供不同的青花瓷实物图片，以弥补现场青花瓷实物的不足，向幼儿展示更丰富的青花瓷图案。

厉害了，我的国

> 活动资源

小小环卫工

> 活动领域　社会、健康

> 活动目标

1. 利用各种工具与同伴合作捡拾垃圾，发现清理垃圾的重要性。
2. 与同伴一起为幼儿园捡拾垃圾，萌发爱幼儿园、爱家乡的情感。

> 活动年龄　3岁至4.5岁。

> 活动准备

劳动工具手套、垃圾袋、长钳子、背篓等。

> **活动过程**

1. 做一天小小环卫工。

(1)谈话,萌发参与劳动的积极性。

——小朋友们,我们来做一天幼儿园清洁员,帮助保育员阿姨和保安叔叔把幼儿园打扫干净。

(2)选择不同工具,结伴开展劳动。

——看一看,我们选择了哪些工具?

——捡拾垃圾须注意些什么?

(3)分组开展垃圾的清扫和整理。

2. 分享劳动的经验和感受。

(1)分享遇到的困难。

——幼儿分享与伙伴分工合作捡垃圾的经验。

——如果你发现有些地方没办法清理,怎么办?可以请谁来帮忙?

(2)说说心里话。

——我们一起捡拾垃圾,让幼儿园环境变得更美丽。你有什么感受吗?

——每天保育员阿姨和保安叔叔都是这样打扫,我们要爱护环境、保持卫生哦。

3. 垃圾分类行动。

——我们把这些捡来的垃圾分分类,把不同类的垃圾放进相应的垃圾桶。

可能开展的低结构活动:劳动

师幼共同准备捡垃圾的工具。条件允许的话也可邀请家长来园一起参与活动。将捡拾来的垃圾整理后暂做留存,待下一个环节"垃圾分类行动"时继续使用。

可能开展的低结构活动:实践

师幼共同制定垃圾分类的小公约,通过分组设计—分享交流—达成共识,尝试用符号等方式进行记录,将小公约置于环境中,每天由小值日生负责园内垃圾的分类投放。

活动资源

该活动中,教师提供图片,供幼儿了解垃圾分类规范,以及环卫工的主要工作内容。

垃圾分类规范

厨余垃圾	可回收物	有害垃圾	其他垃圾
易腐烂的含有机质的生活垃圾	适宜回收和资源利用的物品	对人体健康或自然环境可能造成直接或潜在危险的垃圾	表示不能归类于其他三类的生活垃圾

我的家

活动领域 社会、语言

活动目标

1. 了解自己居住的城市，愿意大胆向同伴介绍自己的小区。
2. 感受小区环境的整洁、美丽和小区生活的便利。

活动年龄 4.5岁至6岁。

活动准备

1. 幼儿收集有关自己家乡的资料。
2. 小区的标志性建筑、设施和便民服务点的照片。

活动过程

1. 调查了解"我"的家乡。

（1）寻找"我"的家乡。

——小朋友们，你们知道自己的家乡在哪里吗？知道"家乡"是什么意思吗？

> **可能开展的低结构活动：调查**
> 教师请家长周末或假期带孩子寻访家乡。有条件的可以去实地走一走，也可以和孩子一起查阅相关资料，并将调查结果用照片或自己喜欢的方式记录下来。

（2）介绍"我"的家乡。

——和爸爸妈妈做了"我的家乡"的调查之后，谁想来介绍自己的家乡？

——刚才他（她）介绍了自己家乡好玩的地方、好吃的东西，你们想怎样介绍自己的家乡呢？

——你的家乡还有哪些有意思的事情？

2. 分享、交流"我家的小区"。

（1）我家的小区。

——你家的小区里有哪些设施？

——你知道班上哪些好朋友和你住同一个小区吗？

（2）特别的设施。

——老师家的小区有健身房，可以去锻炼身体，你家的小区有哪些设施？

——你们知道这些设施可以给人们提供怎样的帮助吗？

3. 了解为我们的家服务的人。

（1）发现小区的服务人员。

——小区里有很多为居民服务的人，他们是怎样为人们服务的？

（2）送上感谢和祝福。

——准备一张小卡片，送给他们吧！

> **可能开展的低结构活动：实践**
>
> 教师鼓励幼儿尝试用口头语言、肢体动作、自制礼物等方式送"甜蜜"，感谢辛劳的保安叔叔、保育员阿姨等，尝试为他们做一件力所能及的事。

活动资源

教师提供一些小区配套设施的相关图片，帮助幼儿发现和了解各种设施和便民服务内容。

西湖的桥

活动领域 健康、科学

活动目标

1.尝试在有间隔的物体上行走,并保持身体平衡。

2.乐于参加运动,与同伴协商、配合并有序地参与活动。

活动年龄 3岁至4.5岁。

活动准备

1.运动垫子、高低木桩或奶粉罐、木板等运动材料。

2.音乐《去郊游》。

活动过程

1.热身律动《去郊游》。

(1)师幼跟着音乐进行热身运动。

——小朋友们一起去郊游。左边逛一逛,右边走一走,看见小鸟招招手,看见小鱼"摇摇尾",看见小兔蹦蹦跳,小朋友们真高兴,一起郊游真快乐。

(2)来来来,我们一起出发吧。

2.回忆西湖的桥。

(1)回忆春游时看到的桥。

——西湖周边有很多桥,小朋友知道有哪些桥吗?

(2)给西湖搭一座桥。

——西湖周边哪里还没有桥?请你们来当"工程师"(教师鼓励幼儿搭桥)。

——分组进行第一次搭桥。在幼儿搭桥过程中,教师观察、引导幼儿协商、合作搭桥。

> **可能开展的低结构活动:探玩**
>
> 家长和孩子在生活中收集积木、磁力片、纸杯、塑料管、纸箱等低结构材料,并投放在活动区中,供孩子自主探索与搭建。

3. 尝试过桥,分享过桥的感受。

(1)先试试在自己组搭好的小桥上走一走。

(2)两组互换,到另一组搭好的小桥上走一走。

(3)分享交流过桥经验。

——怎样过小桥又稳又安全?哪座桥更好过?为什么?

——试试再搭不一样的桥,比如弯弯的桥、高高低低的桥、长长的桥。

4. 西湖游船回家了。

——我们逛了西湖,还给西湖搭了桥。现在我们划起小船回家吧。

> **可能开展的低结构活动:创作**
>
> 在户外场地中有一些师幼共同收集的材料,其材质牢固,可供幼儿尝试开展搭建桥梁等活动。教师鼓励幼儿有创意地建造不同外形的桥梁,与同伴、教师分享对材料的感知和应用。

活动资源

该活动中,教师可提供西湖周边的桥的图片,供幼儿在搭桥过程中进行参考。

小脚丫丈量中国

活动领域 健康、社会

活动目标

1. 用拼图打卡闯关游戏，开展走、跑、跳等运动。
2. 回顾中国地图的各省板块拼图，喜欢参与体育锻炼。

活动年龄 4.5岁至6岁。

活动准备

1. 中国地图拼图3份，每组1份拼图（将拼图碎片分别放置在不同的游戏点）。
2. 奖牌幼儿人手一块，乐曲《健康歌》《颁奖乐曲》。

活动过程

1. 小脚丫旅行团准备出发。

（1）教师拿着旅行团旗帜带幼儿进场。

——今天，小脚丫旅行团要出发去旅行了，你们都准备好了吗？

——我们一起跟着《健康歌》热热身吧。

（2）介绍今天游戏的场地。

——跳一跳。参加的幼儿需要双脚并拢跳过呼啦圈，成功跳过就可以获得一片拼图。

——跑一跑。参加的幼儿需要绕过奶粉罐"小树林"，成功跑过的可以获得一片拼图。

——走一走。参加的幼儿需要走过3座独木桥，成功走过的可以获得一片拼图。

——转一转。参加的幼儿需要原地转5圈并敲响大鼓，成功敲响的可以获得一片拼图。

> **可能开展的低结构活动：探玩**
>
> 选择阳光灿烂的日子开展"小脚丫丈量幼儿园"活动，场地尽量开阔。师幼共同布置并丰富各游戏场域，便于幼儿躲藏和追逐，提高游戏的趣味性。

（3）幼儿分3组开始闯关，游戏时间10分钟。

2.旅行团运动打卡，走遍"中国"。

（1）分组游戏。

——你们组的成员打算怎么分工？谁来拼图，谁参加游戏？

（2）挑战成功的小组分享经验。

（3）再次游戏。提升游戏难度，加入一些重复的拼图碎片。

3.为走遍全国的"小脚丫"点赞。

（1）挑战成功，获得奖牌。

——在刚才的挑战中，每个队都成功地拼完了中国地图，"小脚丫丈量大中国"挑战成功。

（2）教师给每名幼儿颁发奖牌，幼儿回教室看看"走过"的"中国城市"。

> **可能开展的低结构活动：探玩**
>
> 在户外游戏中，教师开展多形式的任务驱动活动，如插红旗、找宝藏等，并提前准备相应的工具和材料。幼儿在运动游戏中熟悉新场地，认识新朋友。

活动资源

该活动中，教师提供场地设置图，也可根据园所环境和已有材料，设置不同的挑战内容。

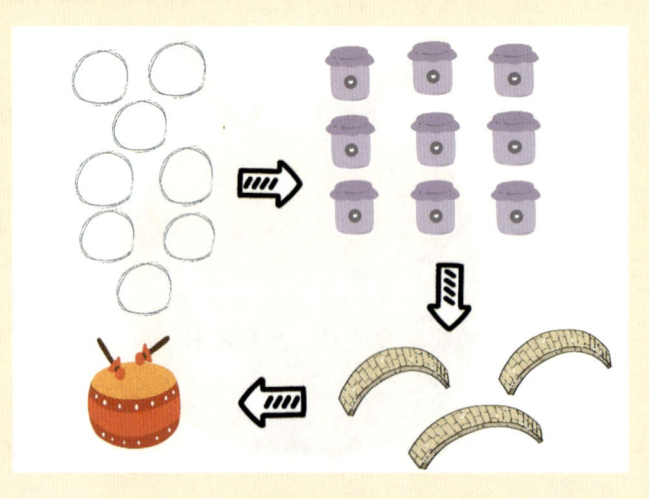

秋天的礼物

秋风"呼呼"地吹,
秋叶"唰唰"地落。
满地的落叶地毯,
踩一踩,跳一跳,
这是秋日里最好的礼物。

——多多、小杰、糖糖

主题说明

秋天是丰收的季节,是花草树木变装的季节。天气变凉了,树叶变黄了,菊花开放了,果子成熟了。在孩子们眼中,秋天让周围世界变得五彩斑斓,孩子们收到了"秋天的礼物"。从自身衣着的变化、对温度的持续记录中,孩子们了解了秋天天气的变化,在外出参观、感性操作中运用秋天特有的自然物进行设计制作,开展"落叶创想""秋印挂件""秋叶滴胶"等游戏化工作,在观察、欣赏中感知秋天的色彩,表达对秋天的喜爱。孩子们与同伴一起品尝好喝的饮品,留存秋天的美好物件,并将秋天的秘密收藏在心里。

环境创设

互动墙

在"秋天的礼物"主题环境创设中，我们从"秋风""秋叶""秋虫""晒秋""秋天博物馆"等话题展开讨论，进行互动墙的创设。

◆ **可能引发的学习**

秋风

关键词：调查、阅读

聚焦秋天的季节特征，通过对温度变化的持续记录，在调查、统计、比对中感知秋天的季节变化，分享感冒防护小妙招，通过绘本阅读了解秋天里的节气及活动。

秋叶

关键词：欣赏、实验、创作

欣赏秋天落叶飘飘的美景，感知不同形状、不同颜色的落叶，在观察、实验中探索树叶变化的秘密，通过收集各种各样的落叶，大胆想象，用自己喜欢的方式进行表达。

秋虫

关键词：阅读、饲养

走进大自然，认识螳螂、蝈蝈等常见的秋虫，阅读昆虫类图书，与同伴交流昆虫的秘密，用照片、导图来了解秋虫与人们的关系。参与饲养、照料等活动，体验发现的乐趣。

晒秋

关键词：调查、劳动、仪式

实地调查走访菜场、水果店，了解农产品种类及制作方法。参与劳动，亲手采摘、存贮果实。开展一场晒秋仪式，初步了解晒秋习俗，感受劳动的快乐和丰收的喜悦。

秋天博物馆

关键词：创作、展示

开展主题式展览，利用秋天常见的落叶、松果、菊花等进行艺术创作，说一说秋天有趣的故事，用歌唱、舞蹈等多种形式表达对秋天的喜爱。

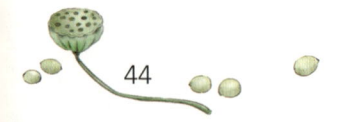

◆ 参考图

展示区

在"秋天的礼物"主题实施中,在活动室、门厅、走廊等地方悬挂、摆放幼儿制作的与"秋"有关的手工艺品,通过分享大自然的"礼物",激发幼儿对秋的美好体验(见表2)。

表2 展示区创设列表

地点	展示内容
活动室	1. 幼儿收集各种各样的落叶,创作树叶粘贴画、落叶信封等艺术作品。 2. 幼儿用落叶、干花等自然材料制成各种手工作品,供其他同伴欣赏。
门厅	1. 幼儿将用落叶、木片制成的大自然的"风铃"悬挂在门厅,美化环境。 2. 幼儿将秋天里特有的果实和农产品摆放在门厅,营造丰收的氛围。
走廊	1. 幼儿采用线描画的方式在深浅不同的黄色彩纸上绘制各种各样的叶子,放置在相框内,展现秋天落叶森林的景象。 2. 幼儿用收集来的表现大自然颜色的物品,打造秋天的艺术展。

◆ 参考图

家园共育

亲子共读

◆《生命是一场旅行》

绘本介绍了一片落叶和它的小伙伴的短暂一生。它们经历了春日的新生、夏日的美好、秋日的多彩、冬日的安宁。家长在与孩子共读的过程中，可以由叶子色彩的变化引发对一年四季的探讨，帮助孩子发现自然变化的规律。

还可借阅《落叶舞蹈》《秋天的魔法》《风很大》《再见夏天，你好秋天》等图书。

亲子游戏

❖ 树叶大变身

目的：发展观察力、想象力、创造力。

材料：不同形状的树叶，白纸、彩笔、胶水若干，其他装饰物若干。

玩法：家长与孩子一起去户外或附近公园捡一些不同形状和颜色的落叶；带着孩子认识叶子，可提问孩子"这片落叶是什么样子的"，然后将落叶粘在白纸上；引导孩子用彩笔根据树叶的形状展开想象，进行艺术表达与创作。

主题脉络图

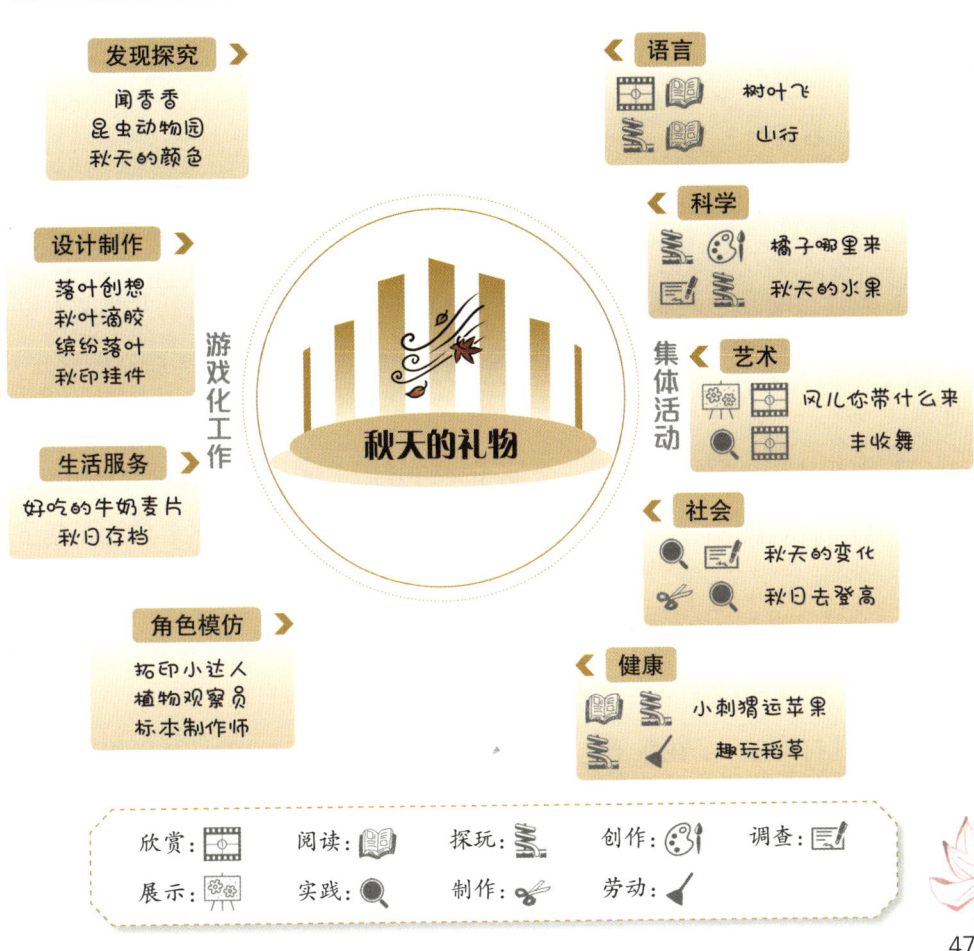

发现探究
- 闻香香
- 昆虫动物园
- 秋天的颜色

设计制作
- 落叶创想
- 秋叶滴胶
- 缤纷落叶
- 秋印挂件

生活服务
- 好吃的牛奶麦片
- 秋日存档

角色模仿
- 拓印小达人
- 植物观察员
- 标本制作师

游戏化工作

秋天的礼物

语言
- 树叶飞
- 山行

科学
- 橘子哪里来
- 秋天的水果

艺术
- 风儿你带什么来
- 丰收舞

集体活动

社会
- 秋天的变化
- 秋日去登高

健康
- 小刺猬运苹果
- 趣玩稻草

欣赏　阅读　探玩　创作　调查
展示　实践　制作　劳动

游戏化工作

发现探究：闻香香

准备　不同的香薰精油2组（6个棕色瓶、6个白色不透明瓶子）、幼儿自制的香味配对图卡1套。

目标

1. 用鼻子辨别植物的气味，体验气味配对的快乐。

2. 感知不同气味会给人带来不同的感觉。

年龄　3岁至3.5岁。

预备　曾做过嗅觉瓶的工作。

过程

1. 教师与幼儿一同联想："秋天是什么味道的？"教师邀请幼儿将装有香薰精油的瓶子取出，竖排摆放在桌面左、右两侧："瓶里装着秋天特有的气味，你来闻一闻。"

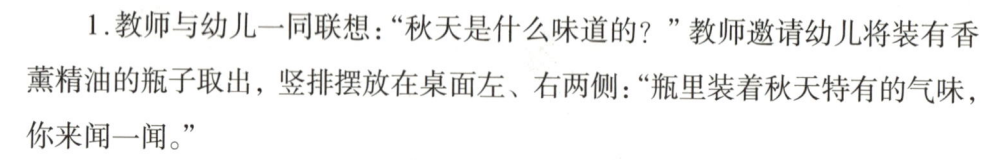

2. 幼儿从棕色瓶组中选取一个瓶子，打开瓶盖闻一闻。教师对幼儿说："你闻到了什么气味？"幼儿交流闻到的气味，并取出气味配对卡放置在瓶子旁边。

3. 幼儿在教师的引导下将所有棕色瓶中气体的气味与配对卡进行配对。教师出示白色瓶子："这个白色瓶中的气味和棕色瓶中的气味一样吗？"

4. 幼儿打开盖子，在瓶子上方扇动空气，将气味挥至鼻前。若这两个瓶子里的气味一致，将它们放置在一起；若不一致，从白色瓶组中再取一个瓶子，将其和棕色组瓶子比较，直至配对成功。教师询问："为什么它们的气味是一

样的？"幼儿表达想法。

5.幼儿继续自主探索，教师退场观察。

注意

"无边界"的猜想：幼儿在闻香过程中产生许多的猜想，如：这是玫瑰花、百合花，还是薄荷的味道？

"打破砂锅问到底"的质疑：幼儿根据猜想发现它们气味的不同，说说有哪些特点。

"反复"的试错：在对棕色组与白色组瓶子中的气味进行反复验证的过程中，提高对气味的辨别能力。

链接

日常生活：幼儿通过在生活中闻香，寻找不同植物的气味，感受大自然的神奇。

延伸工作：教师可针对4岁至4.5岁幼儿提供香料，让幼儿自制独一无二的香薰瓶。

相关活动：可能引发的学习活动有"走进小花园""寻找秋天"等。

发现探究：昆虫博物馆

准备 昆虫模型8个（瓢虫、蝴蝶、蝉、蚱蜢、竹节虫、蜜蜂、蜻蜓、蝗虫）、自制提示卡1副、小竹筐1个、托盘1个。

目标

1.能通过仔细观察，认识昆虫的外形特征。

2.能根据图示进行猜测，体验游戏的乐趣。

年龄 3岁至3.5岁。

预备 曾和父母去户外寻找自然界中的昆虫。

过程

1. 教师引导幼儿猜想:"你知道昆虫博物馆有什么吗?"教师邀请幼儿将托盘里的昆虫模型放置在桌面上。

2. 幼儿选择一只昆虫模型。教师问:"你认识它吗?""这只昆虫长什么样?"在交流中教师引导幼儿观察昆虫的外形特征。

3. 幼儿取一张提示卡,翻开有"??"的一面,观察"??"下方所提示的昆虫部位图。教师提问:"你猜这是什么昆虫?为什么?"幼儿猜想并说出理由。

4. 幼儿进行验证,如与答案不符,重新选择昆虫模型。

5. 幼儿抽取其他提示卡,继续探索。

注意

"无边界"的猜想:幼儿翻开提示卡进行猜想,如:是蝗虫、螳螂,还是瓢虫?

"打破砂锅问到底"的质疑:幼儿根据提示卡思考选择的昆虫是不是提示卡上的昆虫。

"反复"的试错:幼儿反复操作,直至找到符合提示卡上特征的昆虫。

链接

日常生活:在大自然中处处有昆虫留下的痕迹。下雨天爬出来的蜗牛,树叶上毛毛虫咬过的洞洞……幼儿仔细观察,寻找昆虫们的身影。

延伸工作:教师可针对4岁至4.5岁幼儿提供昆虫拼图片,让幼儿进行拼图。

相关活动:可能引发的学习活动有"美丽的蝴蝶""创作:昆虫大世界"等。

发现探究：秋天的颜色

准备 小苏打粉1罐、柠檬酸1罐、搅拌棒3根、取样勺3把、滴管3支、试管若干、pH试纸若干、记录纸若干。

目标

1. 实验中观察小苏打粉、柠檬酸与水混合后的变化。

2. 将出现的颜色与秋天特有的事物相联系，用自己喜欢的方式记录。

年龄 4岁至4.5岁。

预备 已尝试过用搅拌棒进行搅拌。

过程

1. 教师提问幼儿："秋天是什么颜色的？""我们把这些颜色变出来吧！"幼儿将托盘里的材料取出，放置在桌面上。

2. 幼儿在教师的引导下选择小苏打粉末，用取样勺舀一勺、两勺、三勺……将粉末分别放入三个试管中。

3. 幼儿将水分别倒入装有小苏打粉末的试管中，用搅拌棒进行搅拌，直至粉末完全溶化。

4. 幼儿取一张pH试纸放在桌面上，然后用滴管从试管里取1～2滴溶液，滴到pH试纸上进行酸碱度测试。幼儿观察试纸的变化，教师询问："为什么试纸变出不同的颜色？""这些颜色像秋天里的什么？"幼儿表达自己的想法。

5. 幼儿用自己喜欢的方式记录实验结果。

6. 幼儿继续尝试并发现另一种粉末（柠檬酸）溶解后与pH试纸发生的变化。

注意

"无边界"的猜想：幼儿将不同的粉末溶于水，观察液体的变化，猜想将其滴在pH试纸上后会呈现的颜色。

"打破砂锅问到底"的质疑：幼儿根据自己的猜想尝试加入不同量的粉末，看看会出现什么颜色，像秋天里的什么事物。

链接

日常生活：幼儿在秋天尝试更多与纸张变色相关的有趣活动。

延伸工作：教师可引导4.5岁至5岁幼儿制作好看的"神奇的感官瓶"。

相关活动：可能引发的学习活动有"神奇的渐变色""秋天的果实"等。

设计制作：落叶创想

准备 笔袋1个（内含彩笔若干）、托盘1个、打孔机1个、不同树叶若干、其他装饰品若干。

目标

1. 能用丰富的线条和图案来装饰落叶。

2. 欣赏不同形状的落叶，感受不同落叶组合的造型美。

年龄 3岁至3.5岁。

预备 幼儿曾在草坪上捡落叶。

过程

1. 教师与幼儿一同畅想："秋天是落叶飘飘的季节，我们在草地上捡到了很多落叶。"教师邀请幼儿从筐里选择一片自己喜欢的落叶："这片落叶像

什么？"

2. 教师引导幼儿从笔袋中选择自己喜欢的笔："我们可以用什么样方法来装饰这片树叶？"教师鼓励幼儿在树叶上进行设计、创作。

3. 幼儿将画好的树叶顶端打孔，贴上其他装饰品，使树叶变得更加独特。

4. 教师引导幼儿："我们可以在树叶上画画，还可以把树叶组合粘贴成你喜欢的造型。"幼儿尝试更多的创作。

5. 作品完成后，幼儿与同伴展示自己的作品，并大胆表达自己的想法。

6. 幼儿整理好材料，结束工作。

注意

"多通道"的感知：幼儿在选择材料时，可通过触觉、视觉来感知落叶的外形特征。

"独一无二"的设计：幼儿根据喜好，选择、摆放装饰好的树叶，制作个性化书签、信封等。

链接

日常生活：大自然中有很多落叶，它们的形状不同、颜色不同、触感不同，都能给幼儿带来不同的感官体验。

延伸工作：教师可针对3.5岁至4岁幼儿提供更多材料，如树枝、木块等自然物。

相关活动：可能引发的学习活动有"落叶贴画""秋风吹呀吹"等。

设计制作：秋叶滴胶

准备 滴胶液2瓶（含AB胶，瓶子大小不同）、量杯1个、硅胶模具1套、试管1套、搅拌棒1根、闪粉1罐、滴管、珠链若干。

目标

1. 初步尝试滴胶配比，萌发对艺术创作的兴趣。

2. 发挥想象，设计创意滴胶，体验手工制作滴胶作品的乐趣。

年龄 4岁至4.5岁。

预备 前期收集能组合创作的树叶、松果、干花等材料。

过程

1. 教师与幼儿进行讨论："我们在幼儿园捡到了好多树叶，来做一枚秋天挂件。"教师引导幼儿将材料放至桌面。

2. 教师请幼儿将适量的滴胶液（含AB胶）分别倒入量杯中，拿搅拌棒搅拌直至液体变为透明色。

3. 幼儿挑选自己喜爱的金粉、树叶，将其依次放入硅胶模具中。

4. 幼儿尝试用滴管将量杯中的滴胶液体缓慢滴入模具中，直至模具全倒满。

5. 教师问幼儿："你喜欢透明的，还是有颜色的呢？"教师引导幼儿选择想要的颜色的闪粉，将其倒入模具中。

6. 幼儿挑选喜爱的珠子、链条进行装饰。制作完毕，将作品展示在活动室。

注意

"多通道"的感知：幼儿运用不同形状的模具，通过视觉感知滴胶作品的多种造型。

"独一无二"的设计：幼儿根据喜好选择模具和各种辅助材料，辅助材料的不同决定作品呈现的方式不同。教师在班级或转角布置幼儿设计的挂饰、摆件等。

链接

日常生活：利用秋天处处可见的落叶，教师引导幼儿链接生活经验，激发幼儿的创作欲望。

延伸工作：教师可针对5岁至5.5岁幼儿提供麻绳、树枝等物件，供幼儿制作滴胶挂毯。

相关活动：可能引发的学习活动有"欣赏：干花标本""树叶拼贴"等。

设计制作：缤纷落叶

准备 画板1块、打孔机1个、喷壶3个、树叶若干、树枝1根、颜料若干、各色毛线若干。

目标

1. 发现、欣赏落叶的美，充分发挥想象力和创造力。

2. 结合落叶的形状、颜色等特征，运用绘画、喷染、编织等方式来表达、表现秋天。

年龄 4岁至4.5岁。

预备 做过树叶贴画的工作；会绕毛线。

过程

1. 教师与幼儿共同回忆："上周我们做了落叶贴画，今天我们玩个不一样的落叶游戏。"教师引导幼儿将材料放至指定桌面。

2. 幼儿选取一片树叶，将其放置于画板上。教师对幼儿说："这里有不同颜色的水粉，我们把它喷洒在画板上。"幼儿自主创作，完成后将染上颜色的树叶摆放好并晾干。

3. 树叶晾干后，教师引导幼儿："我们可以用漂亮的树叶做一个树叶风铃。"

4. 幼儿在教师的引导下在树叶的一端打孔，随后用自己喜欢的毛线将树叶穿在一起，再把一串串树叶缠绕到树枝上。

5. 幼儿将完成的作品挂在展示区供其他幼儿欣赏。

备注

"多通道"的感知：幼儿运用视觉和触觉欣赏秋天落叶的外形特征，给树叶喷色，感受颜色晕染后的美感。

"独一无二"的设计：幼儿自主选用颜料、毛线、树枝等，利用喷染和编织等方式创作属于自己的树叶风铃。

链接

日常生活：幼儿在生活中寻找不同外形、颜色的秋叶，收集更多材料来丰富创作和表达形式。

延伸工作：教师可针对4.5岁至5岁幼儿提供相应材料，幼儿将颜料喷染在T恤、手帕、纸袋等材料上。

相关活动：可能引发的学习活动有"会跳舞的树叶""秋日音乐会"等。

设计制作：秋印挂件

准备 陶土若干、大托盘1个、正方形木盒3个、木棍1根、卷袋1个、勺子1个、圆柱塑料盒1个、眼罩1个、带柄量杯1个、透明垫板1块、凝胶粉1罐、模具若干、干花若干。

目标

1. 感知各种干花的不同质地。
2. 体验制作秋印挂件的快乐，提升自由创作的能力。

年龄 5岁至5.5岁。

预备 曾做过捏黏土的工作。

过程

1. 教师邀请幼儿："我们用陶土制作一个属于秋天的漂亮挂件。"教师出示各种形状的模具："你想做一个什么形状的挂件？"幼儿与教师展开交流。

2. 幼儿在教师的引导下从罐中取出一些陶土平铺在透明垫板上，用木棍把陶土擀平整，将自己喜欢的干花放在陶土上，挑选模具，将干花固定在模具中间。

3. 幼儿用量杯取15毫升的水，舀2~3勺白色凝胶粉，将其与水搅拌均匀，随后将白色液体凝胶倒入模具。

4. 教师引导幼儿将模具放到阳光下暴晒，待白色液体晒干后脱膜取出。

5. 幼儿选择漂亮的绳子绑在挂件上，并将材料清洁干净、整理整齐。

注意

"多通道"的感知：幼儿通过触觉、视觉感知模具的不同形状及装饰材料的多种形态。

"独一无二"的设计：幼儿自主挑选干花、贝壳等装饰物，呈现不一样的挂件作品。

链接

日常生活：幼儿可收集秋天特有的物件，也可收集生活中美的物件，在工作中利用物件进行制作。

延伸工作：教师可引导5岁至5.5岁幼儿收集落叶，将落叶封在泥胶内制作成落叶标本。

相关活动：可能引发的学习活动有"秋日拾荒""创作：秋叶有信"等。

生活服务：好吃的牛奶麦片

准备 香蕉1根、小刀1把、玻璃碗1个、牛奶1瓶、勺子1根、手套2副、口罩2个、不同种类的麦片若干、用来点赞的小红花若干。

目标

1. 了解香蕉牛奶麦片饮的制作过程，按照喜好调制不同口味的香蕉牛奶麦片饮。

2. 愿意与同伴合作调制香蕉牛奶麦片饮，加深彼此之间的友谊。

年龄 4岁至4.5岁。

预备 有切香蕉的经验。

过程

1. 教师与幼儿互动："你喝过加香蕉和麦片的牛奶吗？香香的，特别有营养。""我们来做一碗香蕉牛奶麦片饮吧。"

2.两名幼儿在教师的引导下协商分工：A幼儿切香蕉；B幼儿调制麦片饮。

3.A幼儿洗净双手，戴上手套，将香蕉去皮放置在菜板上，左手按住香蕉，右手拿刀将香蕉切成厚度均匀的薄片。

4.B幼儿用勺子取适量麦片，将麦片分别放入两个玻璃碗中，随后倒入适量的牛奶，直至碗口三分之一处，并用勺子轻轻搅拌。

5.A幼儿用夹子将切好的香蕉片一片一片地放入两个玻璃碗中。两名幼儿一同品尝自制的香蕉牛奶麦片饮。教师问幼儿："你们觉得好吃吗？"并引导幼儿根据口感进行适当调整。

6.幼儿相互赠予"小红花"，感受来自同伴的赞许和鼓励。

注意

"好朋友式"的分工：幼儿协商确定制作香蕉牛奶麦片饮的分工，如谁切香蕉、谁调制麦片饮。

"小红花式"的点赞：幼儿品尝亲手制作的香蕉牛奶麦片饮之后，与同伴相互赠送"小红花"予以鼓励。

链接

日常生活：幼儿结合日常生活中吃麦片的经历，了解健康饮食的重要性。

延伸工作：教师可针对5岁至5.5岁幼儿提供苹果、梨等水果，引导其制作更多口味的水果牛奶麦片饮。

相关活动：可能引发的学习活动有"制作：好喝的水果汁""杯子DIY"等。

生活服务：秋日存档

准备 托盘1个、麻绳1捆、剪刀1把、鲜花若干。

目标

1. 学习各种储存秋天的植物的技能与方法，如切、绑、风干等。

2. 在与朋友的合作过程中，体验存储秋天的植物的快乐。

年龄 5岁至5.5岁。

预备 掌握简单的捆绑技能；有插花的经验。

过程

1. 教师邀请幼儿："花瓶里的鲜花快要枯萎了，怎么办？"引发幼儿对已有生活经验的回忆。幼儿说："我们可以把这些鲜花风干，保存下来。"

2. 幼儿在教师的引导下协商分工：A幼儿从花瓶中取出鲜花，修剪花枝；B幼儿准备麻绳，捆绑花枝。

3. A幼儿修剪掉花枝上多余的叶子，并剥除一些烂掉的花瓣；B幼儿将麻绳长度与桌子边缘长度进行比较，确定适宜的长度后用剪刀剪断麻绳。

4. A幼儿将修剪完成的鲜花交给B幼儿，B幼儿将麻绳一圈圈缠绕在花枝的根部，再打结。两名幼儿一起把鲜花夹到花架上。

5. 将花风干后，两名幼儿互赠漂亮的干花，感受同伴间美好的友谊。

注意

"好朋友式"的分工：幼儿"你拿花束、我绑麻绳"，体验一起劳动的快乐。

"小红花式"的点赞：幼儿为对方挑选制作好的干花并相互点赞。

链接

日常生活：幼儿在生活中寻找各种储存物品的办法，体验存储的快乐，养

成不浪费的良好习惯。

延伸工作：教师可针对5岁至5.5岁幼儿提供各种水果，幼儿制作水果干、水果罐头等。

相关活动：可能引发的学习活动有"食物保存的秘密""阅读《大熊的储藏室》"等。

角色模仿：拓印小达人

准备 托盘1个、竹托1个、垫板1块、手帕1块、锤子1个、围裙1条、宽胶带1个、花草若干。

目标

1. 能用敲打的方式进行拓印，了解拓印的基本步骤。

2. 欣赏将植物拓印在白布上的效果，体验成功的喜悦。

年龄 3岁至3.5岁。

预备 在公园、小区里收集各种花瓣、树叶等。

过程

1. 教师邀请两名幼儿："秋日博览会马上要开始了，我们印染坊也要准备一些好看的作品进行展览。"教师出示材料，对幼儿说："我们可以在白色手帕上印些什么？"

2. 幼儿在教师的引导下确定印染主题"秋日花草"。幼儿挑选自己喜欢的植物，达成共识后将收集来的花草进行组合搭配。

3. 幼儿协商植物固定的位置：将植物用宽胶带固定在手帕上，确保植物

在锤子敲打过程中不来回移动。

4.幼儿用锤子持续不断地捶打植物,控制好力度。若捶打得太重,印染在手帕上的植物会变形;若捶打得太轻,印染图案不明显。

5.两名幼儿互助轻轻撕开胶带,好看的植物就拓印在手帕上了。

6.幼儿将手帕放置在阴凉处晾干,将材料整理整齐、清理干净。

注意

"你我之间"的共识:对植物摆放在手帕上形成的图案,幼儿达成一致的想法。

"我不怕"的挑战:幼儿通过反复捶打,使同一片植物因敲打力度的不同而呈现不同的效果。

链接

日常生活:幼儿在角色模仿中体验拓印师的职业乐趣,并了解更多有趣的拓印方法。

延伸工作:教师可针对3岁至3.5岁幼儿提供纸袋、橡皮章、纽扣等物品,供幼儿进行拓印。

相关活动:可能引发的学习活动有"水拓画""自制印章"等。

角色模仿:植物观察员

准备 托盘1个、放大镜1个、记号笔1支、植物若干、观察员名牌若干、记录纸若干。

目标

1.尝试用放大镜仔细观察植物的各个部位。

2.和同伴分享自己的记录与发现,体验观察的乐趣。

年龄 4岁至4.5岁。

预备 有使用过放大镜的经验。

过程

1.教师出示放大镜,对两名幼儿说:"秋天到了,我们用放大镜观察花园里的植物。你们有怎样的发现?"引发幼儿思考。

2.幼儿在教师的引导下戴上"观察员"的名牌,拿着放大镜与记录纸来到小花园。

3.教师指导幼儿观察植物与泥土的连接处、树干的表皮及枝叶。

4.两名幼儿将放大镜下植物各部位的生长情况用自己的方式记录下来,并讨论:"植物的这些部位与我们肉眼看到的有什么不同?""同一种植物的叶片都是绿色的吗?""每种叶片的叶脉一样吗?"如有不同意见,幼儿再次观察。

5.幼儿自主操作,商量各自要观察的植物,观察时分别做好标记。

注意

"以我为中心"的冲突:幼儿观察放大镜下的植物形态是否与肉眼看到的一样。

"你我之间"的共识:幼儿通过反复观察,对植物的生长达成一致意见。如:同种植物的叶子不相同,叶脉也不相同;秋天里,有些树皮的颜色会变得很深,有些树皮会掉落;等等。

链接

日常生活:幼儿与家长在植物园欣赏秋天的树木,通过观察发现常青树与落叶树。

延伸工作:教师可针对4.5岁至5岁幼儿提供显微镜,幼儿进一步观察树叶标本。

相关活动：可能引发的学习活动有"阅读《你好，树朋友》""动植物写生"等。

角色模仿：标本制作师

准备 手套2副、牙刷2根、护目镜2副、放大镜1个、器皿1个、托盘2个、笔若干、记录表若干、树叶标本若干。

目标

1.初步了解树叶标本师的职责，尝试通过刷、煮、浸、晾干等方式进行角色体验。

2.感受树叶的多样与美丽，对大自然中的植物感到好奇。

年龄 5岁至5.5岁。

预备 曾用放大镜观察过不同的植物。

过程

1.教师与幼儿回忆："我们观察花园里的许多植物，发现不同植物的叶子不一样。""你们喜欢什么样的叶子？"教师唤醒幼儿的已有经验。

2.幼儿在教师的引导下穿上标本师的服装："我们要把喜欢的叶子做成标本进行保存。"

3.两名幼儿选择制作标本的叶片，随后商量各自的工作内容，如谁刷叶肉、谁清洗叶脉。

4.A幼儿将水倒入托盘中，戴上手套、护目镜，用牙刷从左到右把叶片上的叶肉刷下来，直到将叶肉刷干净。B幼儿在旁边协助，提醒A幼儿动作要轻

柔,防止把叶片刷破。

5. B幼儿将叶脉清洗干净,取出放大镜,仔细观察叶脉的纹路,并记录在观察纸上。

6. 两人一起将叶脉晾干,合作整理,将材料送回。

注意

"你我之间"的共识:幼儿根据自己的喜好,协商工作的内容。

"我不怕"的挑战:幼儿在刷叶肉过程中,既要专注,又要控制好力度,才能将叶肉慢慢剔除。

链接

日常生活:幼儿观察大自然中的植物,探究叶脉的不同纹路,发现不同植物叶脉之间的差异。

延伸工作:教师可针对5.5岁至6岁幼儿提供颜料和食用油,将提取出的叶脉染上好看的颜色。

相关活动:可能引发的学习活动有"制作:树叶饼干""神奇叶脉"等。

集体活动

树叶飞

活动领域 语言、艺术

活动目标

1. 学习、理解儿歌,感受儿歌中秋日树叶飞舞的情境。

2. 能大胆想象,体验仿编诗歌的快乐。

活动年龄 3岁至4.5岁。

活动准备

1. 观察大自然中秋风吹过、树叶掉落的场景,教师和幼儿在园内捡落叶。

2.教师与幼儿一起玩落叶游戏的照片1组。

活动过程

1.回忆前期用树叶做游戏的情境。

（1）教师出示师幼用树叶做游戏的照片。

——秋风起，树叶宝宝都掉了下来，还记得我们和树叶宝宝做游戏吗？

——每个幼儿选一片树叶，仔细观察，说说它是什么样子的。

可能开展的低结构活动：欣赏

活动前，师幼在日常生活中共同收集落叶实物以及相关图片、图书。幼儿可将收集的物品自主投放在班级环境中，如摆放在书架上，粘贴在墙面上，呈现在活动区内，便于自主欣赏。

（2）幼儿将树叶抛起，看看树叶飘落的样子。

——落叶宝宝是如何在空中飞的？我们来学一学。

2.师幼念儿歌，理解儿歌内容。

（1）教师念儿歌，引导幼儿感受儿歌中的优美意境。

——你听到了什么？树叶变成了什么？它和谁在一起？

（2）教师播放音乐，幼儿自主表演。

——幼儿人手一片树叶，边念儿歌边表演。

——小蚂蚁为什么会把小树叶变成小船？如果是毛毛虫，会把树叶变成什么呢？

可能开展的低结构活动：阅读

家长与孩子在家一起阅读关于落叶的绘本，尝试亲子合作做好阅读日记，记录看到哪些形状的落叶，说一说落叶的形状像什么。

（3）幼儿替换儿歌中的"河里""小蚂蚁"，尝试仿编。

——树叶还会飘到哪里？会遇见谁呢？

（4）幼儿创编动作，进一步熟悉儿歌内容。

——带着小树叶，我们一起来表演吧。

——小树叶会遇到谁？会发生什么事？（幼儿自由创编。）

3. 幼儿拿着树叶，变成"小蚂蚁"到户外做游戏。

> **活动资源**
>
> 教师提供儿歌相关图片，帮助幼儿直观感受儿歌的优美情境，理解儿歌内容。
>
> **树叶飞**
>
> 秋风起，树叶飞，
>
> 飘啊飘，飘河里。
>
> 树叶尖，像小船，
>
> 小蚂蚁，爬上面。
>
> 大风吹，吹河间，
>
> 飘啊飘，飘岸边。
>
> （佚　名/文）

山行

活动领域　语言、艺术

活动目标

1. 通过"山""小路""枫叶"等字、词理解古诗，大胆想象诗句所描绘的画面。

2. 愿意有感情地朗诵七言绝句古诗，感受诗中深秋山色的意境。

活动年龄　4.5岁至6岁。

活动准备

古诗《山行》的背景音乐以及相关图片。

活动过程

1. 说说心中的秋天美景。

（1）幼儿说说在公园、幼儿园看到的秋天景色。

——说一说你喜欢的秋天景色。（幼儿自由讲述。）

（2）幼儿讨论秋天的颜色。

——秋天是什么颜色的？为什么？我们来听听古人诗里秋天的颜色。

> **可能开展的低结构活动：探玩**
> 周末，家长和孩子一起走进大自然，在玩耍中欣赏秋天的美丽景色，捡拾落叶、松果等，感受五彩斑斓的秋天色彩。

2. 观察图片，理解古诗。

（1）幼儿倾听教师有感情地朗诵古诗，了解七言绝句。

（2）幼儿自由表述对诗歌的理解。

——诗里说了一个怎样的故事？故事发生在什么季节？为什么是秋天？从哪里听出来的？

（3）幼儿分段欣赏古诗，理解古诗中描写的场景。

——你知道"远上""寒山""石径"是什么意思吗？

——登上远处，看到了深秋的山，一条弯弯曲曲的石头小路，看到这样的风景，会是什么样的心情？

——诗人看到这样的景色，心里的感受如何？

3. 朗诵古诗，感受古诗韵律。

（1）教师播放音乐，幼儿倾听教师有感情地朗诵古诗。

（2）幼儿进一步说说对古诗的理解，感受诗句画面和传递的情感。

——你觉得哪一句诗能打动你？为什么？

> **可能开展的低结构活动：阅读**
> 师幼共读或亲子共读古诗，倾听古诗背后的故事，如《枫桥夜泊》《秋词》等，丰富对有关秋天古诗的了解，在有韵律地朗诵的过程中，感受古诗特有的韵味。

（3）幼儿跟着教师有感情地朗诵古诗数遍。

4.画一画"我"心中的《山行》。

活动资源

教师提供诗歌相关图片，与幼儿一起诵读秋天的诗句，感受诗歌的优美意境。

山 行

唐·杜牧

远上寒山石径斜，

白云生处有人家。

停车坐爱枫林晚，

霜叶红于二月花。

橘子哪里来

活动领域 科学、艺术

活动目标

1.在摸摸、闻闻、剥剥、尝尝橘子的过程中发现橘子的特点。

2.愿意并喜欢用拼摆橘子瓣、拼贴橘子皮等方式进行艺术创作。

活动年龄 3岁至4.5岁。

活动准备

1.每桌放3个"神秘袋"（分别放入橘子1个、纸球2个）。

2.小橘子人手1个，放食物残渣的盘子每组1个。

活动过程

1. 摸橘子的游戏。

（1）教师分发"神秘袋"，请幼儿摸一摸袋子里的物品。

——请你们把小眼睛闭上，摸一摸袋子有什么，它摸起来是什么感觉？

（2）幼儿闻一闻，猜猜"神秘袋"里的水果。

——现在我们再来闻一闻水果，你闻到了什么气味？

2. 找橘子的发现。

（1）每桌幼儿从"神秘袋"中轮流摸橘子。

——幼儿摸袋子里的物品，说说装有橘子的口袋的颜色，猜测如何找到橘子。

（2）幼儿打开袋子看看，验证猜测的结果。

——幼儿将橘子拿出来摸摸、闻闻，说说有什么感觉。

3. 尝橘子的味道。

（1）幼儿观察橘子的外形，并说说可以怎么剥橘子。

（2）幼儿回顾生活经验，介绍吃橘子的方法。

——我们怎样能吃到甜甜的橘子？

（3）幼儿联系生活经验，说说还有哪些水果是需要剥皮后才能吃的。

4. 剥橘子的创意。

（1）幼儿将橘子分瓣，在果盘内将橘子瓣"排排队"，并数数一共有几瓣。

（2）教师出示图片，引导幼儿说说

可能开展的低结构活动：探玩

教师事先可以将橘子藏在教室里，请幼儿找一找，说说是在哪里找到的。也可以请一名幼儿藏橘子，其他幼儿找。幼儿在藏和找的过程中，感受游戏的乐趣，通过触摸感知橘子的外形特征。

可能开展的低结构活动：创作

家长可以在餐桌上摆放不同的水果，如橘子、橙子、蓝莓等，进行"水果故事会"活动，供幼儿创作有趣的故事和儿歌。

橘子在摆盘后变成了什么。

——橘子变魔术，它可以变成什么呢？

活动目标

教师提供"橘子变变变"的创意摆盘图片，也可让幼儿进行橘子皮拼摆创作。

秋天的水果

活动领域 科学、语言

活动目标

1. 观察水果，尝试比较各种水果切面的不同特点。
2. 感受水果切面的美感，尝试对各种切面进行想象和描述。

活动年龄 4.5岁至6岁。

活动准备

1. 幼儿自带水果1种，了解各种水果的名称。

2. 各种水果切面的图片，水果刀1把。

活动过程

1. 说说水果的名称和外形。

（1）幼儿介绍自带的水果。

——你的水果叫什么？是什么颜色的？什么形状？

（2）比一比，发现相同与不同之处。

——和同伴的水果比一比，有什么不一样？

——如果你带了苹果，拿另一个苹果比一比。虽然都是苹果，但哪里不一样？

——按照形状分一分类，发现圆形的水果比较多。

2. 将水果对半切，观察水果的切面。

（1）说一说看到的水果切面。

——你看到了什么？它是什么样的？

（2）比较不同水果的香味、果肉和籽（核）的不同之处。

——你发现了哪些不一样的地方？

（3）教师提供其他水果切面图，幼儿介绍自己喜欢的水果切面。

——猕猴桃里的籽黑黑的，像许多小蚂蚁；苹果的籽小小的，躲在"五角星房间"里；柠檬的切面像一朵花；等等。

3. 尝尝水果的味道。

（1）教师鼓励幼儿自主准备水果与水果盘。

（2）幼儿尝尝、说说秋天水果的味道。

可能开展的低结构活动：调查

幼儿可分小组讨论，发现苹果、杨桃和猕猴桃等水果有什么不一样，借助小清单记录它们的不同。

可能开展的低结构活动：探玩

幼儿收集水果切面的相关资料或者绘本，并将之投放在活动区中。教师鼓励幼儿梳理归纳自己的新发现，并将之补充记录到水果切面的表格中，和同伴说说自己的新发现。

> **活动资源**
>
> 教师提供各种水果的切面图,也可结合图片记录下幼儿有创意的表达。
>
> | 苹果 | 梨 | 杨桃 | 猕猴桃 | 橙子 |

风儿你带什么来

> **活动领域** 艺术、语言

> **活动目标**

1. 知道休止符,初步了解它在乐曲中的作用。
2. 愿意参与秋天里的艺术活动,体验音乐游戏带来的快乐。

> **活动年龄** 3岁至4.5岁。

> **活动准备**

1. 定音钟1个,幼儿手工制作的树叶头饰。
2. 歌曲图谱,音乐。

> **活动过程**

1. 听音找树叶。

(1)教师模拟风的形态,引导幼儿猜一猜。

——猜一猜,是谁来了?原来是风儿来了,风儿说"我还要带好朋友来"。

> **可能开展的低结构活动:欣赏**
>
> 师幼散步时收集不同形状的树叶,将其展示在教室区域中,布置在墙面上,幼儿可以和同伴自主欣赏。

（2）教师边敲定音钟边抛树叶，一声钟声响，落下一片树叶。

——叮，是谁呀？（教师敲一下钟。）一片树叶落下来。（教师抛下一片树叶。）

2.学习演唱歌曲。

（1）教师播放音乐，演唱一遍，请幼儿仔细聆听。

——小朋友们，你们听到了什么？风儿带来了多少小树叶？

（2）教师出示图谱，清唱歌曲。

——老师把这首好听的歌曲画成了图谱，请你们边看图谱边仔细听一听。

——幼儿尝试跟着图谱演唱歌曲。

3.师幼轮唱歌曲。

（1）教师与一名幼儿示范轮唱。

——我们是如何唱的？老师唱歌曲的"风儿"部分，小朋友唱"树叶"部分。

> **可能开展的低结构活动：展示**
> 在区域中投放树叶头饰、树叶服饰、树叶手链、树叶实物及相关音乐等，幼儿自主装扮，并和同伴一起表演。

（2）换角色轮唱。

——现在你们是风儿，我来当树叶，是否也能努力唱得像刚才那样好听？

（3）游戏：风儿你带什么来。

——我们一起跟着音乐，老师先来当风儿，你们当小树叶，随风飘一飘。（幼儿扮演小树叶。）

——风停了，树叶落在了地上，风猛烈地吹，树叶又将如何飘呢？（幼儿自由表现。）

> **活动资源**
> 教师提供乐曲图谱，带幼儿去大自然开展活动，还可以在秋意正浓的园所小径开小型音乐会。

活动资源

风儿你带什么来

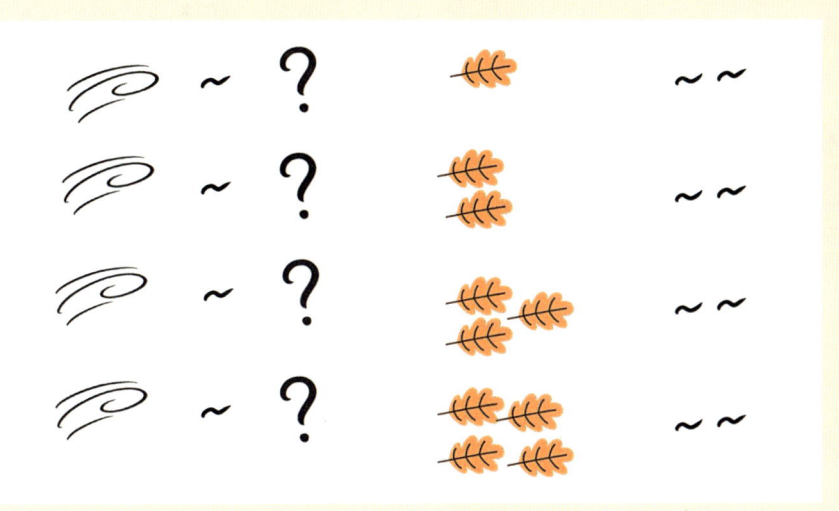

佚 名 词 曲

1=C 4/4

| 1̇ 7 6 5 | 3 4 5 0 | 6 5 4 3 | 2 2 1 0 |
风 儿 你 带　什 么 来？　一 片 树 叶　飘 下 来。

| 1̇ 7 6 5 | 3 4 5 0 | 6 5 4 3 | 2 2 1 0 |
风 儿 你 带　什 么 来？　两 片 树 叶　飘 下 来。

| 5 3 4 5 | 6 4 5 6 | 7 6 5 4 | 3 4 5 - |
风 儿 你 带　什 么 来？　三 片 树 叶　飘 下 来。

| 5 3 4 5 | 6 4 5 6 | 7 4 6 7 | 1̇ - - 0 :||
风 儿 你 带　什 么 来？　四 片 树 叶　飘 下 来。

75

丰收舞

活动领域 艺术、社会

活动目标

1.感受欢快的音乐旋律,体验粮食丰收的喜悦之情。

2.尝试创编各种收割粮食的动作,随音乐有节奏地表演。

活动年龄 4.5岁至6岁。

活动准备

1.歌曲《丰收歌》。

2.幼儿有关于田野活动的经验;表现丰收场景的图片。

活动过程

1.出示丰收场景的图片,引出关于丰收的话题。

(1)教师重点引导幼儿观察收割稻谷的动作。

——图片里的人们在干什么?叔叔阿姨们是如何收割稻谷的?

(2)个别幼儿尝试模仿动作。

——谁能来模仿叔叔、阿姨收割稻谷的动作?

2.倾听歌曲,感受音乐旋律。

(1)幼儿跟着音乐按节奏拍手,感受乐曲节奏。

——小朋友们,我们跟着音乐有节奏地拍手吧。

——除了拍手,我们还可以拍哪里?(幼儿跟随教师边听音乐边做相应的动作。)

(2)教师启发幼儿创编动作。

——收割稻谷还可以用什么动作来表现?谁愿意来试试?

> **可能开展的低结构活动:实践**
>
> 有条件的幼儿园可联系周边丰收的农田、果园等富有田园气息的地方,教师带幼儿去现场,亲身体验割稻谷、采摘苹果等丰收的过程。

——收了那么多稻谷,我们把稻谷绑一绑、扛一扛、堆一堆。

——劳动以后感觉特别热,大家擦擦汗,互相捶捶背。

(3)教师进一步鼓励幼儿创编动作。

——看到许多小朋友有创意的收稻谷的动作,你愿意模仿谁?(幼儿相互模仿。)

——跟随音乐,我们把表演收割稻谷的动作连起来。

3.全体幼儿表演收割稻谷。

——我们一起去田野里收割稻谷,享受丰收的喜悦。

可能开展的低结构活动:展示

幼儿园可以开展"最美丰收演出"评选活动,幼儿用唱歌、跳舞等多种形式表现丰收的喜悦,并为自己喜欢的表演者投票,选出最有创意的表演。

活动资源

教师提供相关资源,幼儿参与到农场、田地的丰收活动中,深度感受丰收的热闹氛围,进行"丰收舞"的自由创编。

活动资源

丰 收 歌

1=♭B 2/4

石祥 词
傅晶 曲
任刚 制谱

稍慢 喜悦 明朗的

麦浪滚滚闪金光，
稻浪滚滚闪金光，
条条大道闪金光，

十里歌声十里香，
机器隆隆打谷忙，
车飞马奔喜送粮，

丰收的喜讯到处传，
人心欢畅地增产，
农民踏上富裕路，

家家户户喜洋洋喜洋洋。
丰收粮食堆满仓堆满仓。
幸福生活万年长万年

渐慢

长万年长。

秋天的变化

活动领域 社会、语言

活动目标

1. 知道秋天是丰收的季节,发现秋天明显的季节特征。
2. 发现秋天景物变化的美好,萌发热爱大自然的美好情感。

活动年龄 3岁至4.5岁。

活动准备

有关秋天丰收景象以及秋天落叶、秋天果树的图片等。

活动过程

1. 回忆里的秋天。

(1) 谈话:发现秋天。

——秋天来了,小朋友在公园、幼儿园的路上看到了什么?

——秋天来了,你们发现了哪些变化?

(2) 教师出示图片,引导幼儿表述秋天树叶的样子。

——秋天的树叶是什么样的?有哪些颜色?树叶飘落下来的时候像什么?

2. 散步中发现秋天的变化。

(1) 教师带领幼儿到户外感受秋天。

——秋风吹来,你有什么感觉?

(2) 幼儿发现秋天温度的变化。

——幼儿互相观察,看看秋天穿的衣服和夏天穿的衣服的不同。

——幼儿用常温的水洗手,发现水凉凉的。

3. 幼儿园午餐小调查。

(1) 幼儿观察午餐的食材。

——秋天来了,天气渐渐

可能开展的低结构活动:实践

有条件的幼儿园可以带领幼儿去公园、小河边、风景区等,让幼儿去寻找秋天的颜色,看看秋天的植物的颜色变化,感受凉凉的秋意。

可能开展的低结构活动:调查

师幼共同记录每日的午餐情况,幼儿分享自己的调查记录表,用"我喜欢吃……"句式来介绍自己喜欢吃的食物。

变冷。我们看看,今天中午吃什么呢?

(2)幼儿找找秋天的食物,说说它们的味道。

——你们知道哪些是秋天常见的食物吗?比如萝卜、大白菜、南瓜、栗子、螃蟹等。

——秋天不仅蔬菜丰收了,也有很多水果成熟了,你知道有哪些水果吗?(幼儿自由表达。)

(3)医生阿姨来互动。

——秋天我们会感觉鼻、咽、皮肤很干燥,可以多吃蜂蜜雪梨汤,来补充水分。

活动资源

教师提供花卉图片,也可以多带幼儿去公园、户外进行观察和谈话,引导幼儿发现秋天的变化。

秋日去登高

活动领域 社会、健康

活动目标

1. 了解登山所需的物品，小组成员共同商议分工、准备物品。
2. 尝试制订简单的登山计划，在登山时注意安全。

活动年龄 4.5岁至6岁。

活动准备

剪刀、胶水、白纸若干。

活动过程

1. 谈话：秋日重阳来登高。

（1）登高看秋天。

——我国有个节日叫重阳节，登高是重阳节的风俗活动之一。古人喜欢在秋高气爽的季节登高，这是一项休闲娱乐、强身健体的活动。

> **可能开展的低结构活动：实践**
>
> 家长可以带领孩子实地攀爬山峰，了解爬山需要准备的物品、爬山路线，回园后进行分享。

（2）说说登过的山。

——你们在重阳节和爸爸妈妈去登高吗？去哪里登高？可以看到哪些美景？

2. 讨论登高前的准备。

（1）记录登高要带的物品。

——小组讨论：登高需要带些什么？哪些东西不适合？

——小组分享：说说自己带的物品，讨论后和组员再调整。

（2）分享登高时的安全须知。

——登山中可能会发生哪些安全事故？可以做哪些准备？遇到危险如何

求救？（穿合适的鞋子，带备用创可贴，遇到紧急情况时拨打求助电话。）

——讨论：登山时带主食、水和少量零食、创可贴等必备物品。

3.做一份登高计划书。

（1）小组记录汇总，制成计划书。

——怎样才能把要带的东西全记住？（幼儿进行小组分工，将内容画在纸上，做一份"计划书"。）

（2）请每组幼儿介绍自己的登山计划书。

（3）幼儿分组，根据制订的计划书准备登高所需的物品。

> **可能开展的低结构活动：制作**
>
> 在活动区投放各种登山的装备、登山路线图，幼儿可以用剪刀、水彩笔将登山照片等材料制成登山小报，并将自己的小报内容与家人和小伙伴进行分享。

活动资源

教师提供计划书，可在登高活动结束后，继续进行讨论并完善计划书，完成登高日志。

目的地路线图　　　想要做的事情

小刺猬运苹果

活动领域 健康、语言

活动目标

1. 尝试手膝着地连贯向前爬,锻炼手脚的协调性。
2. 感受不同环境中的爬行难度,体验成功的快乐。

活动年龄 3岁至4.5岁。

活动准备

1. 轻快的音乐,与幼儿人数相同的刺猬头饰,自制可粘贴的苹果图片若干。
2. 两座高低不同的攀爬架组。

活动过程

1. 热身:小刺猬爬爬爬。

（1）幼儿戴上刺猬头饰,来到场地上做热身运动。

——小刺猬是怎样爬的?你能学一学吗?

——和老师一样手膝着地爬,爬一爬,扭一扭。

（2）收到来自农场的一封信。

——小刺猬们,爷爷的信中提到,秋天的苹果树丰收了,请大家去果园运苹果。

2. 运动:去果园里运苹果。

（1）爬上小土坡（矮器械）。

——小刺猬爬呀爬,爬呀爬,路上遇到一个小土坡,怎么办?

——下坡的时候小刺猬可以滑下来,也可以倒着爬。

> **可能开展的低结构活动:阅读**
> 师幼共同阅读或者亲子阅读有关刺猬的绘本,了解刺猬的习性及其爬行特点。

> **可能开展的低结构活动:探玩**
> 教师鼓励幼儿在软垫上四散爬行,及时捕捉幼儿在探玩过程中发现的"如何爬得高、爬得快"的经验点,后续可以组织幼儿开展小刺猬的游戏。

（2）爬上高高的山（高器械）。

——小刺猬爬呀爬，爬呀爬，前面有座高山，谁能爬过去？一起来挑战。

3.游戏：小刺猬运苹果。

（1）小刺猬运苹果（地上放置苹果图片）。

——小刺猬看到好吃的苹果，滚一滚，苹果沾到身上就可以运回家了。如果遇到狐狸，要赶紧把自己卷起来，等狐狸走了再运苹果。

（2）游戏2~3遍，直至"刺猬"身上沾满"苹果"。

——小刺猬，我们一起爬回家，把苹果运回去，和伙伴们一起分享吧。

> **活动资源**

教师提供绘本《小鸡球球和小刺猬》、场地布置图，帮助幼儿了解刺猬运苹果的方式，在游戏中拓展情境。

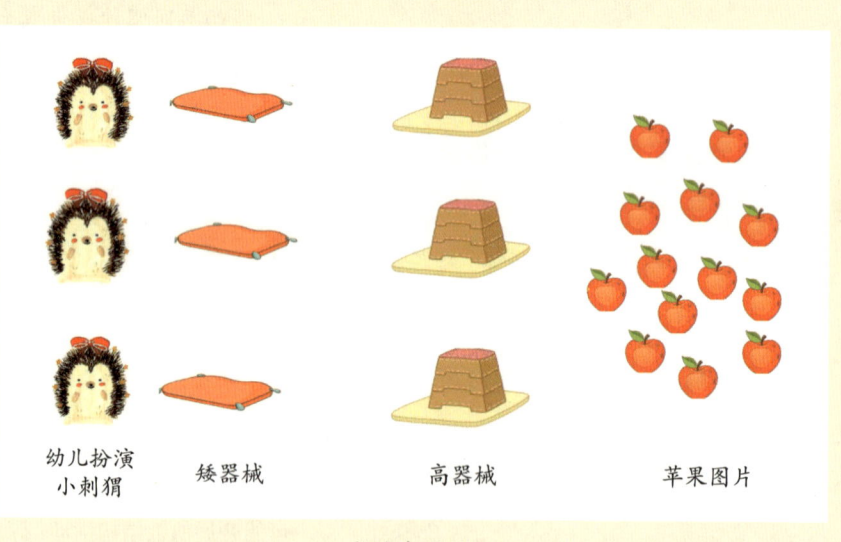

| 幼儿扮演小刺猬 | 矮器械 | 高器械 | 苹果图片 |

场地布置图

趣玩稻草

活动领域 健康、社会

活动目标

1. 大胆想象，探索与稻草做游戏的多种玩法。
2. 在游戏中挑战障碍跑、变速跑，体验与同伴游戏的乐趣。

活动年龄 4.5岁至6岁。

活动准备

1. 将稻草扎成小捆稻草束，幼儿人手两捆。
2. 将稻草扎成十捆大捆的稻草垛，八个稻草编的蒲团子。

活动过程

1. 舞动热身。

（1）丰收稻草舞。

——大家一起来打稻谷喽！（幼儿人手一捆稻草，跟着音乐节奏一上一下，做打稻谷的动作。）

（2）风吹稻草散。

——大风吹来了，小朋友们快快把稻草收拢，去仓库休息一下吧。

2. 探索稻草的多样玩法。

（1）自由探玩稻草。

——稻草可以怎么玩？看看谁想出的玩法多，说一说你的玩法。

（2）合作玩稻草。

——两个人可以怎么玩？还有什么玩法是许多小朋友可以同时参加的？

> **可能开展的低结构活动：探玩**
> 教师根据幼儿探究的兴趣，提供开放性观察记录单，供幼儿对自己的发现进行记录，鼓励幼儿探究稻草的不同玩法。

3.游戏：晒稻草。

（1）师幼合作布置晒稻草路上的障碍。

——小朋友们可以分成2组，布置路上的障碍。

——哪些材料可以变成"树林""水沟""石子路"？又是如何变化的？

（2）幼儿讨论如何运稻草。

——我们把这些稻草运到晒场上去晒一晒。从这里到晒场上有一段"石子路"、一条"水沟"和一片"树林"，我们怎样才能顺利通过？现分两组进行游戏。

（3）教师摆出不同的游戏路线，幼儿挑战通过变化的路线。

——还可以有哪些不同的场景？

4.幼儿放松身体，和教师一起整理材料。

可能开展的低结构活动：劳动

有条件的幼儿园可给幼儿提供割麦实践的场地。幼儿带上装备，如围裙、割麦的工具等，一起去稻田割麦，感受丰收的喜悦，体验劳动的成就感。

活动资源

教师提供场地设置图。准备和收割稻草的过程可以激发幼儿参与劳动的积极性。

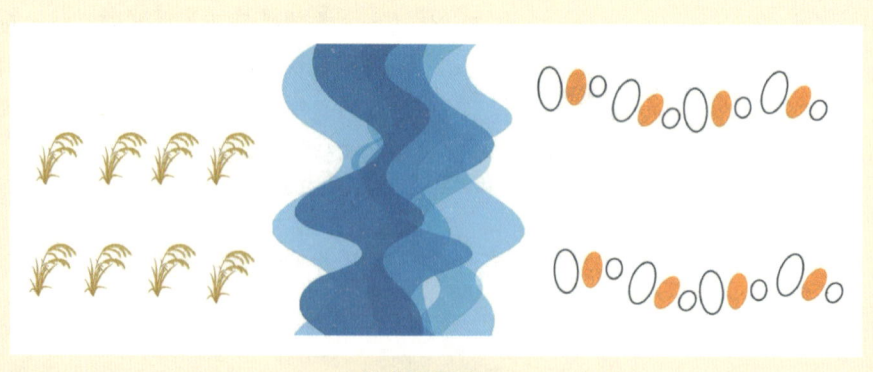

场地设置图

我要长大

长大了，我可以自己吃饭；

长大了，我可以自己穿衣；

长大了，我可以自己睡觉；

长大了，我可以自己收玩具。

我要长大。长大了真好！

——桃子、牛宝

主题说明

"我是谁？""我从哪里来？"每一个"我"不仅是一个独特的人，而且是一个不断成长的人。即将迎来新的一年，孩子们迫切地希望"我要长大"。在实施本主题过程中，孩子们知道男孩与女孩的不同，知道自己是区别于他人的独特个体，发现了成长的秘密，开展"猜猜我是谁""情绪小怪兽"等游戏化工作。孩子们制作"成长故事盒"，设计属于自己的名片，布置身边的环境。在与同伴相处过程中学会尊重与接纳，正确认识自己与集体之间的关系，在不断学习过程中展示自我，获得更大的力量。

环境创设

互动墙

在"我要长大"主题环境创设中，我们围绕"我从哪里来""有趣的名字""男孩和女孩""我们是朋友"等话题展开师幼、亲子、同伴之间的讨论，进行互动墙的创设。

◆ 可能引发的学习

我从哪里来

关键词：调查、展示

开展一次关于生命的小调查，围绕"我是怎么来的""我在妈妈肚子里会做些什么"等话题展开讨论，提供自己小时候不同年龄段的生活照以及用过的物品，与同伴分享自己的成长经历。

有趣的名字

关键词：调查、阅读、制作

围绕"名字"展开话题讨论，开展关于班级幼儿"姓氏"的调查统计。通过简单阅读《百家姓》知道每个人的名字都是有意义的，尝试运用身边的材料设计、制作名片，在游戏中感知姓名的趣味性。

男孩和女孩

关键词：阅读、制作、实践

统计班里男孩和女孩的人数，围绕基本的身体结构、外貌特征、兴趣爱好等展开"男孩与女孩有什么不同"的话题讨论。师幼共读《我爱我的身体》《不可以摸我的屁屁》等绘本，进行性别教育，尝试制作性别指示牌，在生活中提升幼儿的自我防护意识。

我们是朋友

关键词：阅读、制作、仪式

绘制好朋友画像，并向同伴介绍"为什么他是我的好朋友""我们有什么共同爱好"。通过阅读绘本《朋友船》了解交往的基本规则，知道用合适的方法来解决交往中的问题。开展一次"朋友节"，为朋友送上亲手制作的礼物，表达对朋友的爱与祝福。

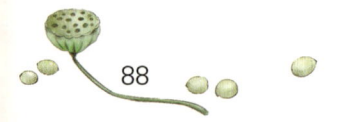

◆ 参考图

展示区

在"我要长大"主题实施中,在活动室、门厅、走廊等地方布置"时间长廊",悬挂、摆放幼儿制作的与"成长"有关的作品和故事记录,表达对自己和同伴的关爱(见表3)。

表3　展示区创设列表

地点	展示内容
活动室	1. 幼儿将"自己会做什么""还不会做什么"以导图形式张贴在墙上。 2. 幼儿在展台上摆放利用刷子、黏土、颜料等制作的"我"的模型。
门厅	1. 幼儿可在吃点心后戴上自己设计的名片或挂牌,设置"能量加油站"。 2. 幼儿用绘画方式记录自己成长的过程,与同伴、教师相互分享与点赞。
走廊	1. 幼儿在自然角打造"植物乐园",记录不同植物的生长过程,投放自己照顾植物的照片。 2. 幼儿在走廊墙面张贴手绘的自画像,营造班级大家庭的温暖氛围。

◆ 参考图

家园共育

亲子共读

◆《我喜欢我自己》

绘本以每一个孩子的成长为主要线索，用有趣、温馨的图画，讲述了当孩子开始喜欢自己的时候，心里就有了爱的种子。家长借助此绘本，引导孩子慢慢知道要爱自己，也要爱别人。家长在与孩子阅读时可引导孩子说说喜欢自己什么，家长也可以说说喜欢自己什么，帮助孩子看见自己的优点，建立自信心。

还可借阅《做自己》《独一无二的我》《我能自己做》《我要自己来》等图书。

亲子游戏

❤ 暖心剧场

目的：提高语言表达能力，在游戏中展示真实的想法，形成良好的亲子关系。

材料：问题卡牌若干（如"经历过哪些感动的、伤心的或刺激的事"等）。

玩法：家长和孩子面对面坐在一起，通过"剪刀、石头、布"的游戏，赢的一方为输的一方抽取一张问题卡牌，输的一方根据卡牌上的问题进行回答。

主题脉络图

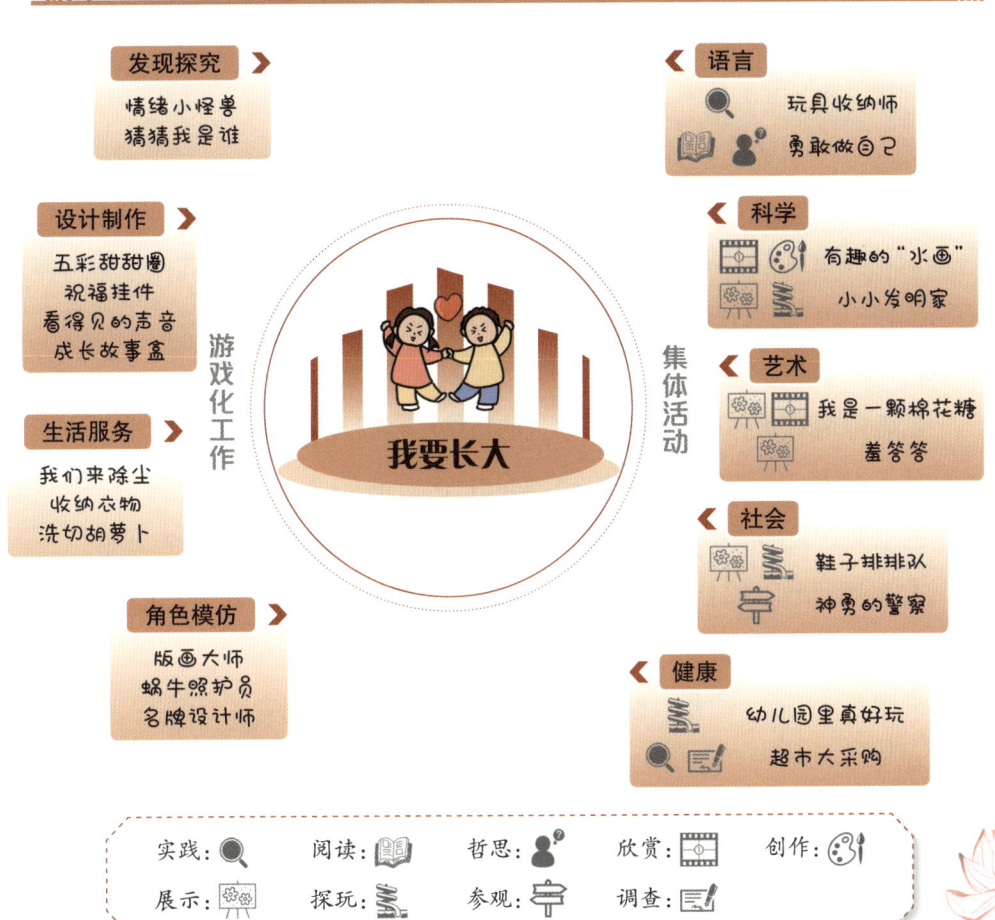

发现探究
- 情绪小怪兽
- 猜猜我是谁

设计制作
- 五彩甜甜圈
- 祝福挂件
- 看得见的声音
- 成长故事盒

生活服务
- 我们来除尘
- 收纳衣物
- 洗切胡萝卜

角色模仿
- 版画大师
- 蜗牛照护员
- 名牌设计师

游戏化工作

我要长大

集体活动

语言
- 玩具收纳师
- 勇敢做自己

科学
- 有趣的"水画"
- 小小发明家

艺术
- 我是一颗棉花糖
- 羞答答

社会
- 鞋子排排队
- 神勇的警察

健康
- 幼儿园里真好玩
- 超市大采购

实践　阅读　哲思　欣赏　创作
展示　探玩　参观　调查

游戏化工作

发现探究：情绪小怪兽

准备　情绪小怪兽魔方4组、情绪小怪兽卡片4组、沙漏1个、彩笔4支、记录表若干。

目标

1. 知道常见的情绪，能根据图片上人物的表情表达相应情绪。
2. 在游戏中提升观察力和专注力。

年龄　3岁至3.5岁。

预备　能用简单的语言描述自己的心情。

过程

1. 教师邀请4名幼儿进行团体讨论："你们开心的时候会做什么？脸上的表情如何？""我现在的表情怎么样？是开心、伤心，还是紧张？……"教师做表情，幼儿猜测。

2. 教师请幼儿各自选取一种颜色的情绪小怪兽魔方："魔方上的情绪小怪兽是什么表情？你是如何分辨的？"幼儿再次讨论。

3. 幼儿在教师的引导下开始游戏，用"黑白配"的方式决定谁先开始。

4. 教师翻出一张卡片，幼儿将魔方组合成卡片上小怪兽的表情，先做对表情的幼儿获胜，可获得一个标识，如五角星、小红花等。

5. 游戏结束后，幼儿根据标识的数量确定游戏的获胜者。

注意

"无边界"的猜想：幼儿猜测被翻出的小怪兽是什么表情。

"打破砂锅问到底"的质疑：幼儿观察情绪小怪兽的四种表情有什么不

同，说说如何区分。

"反复"的试错：在游戏中，幼儿通过观察小怪兽的眼睛、嘴巴的不同来确定其情绪。

链接

日常生活：幼儿学会观察人物脸部的表情特征，如眨眼睛、咧嘴笑等。

延伸工作：教师可针对4岁至4.5岁幼儿提供计时器，让游戏更具有挑战性。

相关活动：可能引发的学习活动有"阅读《菲菲生气了》""制作：情绪瓶"等。

发现探究：猜猜我是谁

准备 木制托盘1个、男孩和女孩卡牌各1组、蓝色和红色记号笔各1支、提示卡2张。

目标

1. 通过观察说出男孩和女孩外形特征的不同。

2. 根据男女的性别特征进行猜测，体验游戏的快乐。

年龄 4岁至4.5岁。

预备 知道男孩与女孩的区别，熟悉班级中的同伴。

过程

1. 教师邀请一名女生和一名男生坐在一起："A是女孩子，B是男孩子，说说他们有什么不同。""他们的长相和穿着一样吗？"幼儿相互交流。

2.教师取出男孩和女孩卡牌:"这里有很多男孩和女孩,我们要从中选一张卡牌,通过提问,猜出对方选择的是哪个小孩。"

3.两名幼儿在教师的引导下先把所有卡牌面朝自己摆在卡槽内,然后挑选一张卡牌放入提问区的卡槽中。

4.A幼儿先参考提示卡的方式进行提问,如:"你那张牌是女孩吗""卡牌上的孩子穿蓝色衣物吗",等等。B幼儿回答"是"或"不是"。A幼儿根据B幼儿的回答,运用排除法把不符合条件的卡牌翻过去。两名幼儿根据卡片上男孩或女孩不同的外形特征互相提问。

5.幼儿将卡槽里留下的最后一张卡牌与另一名幼儿放入提问区卡槽里的卡牌核对,如结果一致,则该幼儿获胜。

6.两名幼儿分享游戏过程中的经验,对结果有异议时可提出自己的看法。

注意

"无边界"的猜想:幼儿根据提示卡上的问题进行有针对性的猜测。

"打破砂锅问到底"的质疑:幼儿对同伴提出的关于性别、外貌、穿着等线索提出疑问。

"反复"的试错:当最终剩下的卡牌与实际要猜的卡牌不符时,幼儿能重新寻找线索。

链接

日常生活:幼儿自主绘制卡牌内容,依据身边的亲人,画出人物肖像。

延伸工作:教师可针对5岁至5.5岁幼儿撤掉提示卡,让幼儿描述人物外形特征。

相关活动:可能引发的学习活动有"我是大侦探""夸夸我自己"等。

设计制作：五彩甜甜圈

准备 超轻黏土4盒、奶油胶4支、甜甜圈模具3种、剪刀1把、夹子1个、各色毛线若干、装饰物若干。

目标

1. 学会用绕、绑等动作制作"甜甜圈"。

2. 运用多种装饰材料制作五彩斑斓的"甜甜圈"。

年龄 3岁至3.5岁。

预备 有绕毛线球的经验。

过程

1. 教师与幼儿一同展开联想："你喜欢吃甜食吗？你吃过哪些甜食？吃甜食的时候心情怎样？"幼儿交流、表达观点。

2. 教师对幼儿说："适量地吃一点甜食能让我们有一个好心情。"教师出示制作材料："我们要做一个好看又好'吃'的'甜甜圈'，让今天有个好心情！"

3. 幼儿在教师的引导下选取甜甜圈模具，随后挑选自己喜欢的毛线。

4. 幼儿剪下一段长长的毛线，用一只手按住毛线一头，用另一只手将毛线按照由外到内的顺序缠绕在甜甜圈模具上，如有需要，教师在一旁协助。

5. 绕好毛线后，幼儿挑选装饰材料，用奶油胶将材料固定在"甜甜圈"上。

6. "甜甜圈"装饰完成后，幼儿与教师分享自己的作品。

注意

"多通道"的感知：教师提供各种模具、装饰物等，幼儿可通过眼睛看、小手摸等方式借助多种感官进行制作。

"独一无二"的设计：幼儿选择自己喜欢的毛线和装饰物，呈现自己的创

意作品。

链接

日常生活：幼儿观察和寻找生活中可用来制作"甜甜圈"的不同材料。

延伸工作：教师可针对4岁至4.5岁幼儿增加不同形状的模具，如三角形、五角形等。

相关活动：可能引发的学习活动有"十字编织""糖果""为什么不能吃很多甜食"等。

设计制作：祝福挂件

准备　托盘1个、亚克力收纳盒1个、胶水1支、小夹子1个、底盘1个、亮片若干、不同大小的"珍珠"若干、奶油胶若干。

目标

1. 观察和了解挂件的特征，运用多种材料制作挂件。
2. 萌发想象力与创造力，感受自主设计的乐趣。

年龄　4岁至4.5岁。

预备　用三根手指做挤的动作。

过程

1. 教师与幼儿一同展开联想："马上就要过新年了，你想送给好朋友什么祝福？我们来制作一个幸运挂件送祝福吧。你们想制作一个怎样的挂件？"幼儿表达想法。

2. 幼儿在教师的引导下先拿取一块圆形的底盘，再选4～5种颜色的奶油

胶。教师问："你选择这些奶油胶，知道如何使用它们吗？"幼儿表达自己的想法。

3.教师引导幼儿在底盘圆环处用奶油胶挤出不同造型，然后根据自己的喜好选择不同的"珍珠"与亮片进行点缀。

4.幼儿对比流苏和挂绳，选择自己喜欢的一种挂在挂件上。

5.幼儿将作品自由布置在活动室，邀请教师、同伴欣赏作品并送祝福。

注意

"多通道"的感知：教师提供不同颜色的奶油胶和不同形状的裱花器，以及不同形状、大小的装饰物，让幼儿获得视觉上的感知。

"独一无二"的设计：幼儿根据自己的想法选择不同大小的"珍珠"、亮片进行装饰。

链接

日常生活：在一日生活中，幼儿可尝试设计、制作有杭州特色的礼物。

延伸工作：教师可针对4岁至4.5岁幼儿提供黏土，让幼儿制作不同形状的挂饰底盘。

相关活动：可能引发的学习活动有"制作小书签""小镜子"等。

设计制作：看得见的声音

准备 围裙1条、音乐播放器1台、颜料1盒、画板1块、调色盘1个、海绵1块等。

目标

1.欣赏不同风格的音乐，体会音乐带来的情感变化。

2.能够用线条、图形表达对音乐的理解与感受。

年龄 4岁至4.5岁。

预备 能够识别声音的差异。

过程

1.教师播放音乐:"这段音乐给你带来怎样的感受?"幼儿表达想法。随后,教师说:"我可以把音乐'变'成自己的感受,把它画下来。"教师把听音乐的感受画在纸上。

2.教师再次播放音乐,请幼儿欣赏音乐并表达感受。

3.幼儿在教师的引导下选择颜料,根据听到的音乐将感受画下来,如"花园里的花盛开了"。

4.教师问:"你在音乐里感受到了小花的盛开,还感受到什么?"教师进一步激发幼儿的想象与创作。

5.幼儿继续完善自己的绘画内容,并进行讲述。

注意

"多通道"的感知:幼儿通过听觉感知不同声音带来的情感体验,通过视觉和触觉对音乐进行二次表达。

"独一无二"的设计:幼儿根据对音乐的理解,融入自己喜欢的音乐元素,开展创作。

链接

日常生活:幼儿可与家人走进大自然,聆听大自然中的声音,也可以参加音乐会,欣赏用不同乐器演奏出的美妙音乐。

延伸工作:教师可针对3岁至3.5岁幼儿提供生活中常见的声音录音,供幼儿倾听并绘画;也可以针对5岁至5.5岁的幼儿,引导其根据自己的绘画进行故事创编。

相关活动:可能引发的学习活动有"我听到的声音""寻音游戏"等。

设计制作：成长故事盒

准备 托盘1个、马克笔1盒、美术工具若干、各种纸若干、可折叠成纸盒的纸板若干、各种低结构材料若干、自然物若干。

目标

1. 回忆自己成长过程中的小故事。

2. 尝试用多种材料制作并装饰成长故事盒。

年龄 5岁至5.5岁。

预备 知道故事的含义，且会看说明书。

过程

1. 教师邀请幼儿来到故事盒制作站，说："我们来制作属于自己的成长故事盒。"

2. 教师对故事盒、说明书、低结构材料等进行介绍。

3. 幼儿翻阅手绘说明手册，选择自己喜欢的纸板，根据步骤图折出故事盒，并用双面胶进行固定。

4. 幼儿自由选择低结构材料，对故事盒进行装饰。

5. 教师进行引导性提问："你的盒子真漂亮，你准备在里面放什么？"幼儿表达自己的想法，并将自己在成长过程中收集的小物件放入故事盒里。

6. 幼儿完成制作后愿意将自己的作品与他人进行分享。

注意

"多通道"的感知：教师提供各种纸、毛绒球、亮片、树叶等低结构材料，让幼儿通过眼睛看、小手摸等方式选择自己喜欢的材料进行制作。

"独一无二"的设计：幼儿自主选择材料，利用手工、绘画等形式来展示

自己的故事盒。

链接

日常生活：幼儿翻阅自己从小到大的照片或观看视频，听爸爸妈妈讲述自己小时候的故事。

延伸工作：教师可针对5岁至5.5岁幼儿，根据幼儿讲述的成长故事录制故事音频。

相关活动：可能引发的学习活动有"我第一次……""制作成长勋章"等。

生活服务：我们来除尘

准备 擦灰尘的布1块、篮子1个、鸡毛掸1个、围裙1块、帽子1顶。

目标

1. 了解空气中的灰尘会危害身体健康。

2. 掌握除尘的基本步骤（掸灰—擦拭），做事耐心、仔细。

年龄 3岁至3.5岁。

预备 做过擦树叶的工作。

过程

1. 教师出示材料，问幼儿："如果桌面上有很多灰尘，我们可以怎么做？"幼儿答："我们可以用这些工具将灰尘掸干净。"

2. 幼儿在教师的引导下协商分工：A幼儿用鸡毛掸掸大面积有灰尘的地方；B幼儿用布擦拭缝隙等有灰尘的细小处。

3.A幼儿用鸡毛掸沿桌面、桌底、四条桌腿等地方从上到下掸灰尘；B幼儿将布折成小正方形，沿桌角缝隙处顺时针擦拭。

4.两名幼儿相互配合掸灰尘，一边掸一边寻找容易遗漏的地方。

5.完成后两名幼儿再次检查，相互拥抱表达感谢。

注意

"好朋友式"的分工：幼儿协商除尘工具的使用并分工合作，如一个用鸡毛掸，另一个用布。

"小红花式"的点赞：除尘工作结束后，幼儿相互点赞，表示对认真工作的认可。

链接

日常生活：教师可拓展生活环境中其他需除尘的地方，如墙角、大门、柜子边缘等。

延伸工作：教师可针对4岁至4.5岁幼儿提供清洗桌面或给桌面打蜡等工作。

相关活动：可能引发的学习活动有"制作除尘工具""家务小能手"等。

生活服务：收纳衣物

准备 迷你玩具衣架12个、迷你晾衣架1个、鞋柜2个、鞋盒2个、托盘1个、迷你衣物若干。

目标

1.能根据衣物的特点选择适合的收纳方式。

2.学习分类摆放生活物品，体验

收纳带来的乐趣。

年龄　4岁至4.5岁。

预备　有穿脱衣物的经验。

过程

1.两名幼儿将托盘里的迷你衣物一件一件地拿出:"这里有上衣、裤子,这是晾衣架。这是鞋子。"并将衣物整齐地放置在桌面上。

2.A幼儿选一件上衣,B幼儿拿一个衣架。两人合作将上衣挂到衣架上,然后放到晾衣架上。

3.B幼儿选一条裤子,A幼儿拿一个衣架。两人合作将裤子挂到衣架上,然后放到晾衣架上。

4.A、B幼儿一同给鞋子配对,直至其他鞋子都被放入鞋盒内。

5.两名幼儿相互分享自己合作收纳衣物的经验,并拥抱彼此,给予肯定与鼓励。

注意

"好朋友式"的分工:幼儿在收纳过程中有商有量,一同完成衣物的摆放。

"小红花式"的点赞:幼儿整理完成后互相拥抱,鼓励对方,感受收纳的喜悦。

链接

日常生活:幼儿在生活中尝试自己挂衣服,学会折叠、晾晒衣物。

延伸工作:教师可针对4岁至4.5岁幼儿增加不同的服饰,让幼儿探索服饰与衣架之间的关系。

相关活动:可能引发的学习活动有"帮同伴叠衣服""整理衣橱"等。

生活服务：洗切胡萝卜

准备 洗菜盆1个、沥水篮1个、果蔬清洁刷1个、水壶1个、小水桶1个、刮皮器1个、刀1把、砧板1块、食物夹1个、碗1个、榨汁机1台、胡萝卜若干。

目标

1.掌握洗胡萝卜、削胡萝卜皮、切胡萝卜块以及榨胡萝卜汁的基本方法。

2.乐意与同伴合作，体验为他人服务的乐趣。

年龄 4岁至4.5岁。

预备 有清洗物品的经验。

过程

1.教师邀请幼儿来到小厨房："我们要帮食堂阿姨清洗胡萝卜，还要把胡萝卜切块，你们愿意帮忙吗？"

2.幼儿在教师的引导下穿上围裙，协商任务：A幼儿清洗胡萝卜，把胡萝卜切成块；B幼儿削胡萝卜皮，将胡萝卜装盘。

3.A幼儿将胡萝卜打湿，用刷子从上至下刷去胡萝卜身上的泥土；B幼儿左手握住胡萝卜一头，右手拿起刮皮器（倾斜45°），从上到下将胡萝卜皮刮掉。

4.教师示范切胡萝卜方法，提醒A幼儿注意安全。

5.A幼儿将胡萝卜放在砧板上，用刀将其切成块状；B幼儿用食物夹将切好的胡萝卜块放入碗中。

6.两名幼儿协作，顺利将胡萝卜都切成块，并为彼此竖大拇指点赞。

注意

"好朋友式"的分工：幼儿相互配合，完成洗胡萝卜、给胡萝卜削皮和切胡萝卜的工作流程。

"小红花式"的点赞：为帮助他人完成劳动任务而感到欣喜，也对同伴的协作、鼓励表示感谢。

链接

日常生活：幼儿知道胡萝卜的多种吃法，以及胡萝卜所含的营养价值。

延伸工作：教师可针对5岁至5.5岁幼儿提供工具，幼儿进行榨胡萝卜汁的工作。

相关活动：可能引发的学习活动有"胡萝卜先生的胡子""阅读《我绝对绝对要吃》"。

角色模仿：版画大师

准备 托盘1个、材料桶1个、笔架1个、颜料盘1个、海绵1块、喷壶1个、泡沫板1块、画笔若干、白纸若干。

目标

1. 体验不同的绘画方法，感受艺术创作的神奇与有趣。

2. 尝试用刻、涂、喷等方法开展版画创作。

年龄 3岁至3.5岁。

预备 能用颜料进行涂鸦。

过程

1.教师邀请幼儿："我们的'美美画廊'要布展了，请你们为这次画展制作一些漂亮的版画！""你想画什么呢？"教师与幼儿讨论绘画主题。

2.幼儿在教师的引导下取一块泡沫板，用小木棒在泡沫板上刻画自己喜欢的图案。

3.幼儿用毛笔蘸上自己喜欢的颜料，刷在自己刻画的泡沫板上。

4.幼儿将白纸覆盖在泡沫板上，用手轻轻压一压。随后，幼儿在教师的帮助下在纸上喷洒一些水。

5.幼儿将白纸从泡沫板上慢慢撕下来，放到阴凉处晾干。幼儿观察纸上的图案，如果图案不明显，则泡沫板上的图案刻得深度不够，或是颜料未涂均匀，幼儿可以再次完善。

6.幼儿将创作完成的版画放在"美美画廊"里展示。

注意

"以我为中心"的冲突：幼儿观察要在纸上喷多少水才可以达到最佳效果。

"我不怕"的挑战：幼儿尝试在泡沫板上进行刻画，教师鼓励幼儿第一次自主完成创作。

链接

日常生活：家长带幼儿参观美术展，欣赏不同的画作风格，了解多种绘画方式。

延伸工作：教师可针对4岁至4.5岁幼儿提供多种绘画材料，供幼儿丰富版画的制作。

相关活动：可能引发的学习活动有"我的肖像画""神奇的雕刻艺术"等。

角色模仿：蜗牛照护员

准备 蜗牛1~2只、蜗牛住所1个、海绵刷1把、长柄刷1把、牙刷1把、抹布1块、口罩、手套、围裙、新鲜菜叶等。

目标

1. 了解小蜗牛的生活习性，知道如何照顾小蜗牛。

2. 愿意清理小蜗牛居住的屋子，学习喂养小蜗牛。

年龄 4岁至4.5岁。

预备 有照顾小动物的经验。

过程

1. 教师邀请两名幼儿："植物角来了新朋友，需要我们的照顾，你们愿意照顾它们吗？"

2. 幼儿在教师的引导下穿上围裙，戴好口罩和手套，准备清洗蜗牛的住所。

3. A幼儿选择用海绵刷清洁蜗牛屋内的地面和窗户，B幼儿选择用小刷子清洁蜗牛壳。

4. 清洁完成后，幼儿将蜗牛放回小屋，随后为蜗牛准备食物。两名幼儿一起讨论蜗牛要吃的食物，挑选新鲜菜叶，清洗后将菜叶切成小片，喂养小蜗牛。

5. 完成后，幼儿收拾材料，观察蜗牛的进餐情况，并做好照护记录。

注意

"你我之间"的共识：幼儿相互协商蜗牛要吃的食物，并一起做准备。

"我不怕"的挑战：在清洗、备食以及整理工作后，幼儿与同伴交流遇到的困难，分享解决的办法。

链接

日常生活：幼儿可尝试照护其他小动物，也可以照顾家人。

延伸工作：教师可针对5岁至5.5岁幼儿提供蜗牛卵，幼儿进行孵化。

相关活动：可能引发的学习活动有"绘本《我爱我的宠物》""实践：农场饲养员"等。

角色模仿：名牌设计师

准备 奶油胶4支、白乳胶1支、海绵1块、夹子1个，毛绒球、圆形纸片、彩色纽扣、彩色亮片、亚克力牌各若干。

目标

1. 了解名牌在交往时的作用，体验交换名牌的乐趣。

2. 运用多种材料制作自己或朋友的名牌，提升艺术创造力。

年龄 5岁至5.5岁。

预备 知道名牌的基本构成，有制作值日生牌的经验。

过程

1. 教师出示名牌，说："这是我的名牌，你们看见了什么？"并鼓励幼儿："你们也想做一个有趣的新名牌吗？"

2. 教师出示制作名牌所用的材料："你可以用这些材料制作自己或朋友的新名牌。"

3.幼儿根据自己或朋友的喜好,挑选喜欢的形状的名牌模板,选用黑色记号笔,用前书写的方式绘制自己或朋友的姓名或代号。

4.幼儿选择装饰物,在牌面上组合摆放,并用少量白乳胶将装饰物固定在名牌上,注意控制好白乳胶的量,将其放置于通风处风干。

5.幼儿做整理工作,将名牌挂在胸前或与同伴分享。

注意

"你我之间"的共识:幼儿给朋友制作名牌前,要先询问他人的喜好,达成共识后方可制作。

"我不怕"的挑战:幼儿涂抹白乳胶要控制好用量,太多或太少都不利于装饰物的粘贴。

链接

日常生活:幼儿可将制作好的名牌挂在自己的玩具筐上,作为标识用以区分。

延伸工作:教师可针对4岁至4.5岁幼儿提供较大一点的名牌模板,供幼儿设计。

相关活动:可能引发的学习活动有"我的小伙伴""实践:到朋友家做客"等。

集体活动

玩具收纳师

活动领域 语言、社会

活动目标

1.学习按不同种类整理玩具,并根据物品的共同特征设计标志牌。

2.体验把玩具收拾整齐后的满足感,以及帮助大人做事的成就感。

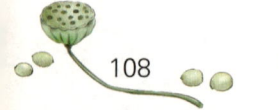

我要长大

活动年龄 3岁至4.5岁。

活动准备

1. 每组桌上放置材质不同的3类玩具及3个整理箱。

2. 水彩笔及便利贴1包。

活动过程

1. 学习,尝试:第一次整理。

(1)教师引出故事,幼儿尝试第一次整理。

——豆豆家里的东西可真多,我们来看看有些什么。

——豆豆不会整理物品,想请我们帮忙,该怎么整理?

(2)教师朗诵儿歌,引导幼儿知道相同类型的物品放在一起。

——老师念儿歌《小小收纳师》,你们知道如何整理了吗?

——幼儿说说自己的想法,分组尝试整理。

2. 我来试试:第二次整理。

(1)幼儿了解整理、分类的方法。

——教师邀请每组幼儿说说整理的方法,看看哪种办法最好。

——除了这个方法,还可以怎样整理?

> **可能开展的低结构活动:实践**
>
> 教师和幼儿商量简单的整理活动清单,通过整理玩具来集徽章。如果幼儿感兴趣,还可拓展整理的范围,如亲子整理衣物,继续集徽章。

(2)幼儿再次操作,在教师的帮助下完成分类。

——为什么我们要将玩具分类摆放?

——整理好啦!怎样让豆豆知道我们是如何分类的?

3. 选择材料:设计标志牌。

(1)教师提供便利贴和水彩笔,幼儿分组尝试设计标志。

(2)幼儿介绍自己设计的标志,集体选出最佳标志,贴在3个整理箱上。

4. 集体朗诵。

——豆豆的玩具整理好了。我们来念儿歌，找找教室还有哪里需要整理。

可能开展的低结构活动：实践

教师鼓励幼儿在家进行玩具整理收纳，和父母商量整理、归类的方法，并与同伴分享、交流。

活动资源

教师提供儿歌，也可以根据现场情况进行内容创编。

小小收纳师

收呀，收呀，收玩具，

大家一起来整理。

大积木，小积木，

个个放在篮子里。

大火车，小汽车，

箱子里面排整齐。

玩具分类送回家，

我是收拾玩具的小行家。

勇敢做自己

活动领域 语言、社会

活动目标

1. 懂得欣赏和悦纳自我，能发现别人的特别之处。
2. 学习观察绘本中的细节，愿意与同伴分享自己的感受。

活动年龄 4.5岁至6岁。

活动准备

1. 绘本《勇敢做自己》人手一册。

2. 纸质的鱼头饰，彩色笔。

活动过程

1. 阅读封面，发现独特的小鱼。

（1）认识绘本的主人公小鱼丹尼。

——教师戴上鱼头饰，和大家打招呼："大家好，我是小鱼丹尼。"

（2）玩捉迷藏的游戏。

——记住我的样子了吗？现在我来和大家玩游戏——捉迷藏。

——观察封面，找找小鱼丹尼在哪里。

——故事的主人翁是大海里的一条小鱼，这个故事叫《勇敢做自己》。

2. 阅读故事，发现每条鱼都很特别。

（1）集体阅读绘本第1～7页，观察画面细节。

——你们喜欢哪条鱼？它长什么样子？

> **可能开展的低结构活动：阅读**
>
> 教师在阅读区投放图书《勇敢做自己》，鼓励幼儿自主阅读，了解"每一条小鱼都是独一无二的存在"，感受每个人都是特别的。

——教师请一名幼儿描述小鱼的样子，其他幼儿猜猜他说的是哪条鱼。

（2）自主阅读绘本第8～13页，分享感受和理解。

——小鱼丹尼在外旅行后，和爸爸分享了怎样的感受？

——你知道"独特"是什么意思吗？小鱼是独特的，我们也是独特的。

（3）发现自己和同伴的独特之处。

——幼儿介绍自己的独特之处，分享自己的想法。

3.完整欣赏绘本《勇敢做自己》。

——还有很多有趣的故事,我们可以在区域中继续阅读、分享。

可能开展的低结构活动:哲思

教师选择那些关于勇敢、独立和自我价值的故事,借助故事和绘本,让幼儿明白勇敢做自己意味着坚持自己的想法和梦想,不畏惧困难,不随波逐流。同时,故事中的角色也可以成为幼儿的榜样,激励幼儿勇敢追求自己的梦想。

活动资源

教师提供北京科学技术出版社出版的绘本《勇敢做自己》,邀请幼儿完整阅读,并讨论在生活中如何"勇敢做自己"的话题。

有趣的"水画"

活动领域 科学、社会

活动目标

1.选择不同的作画工具参与活动,感知与同伴画"水画"的乐趣。

2.在观察中感知"水画"的变化,大胆猜测水去哪里了。

活动年龄 3岁至4.5岁。

活动准备

1.投放不同大小的水粉笔、板刷、滚刷、小水桶等,视频《有趣的"水画"》。

2.选择较为宽敞的户外环境。

活动过程

1.有趣的"水画"。

(1)幼儿尝试用水画画。

可能开展的低结构活动:创作

有条件的情况下,教师可以拍摄幼儿的"水画"作品,鼓励幼儿用笔想象添画,并将作品在幼儿园或班级某区域展示出来,供幼儿和同伴相互欣赏,介绍自己的作品。

——教师和幼儿带着作画工具来到场地。

——你们喜欢玩打水枪的游戏吗？现在天气冷了，我们换个玩水的游戏，用水来画画自己吧。你用水画过画吗？

（2）幼儿自主选择不同的画笔或刷子，在地面上用水涂鸦。

——相互观察用不同的作画工具画的线条和图案，画出自己的主要特征。

——交流发现不同材质的表面被水刷过后颜色发生的变化。

2. 发现"水画"不见了。

（1）教师带领幼儿重回一开始用水涂鸦过的地方，让幼儿观察、比较水蒸发的现象。

——我们的画到哪里去了？

——你们知道为什么消失吗？

（2）幼儿再次尝试，观察变化。

——现在我们少用一点水，在地上再试着画画，看看水到哪里去了。

——原来"水画"一点点会变没，小朋友们说是太阳晒的，我们回教室看视频、找答案。

3. "水画"去哪儿了。

（1）教师播放视频《有趣的"水画"》，幼儿讨论："水画"消失去哪儿了？

（2）幼儿讨论并猜测为什么涂鸦过的地面经过一段时间后颜色会变浅。

（3）幼儿大胆想象，猜测水去哪里了。

> **可能开展的低结构活动：欣赏**
>
> 幼儿欣赏视频《有趣的"水画"》，以集体或个别的方式观察、发现"水画"消失的原因，教师鼓励幼儿大胆表达自己的想法。

> **活动资源**

教师提供有关"水画"的视频，帮助幼儿发现"水画"消失的秘密。

小小发明家

> **活动领域** 科学、语言

> **活动目标**

1.善于发现生活中的问题，参加小组讨论，探索解决问题的方法。

2.感受科学技术对生活的影响，萌发对科学的兴趣以及对科学家的崇敬之情。

> **活动年龄** 4.5岁至6岁。

> **活动准备**

1.扫地机清洁地面的视频，发明家的照片2～3张。

2.生活中会发生的问题的图片，如水管爆裂、堵车等。

3.每组画纸、画笔、展板各1份。

活动过程

1. 认识著名的发明家。

（1）教师出示发明家的照片，让幼儿初步认识著名的发明家。

——我带来了发明家的照片。谁知道"发明家"是什么意思？

——原来发明家是发明新的工具，帮助大家解决生活中问题的人。

> **可能开展的低结构活动：探玩**
> 亲子可利用周末时间去博物馆观察、记录看到的发明，了解发明家的故事。在亲子互动中，幼儿进一步萌发探玩的愿望。

（2）教师播放扫地机清洁地面的视频，师幼共同欣赏。

——小朋友们也可以成为未来的发明家，这个扫地机就是小朋友自己设计的。

——视频中盒子为什么会把纸团吸进去？如果换成大的纸团会怎样？

2. 我要来做"发明家"。

（1）教师出示"困难图"，描述图片中的场景。

——水管漏水：厨房的下水管道突然涌出来很多水渍，原来是下水管道破了。

——拥堵的马路：马路上的汽车在行驶过程中突然发生拥堵，司机没办法继续前进。

（2）幼儿分组讨论解决问题的"小发明"。

——我们用怎样的方法解决这些困难呢？（幼儿分组讨论和设计。）

（3）幼儿设计自己的"小发明"。

——每组幼儿将自己设计的"发明"想法进行展示。

——教师选出最合适的方案，鼓励幼儿动手设计并制作。

> **可能开展的低结构活动：展示**
> 教师展示幼儿"发明"的成品和幼儿设计的制作图，幼儿进行小组交流。教师鼓励幼儿对自己的发明想法、发明过程等进行介绍，大胆分享自己的经验。

3.讨论生活中还有什么问题需要发明家来解决。

活动资源

教师提供生活中会发生的问题的图片和视频,激发幼儿合作探索的愿望。

爆裂的水管 　　　　　　　　　拥堵的马路

我是一颗棉花糖

活动领域 艺术、语言

活动目标

1.初步熟悉音乐旋律,学唱歌曲。
2.尝试用肢体动作大胆地表现棉花糖的形态。

活动年龄 3岁至4.5岁。

活动准备

1.幼儿吃过棉花糖,对棉花糖的特点有一定了解。
2.人手一块小方巾或丝巾。

活动过程

1.谈话:好吃的棉花糖。

——你们吃过棉花糖吗?吃在嘴里是什么感觉?棉花糖可以变成各种有

趣的样子,我们来变一变,大家互相猜一猜。请小朋友们来变一颗"棉花糖"(每人一块丝巾)。

2.会唱歌的棉花糖。

(1)演唱歌曲《棉花糖》。

——棉花糖在我的肚子里"唱歌"了。你们根据歌词,猜猜老师变成了什么糖。

> **可能开展的低结构活动:欣赏**
> 教师将歌曲融入幼儿园一日生活中,让幼儿主动反复感受歌曲、自主跟唱,鼓励幼儿对熟悉的段落进行演唱。

(2)学唱歌曲《棉花糖》。

——吃了棉花糖,我们就成了"棉花糖"宝宝。我们也一起来唱一唱!

——幼儿在教师的带领下,跟着音乐伴奏一起学唱歌曲1~2遍。

3.律动《棉花糖》。

(1)跟教师跳"棉花糖"舞。

——小朋友们,你们猜猜,老师还会变成什么棉花糖?

> **可能开展的低结构活动:展示**
> 教师在班级活动区域投放一些表演道具、材料,鼓励、支持幼儿自主表演、个性化自我展示,激发幼儿表演的欲望。

——双手在头顶做兔耳朵状,变成兔子"棉花糖";双手五指张开半蹲,变成青蛙"棉花糖";食指相碰在嘴前做小鸡状,变成小鸡"棉花糖";等等。

(2)创意表现"棉花糖"。

——大家变成好朋友的"棉花糖",学一学好朋友的动作,大家都来猜一猜,你表演的是哪个好朋友"棉花糖"?

——教师鼓励幼儿在第7、8小节,把自己想象成各种棉花糖,并将歌词替换改编。

(3)幼儿跟着音乐伴奏,用丝巾完整大胆地表现歌曲。

> **活动资源**
>
> 教师提供音乐简谱和律动动作作为参考。教师边唱歌边用丝巾表演：第1乐句前4小节，将丝巾握在手里揉搓，表示棉花糖；第5、6节，将丝巾展开，左右各摇摆一次；第7、8节，将丝巾蒙在头上，表示变成了各种样子的棉花糖。
>
> 我是棉花糖
>
> 1=C 2/4　　　　　　　　　　　　　佚 名 词 曲
> 活泼地
> 5 3 3 | 4 2 2 | 1 2 3 4 | 5 5 5 | 5 3 3 |
> 棉 花 糖， 棉 花 糖， 我 是 一 颗 棉 花 糖。 变 变 变，
> 棉 花 糖， 棉 花 糖， 我 是 一 颗 棉 花 糖。 变 变 变，
> 4 2 2 | 1 3 5 5 | 1 — :‖
> 变 变 变， 变 出 小 兔 来。
> 变 变 变， 变 出 小 熊 来。

羞答答

活动领域 艺术、语言

活动目标

1. 理解"羞答答"的意思，知道害羞是一种正常的情绪体验。
2. 学唱歌曲，用自己的方式表现"羞答答"的动作和神态。

活动年龄 4.5岁至6岁。

活动准备

音乐《羞答答》。

活动过程

1. 发现"你的眼里藏着我"。

（1）找个朋友面对面。

——看看朋友的眼睛，你从他的眼睛里看到了什么？（幼儿发现可以从同伴的眼睛里看到自己，感觉很惊喜。）

——结伴观察，哼唱歌曲第一句："你的眼睛里呀，藏着我呀，我的眼睛里呀，藏着你呀。"

2. 感受羞答答的情绪体验。

（1）讨论怎样的情境下会有羞答答的感受。

——如果小伙伴一直看着我，我会感觉有点羞答答的。现在你们知道什么是"羞答答"了吗？

（2）尝试用动作表达"羞答答"的感受。

——怎样的表情是"羞答答"的？你在什么情况下会羞答答？

——教师鼓励幼儿用自己的脸部表情大胆表现。

3. 学唱歌曲《羞答答》。

（1）倾听、熟悉旋律，理解歌词。

——学唱歌曲。幼儿边演唱歌曲边创编动作，重点表现"羞答答"的表情和动作。

> **可能开展的低结构活动：展示**
> 师幼一起选择展示的场地。教师请幼儿和小伙伴商量如何装饰展台，为幼儿创设一个轻松、自由的表演环境。

（2）两两结伴，一名幼儿演唱歌曲，另一名幼儿跟随歌曲做表情。

（3）了解"羞答答"是一种正常的情绪反应。

> **可能开展的低结构活动：展示**
> 教师鼓励幼儿寻找自己要好的同伴一起参与歌曲的表演，并给对方鼓励。

——歌曲里的小朋友有点害羞，和好朋友一起玩可不能一直羞答答的！

> **活动资源**
>
> 教师提供歌曲简谱，通过歌曲帮助幼儿正确理解害羞的情绪。
>
> ### 羞答答
>
> 1=C 2/4　　　　　　　　　　　　　　　寒　枫　词
> 　　　　　　　　　　　　　　　　　　　冯　奇　曲
>
> 1 1　1 3 ｜ 5　5 ｜ i　6 3 ｜ 5　5 ｜ 2 2　2 3 ｜ 2　5 ｜ 3 1 ｜ 2　2 ｜
> 你的 眼睛　里 呀，藏 着　我 呀，我的 眼睛 里 呀，藏　着　你　呀。
>
> 1　1 3 ｜ 5　5 ｜ i　6 3 ｜ 5　5 ｜ 2　2 3 ｜ 5　5 ｜ 3 5　5 6 ｜ 1　1 ｜
> 你　看着 我 呀，我 看着 你 呀，看　得　我 呀，羞 答　答 呀。
>
> 5 6　i 6 ｜ 5　3 ｜ 6 i 6 5 ｜ 5　5 ｜ 2　2 3 ｜ 5　5 ｜ 3 5　5 6 ｜ 1　1 ‖
> 哎　呀呀，哎　呀，哎 呀呀，哎 呀，看　得　我 呀，羞 答　答 呀。

鞋子排排队

活动领域　社会、艺术

活动目标

1. 能把脱下的鞋子摆放整齐，养成把物品归位的好习惯。
2. 发展动手能力，提高日常生活技能。

活动年龄　3岁到4.5岁。

活动准备

每名幼儿1双鞋子，鞋架1个（贴上标志图）。

活动过程

1. 猜谜语，引出活动。

——小朋友，你喜欢玩猜谜游戏吗？老师出谜语，你们来猜猜谜底是什

么。小小船儿成双对，从来不在水里游。(鞋子)

2.教师邀请幼儿观察图片，发现问题。

(1)教师出示图片1、2，幼儿发现图片中凌乱的鞋子。

——鞋子乱了，你会怎么做？

(2)讨论：用鞋子摆的造型特别多。

——我们可以怎样摆鞋子？为什么？

——(幼儿找鞋子配配对。)请你看看哪两只鞋子可以放在一起？为什么？

(3)幼儿尝试整理鞋子。

——教师拍照记录小组内鞋子摆放有趣的图案，并倾听幼儿的表达。

——幼儿相互分享与展示鞋子摆放的成果。

3.教师展示创意摆放鞋子的图片，与幼儿分享。

(1)属于我们的独一无二的鞋子造型。

——我们的鞋子是如何排队的？看起来像什么？

(2)我们的鞋子排队真有趣。

——每天午睡起床后，幼儿可以自发摆放鞋子，教师拍照记录，并给幼儿点赞。还可建议幼儿尝试整理家里的鞋柜，家长拍照上传，并互相鼓励。

> **可能开展的低结构活动：展示**
>
> 教师可让幼儿整理家里的鞋子，并用自己喜欢的方式进行排列，拍照带回幼儿园进行展示，并和同伴分享自己独特的想法。

> **可能开展的低结构活动：探玩**
>
> 教师在生活区投放不同大小的鞋子、袜子。幼儿和教师在日常生活中寻找各种各样的材料，如纸盒、纸杯等，用不同方式整理、收纳鞋子和袜子。

> **活动资源**

教师提供创意摆放鞋子的照片，激发幼儿展现日常生活中劳动时的独特想法。

凌乱的鞋子

创意摆鞋

神勇的警察

> **活动领域** 社会、语言

> **活动目标**

1. 知道治安警察、交通警察及刑警的工作，知道不同职能的警察对人们生活的帮助。

2.初步了解自我保护的方法,知道遇到困难可以找警察。

活动年龄 4.5岁到6岁。

活动准备

1.前期去附近的公安局、派出所等地参观。

2.治安警察、交通警察、刑警等图片以及他们的装备的图片。

活动过程

1.听一听,看一看,谁在工作?

(1)幼儿听不同警笛声,教师请幼儿猜猜谁来了,尝试模仿不同警笛声。

(2)幼儿看不同职业服装的细节,教师请幼儿猜想服装分别代表哪种职业,说说服装有何不同。

2.讨论:警察我知道。

(1)教师组织幼儿讨论自己所了解的警察种类及其工作性质。

——你们见过警察吗?你知道他们做些什么工作吗?

——教师出示治安警察图片:这是治安警察叔叔、阿姨,他们每天在马路上、小区里帮助人们解决许多困难和问题。你们如果遇到困难就可以找警察或者拨打电话110。

——教师出示交通警察图片:这是交警叔叔、阿姨,他们维持马路上的交通秩序、处理汽车违章等事宜。

——教师出示刑警图片:这是刑警叔叔、阿姨,他们进行刑事侦查工作,分析、研究刑事犯罪情况,侦破如盗窃、故意伤害等案件。

(2)分享:我对警察的认识。

可能开展的低结构活动:参观

有条件的家庭,家长和幼儿可以利用周末或节假日,以家庭为单位,预约后结伴参观周边的公安局、派出所等。

——你还知道警察有什么本领?我们什么时候可能会需要警察的帮助?

3.游戏"我来当警察"。

（1）配对游戏。

——幼儿分成两组，每组桌上摆放不同职能的警察的照片和道具。音乐响起，幼儿围着桌子转；音乐停止，每组幼儿将道具与不同职能的警察照片进行配对，看看哪组配对成功。

（2）"你演，我猜"游戏。

——一组幼儿用动作表演，另一组幼儿猜测对方演的是哪种职能的警察，猜对了互换任务，继续游戏。

> **可能开展的低结构活动：参观**
> 教师、家长将参观的精彩瞬间拍摄下来，在活动区域墙面进行展示。幼儿和家长进行现场交流、分享。

活动资源

教师提供相关图片，让幼儿观察细节，了解不同警种的不同职责。

幼儿园里真好玩

活动领域 健康、语言

活动目标

1.寻找幼儿园里有趣的地方，听信号做指定的动作，相互不碰撞。

2.愿意和同伴亲亲、抱抱、打招呼，体验一起做游戏的快乐。

活动年龄 3岁至4.5岁。

活动准备

1.幼儿园有大型玩具、沙池、水池等户外场地。

2.幼儿有拥抱、招手等互动经验。

活动过程

1. 幼儿园里真好玩。

（1）在幼儿园里找找好玩的地方。

——你喜欢的游乐场在哪里？和好朋友一起到幼儿园里自己喜欢的场地打卡。

> **可能开展的低结构活动：探玩**
> 师幼一起去户外寻找幼儿喜欢的、好玩的场地。结合地理环境和自然条件，幼儿开展自由探玩活动。

2. 幼儿园里玩一玩。

（1）教师边念儿歌边做动作，激发幼儿游戏的兴趣。

——幼儿园里真好玩，看看这儿，看看那儿，摸摸滑梯就跑回来（幼儿摸摸幼儿园某一处的滑梯就回来）。

（2）幼儿边念儿歌边做动作，进一步熟悉幼儿园的环境。

——幼儿园里真好玩，看看这儿，看看那儿，我们在沙池里跳三下就回来。

——幼儿园里真好玩，看看这儿，看看那儿，我们在足球场上跑一圈就回来。

（3）教师改编儿歌中的动作，激发幼儿参与游戏的主动性，让幼儿体验游戏的快乐。

3. 幼儿园里来打卡。

（1）听信号，与好朋友拥抱。

——看看幼儿园的大型玩具，请在滑滑梯边和好朋友/教师相互拥抱。

> **可能开展的低结构活动：探玩**
> 师幼一起玩"与好朋友拥抱"的游戏，边玩边说："我找到了×××，我们拥抱在一起。"幼儿互相拥抱的时候，教师提醒幼儿注意安全。

（2）幼儿放松身体后离开场地。

> **活动资源**

　　教师提供幼儿园里的大型玩具、娃娃家、活动区等相关图片，供幼儿欣赏。

....

超市大采购

> **活动领域** 健康、科学

> **活动目标**

1. 喜欢和同伴参与采购游戏，能听懂、看懂任务指令。
2. 快速将采购清单和物品进行配对，提高动作的灵敏度。

> **活动年龄** 4.5岁至6岁。

活动准备

1.购物摊位，分类放置四类食品（蔬菜、谷物、豆制品、肉类）的图片、仿真玩具或实物，并在货架上贴出四类食品的标志图。

2.幼儿人手一个筐子（筐内放1张购物清单），不同的购物清单若干。

活动过程

1.热闹的超市，激发购物兴趣。

（1）跟随热身音乐，幼儿与教师走跑交替，熟悉"超市"的食品及其摆放位置。

——快要过新年了，我们去超市看看，有哪些好吃的、好玩的？我们要来大采购。

> **可能开展的低结构活动：调查**
> 利用周末，亲子去超市体验购物，在购物过程中了解超市各个公共设施的用途，教师鼓励幼儿大胆参与互动。

2.超市购物，讨论购物的步骤。

（1）了解"超市"物品的摆放位置，清楚物品的具体位置。

（2）清楚购物清单的具体内容，并按清单思考采购的顺序。

（3）交流、分享"怎样才能买得又对又快"。

3.我们是采购员，熟悉购物的过程。

（1）教师出示每组人员的购物清单，幼儿寻找对应物品的超市场域。

——请每组小朋友拿购物筐，看购物清单，清单上有哪几种菜？每样菜各是多少份？

> **可能开展的低结构活动：实践**
> 师幼共同创设角色游戏，让幼儿体验真实的购物场景。教师引导幼儿绘制购物清单，根据自己绘制的购物清单尝试完成商品购买。

（2）幼儿在"超市"门口分组集合，拿着购物清单进行采购。

——每组幼儿拿着购物清单进行分工。每名幼儿跑去"超市"购买相应数量的某一种食品，买好后直接回队。直到购物清单上的所有物品被买齐，幼儿回到超市起点。各组幼儿互相检查比对。

（3）各组幼儿可以更换购物清单，再次进行采购游戏。

（4）幼儿做放松运动，将食品放回相应区域中。后期幼儿自主进区游戏，体验热闹的购物氛围。

> **活动资源**
>
> 教师提供超市的布置示意图，引发幼儿思考蔬菜、水果、生活物品等归类方式的不同。

抱抱冬天

叮叮叮，咚咚咚，
这是快乐的小雪花，
正在敲打我的窗户。
我们在幼儿园，
堆个胖胖的雪人，
告诉大家冬天来了。

—— 肉丸、香宝

主题说明

冬天，雪花飘落下来，河面上结起了一层薄薄的冰，玻璃窗上贴着迎新年的窗花，暖暖的阳光下，孩子们打雪仗、堆雪人……这些都是孩子们追逐冬日的脚步。孩子们一起"抱抱冬天"，从感受冬天的万物变化入手，寻找冬天的奇特现象。他们化身为"顶尖"的设计师来制作"冰花""奖牌"，通过角色模仿，以游戏化工作的方式体验"运动员""照护员"等职业。这个冬天孩子们不怕冷，他们用自己喜欢的方式迎接新年，让寒冷的冬天变得热闹非凡、充满温暖。

环境创设

互动墙

在"抱抱冬天"主题环境创设中，我们围绕"冬天来了""冬天不怕冷""冬天真好玩""冬天的祝福"等话题展开集体、小组或同伴讨论，进行互动墙的创设。

◆ 可能引发的学习

冬天来了

关键词：**调查、实验**

教师与幼儿讨论冬天是怎样的。幼儿通过调查了解冬天气温的变化，对比发现冬天的景物与人们衣着的变化，在看一看、摸一摸中发现冬天特有的季节特征，唤醒关于冬天的经验。

冬天不怕冷

关键词：**调查、实践**

通过调查了解动植物过冬的方法，发现其多样性。在实践中尝试用各种方法为动植物御寒，并通过编织围巾、绘制手套，寻找生活中的御寒小妙招，体验给身边的人送温暖的快乐。

冬天真好玩

关键词：**制作、实验**

冬天是寒冷的，也充满乐趣。幼儿用毛线制作"毽子"，用报纸制作"冰球"，体验冬天特有的运动游戏。即使在没有下雪的日子，幼儿也可以通过实验制造"雪花"，感受雪花飘飘的景象。

冬天的祝福

关键词：**阅读、制作、仪式**

冬天意味着一年的结束，也代表着新的一年即将开始。临近春节，幼儿通过绘本阅读了解"年"的意义，知道过新年的习俗；与同伴筹备迎新活动，互赠新年礼物，表达对新年的美好向往。

◆ 参考图

展示区

在"抱抱冬天"主题实施中,在活动室、门厅、走廊等地方悬挂、摆放幼儿制作的与冬天、新春有关的手工作品,激发幼儿探索冬日的兴趣,期盼新春的到来(见表4)。

表4 展示区创设列表

地点	展示内容
活动室	1. 幼儿将制作的新春手工作品或艺术作品陈列、展示在活动室角落。 2. 幼儿用棉花、黏土、树枝等展示冬日雪景,与同伴分享。
门厅	1. 幼儿与教师、同伴自制冬日美食,供全园幼儿相互欣赏。 2. 幼儿绘制对联、福卡等,将其张贴在墙上,表达对新年的满满祝福。
走廊	1. 幼儿为冬天的植物搭建各式各样的暖棚,让植物"暖暖地过冬"。 2. 幼儿制作甜甜的冰糖葫芦,互相欣赏,度过一个甜蜜蜜的冬天。

❖ 参考图

家园共育

亲子共读

◆《四季的变化——冬》

在冬天，孩子们最为期待的就是过年。早起拉开窗帘，外面下着鹅毛大雪！赶快戴好围巾、手套，和小伙伴们一起堆雪人；和爷爷一起贴春联；与家人一起包饺子。家长通过与孩子共读绘本，让孩子感受过年热闹且温暖的氛围，了解冬日的节气，感知大自然的变化。

还可借阅《雪人历险记》《一条暖暖的围巾》《冬眠旅馆》《冬天里的故事》等图书。

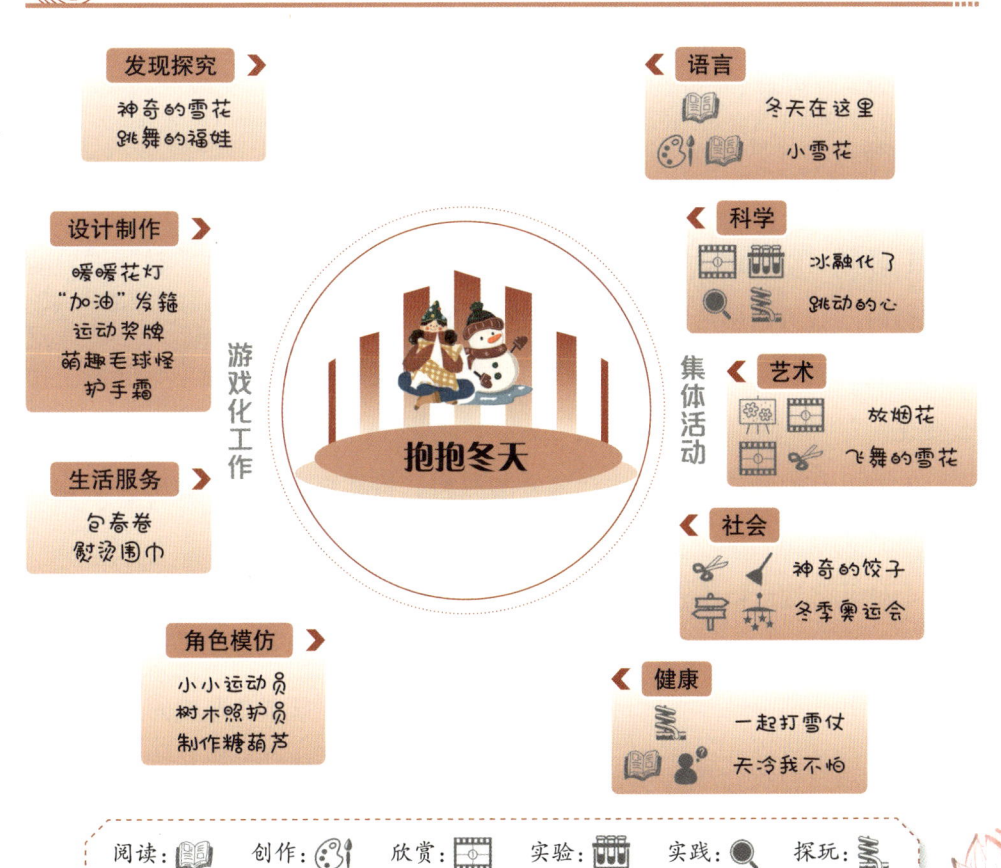

亲子游戏

❖ 棉棒雪花

目的：探索冬日里雪花的形状及特征。

材料：雪花图案的底板、棉棒、胶水。

玩法：亲子根据图案上的雪花线条长度，将棉棒剪成长短不一的样子，然后在雪花线条处涂上胶水，粘贴相应的棉棒。待胶水干透后，一朵美丽的"雪花"就制作完成了。

主题脉络图

发现探究
- 神奇的雪花
- 跳舞的福娃

设计制作
- 暖暖花灯
- "加油"号锤
- 运动奖牌
- 萌趣毛球怪
- 护手霜

生活服务
- 包春卷
- 熨烫围巾

角色模仿
- 小小运动员
- 树木照护员
- 制作糖葫芦

游戏化工作 —— 抱抱冬天 —— 集体活动

语言
- 冬天在这里
- 小雪花

科学
- 冰融化了
- 跳动的心

艺术
- 放烟花
- 飞舞的雪花

社会
- 神奇的饺子
- 冬季奥运会

健康
- 一起打雪仗
- 天冷我不怕

阅读　创作　欣赏　实验　实践　探玩
展示　制作　劳动　参观　仪式　哲思

游戏化工作

发现探究：神奇的雪花

准备 白乳胶1支、洗洁精1杯、托盘1个、纸盘若干、色素若干、滴管若干。

目标

1. 在实验中感知不同液体混合后的变化状态。
2. 萌发动手操作和探究的欲望。

年龄 4岁至4.5岁。

预备 幼儿见过或听过与雪花有关的故事。

过程

1. 教师与幼儿谈话："你们见过雪花吗？雪花是什么样的？"教师引导幼儿拿材料："我可以用这些材料变一朵彩色的雪花，你们相信吗？"

2. 教师向幼儿介绍白乳胶和水："这两种材料同时倒入纸盘中，会发生什么变化？"

3. 幼儿在教师的引导下挑选喜爱的颜料，将其滴入纸盘，教师与幼儿一同观察："纸盘里的液体发生了哪些变化？"

4. 幼儿将洗洁精滴入颜料中，观察颜料遇到洗洁精后发生的变化，发现："'雪花'好像只出现一半？"

5. 幼儿尝试少量多次地将洗洁精滴入纸盘，观察"雪花"形成的过程。

6. 教师鼓励幼儿将实验过程进行记录，分享实验成功的经验。幼儿继续自主探索。

注意

"无边界"的猜想：幼儿大胆猜测洗洁精与白乳胶混合后发生的变化。

"打破砂锅问到底"的质疑：幼儿对三种液体相互融合能否生成"雪花"产生疑问。

"反复"的试错：通过多次、反复实验，验证哪些液体融合可以生成"雪花"。

链接

日常生活：幼儿观察生活中的雪花，阅读相关绘本，感知雪花的多种形态。

延伸工作：教师可针对4.5岁至5岁幼儿提供放大镜、彩笔，幼儿画一画雪花的多种形态。

相关活动：可能引发的学习活动有"欣赏：快乐的小雪花""剪纸雪花"等。

发现探究：跳舞的福娃

准备 托盘1个、用硬币制作的福娃3枚、磁铁3枚、小风扇1把、积木6块。

目标

1. 认识磁铁，感受磁铁吸引铁质物品的特性。

2. 在游戏中拓展思维，增强对科学探索的兴趣。

年龄 5岁至5.5岁。

预备 做过"磁铁小树"的工作。

过程

1. 教师引发幼儿的探究兴趣："新年到了，福娃宝宝跳起了舞，你们想看吗？"

2. 幼儿在教师的引导下拿取立方体积木，左边3块、右边3块进行叠高。

3. 教师请幼儿将尺子架在立方体组成的立柱上，随后在直尺上方放好磁铁，将3枚用硬币制作的福娃立于直尺下方，全部放好后将紧贴在直尺下方的福娃硬币垂直放下，此时福娃硬币仍能保持直立。

4. 幼儿用手持电风扇、用嘴吹气等方式反复让"福娃"硬币旋转起来，教师询问："为什么福娃可以跳舞呢？"

5. 幼儿将自己的实验过程与发现记录下来，再与老师分享。

注意

"无边界"的猜想：幼儿在实验中猜测"福娃"硬币能悬空立起来和旋转的原因。

"反复"的试错：幼儿通过不断尝试发现，当撤掉紧贴在直尺下方的福娃硬币后，在磁力作用下，立在桌面的福娃硬币不会翻倒，仍能直立，并在外力作用下继续旋转。

链接

日常生活：幼儿寻找磁铁在生活中的应用，感受磁铁给人类社会带来的价值。

延伸工作：教师可针对5岁至5.5岁幼儿提供彩笔，幼儿在积木上进行自主装饰。

相关活动：可能引发的学习活动有"科学：会飞的房子""创作：磁铁绘画"等。

设计制作：暖暖花灯

准备 托盘1个、纸巾盒1个、打气筒1个、玻璃碗1个、宣纸1沓、透明小托盘1个、白乳胶1支、制作材料（干花、贴纸、画笔、麻绳、筷子等）若干、气球若干。

目标

1. 了解春节做花灯的习俗，体验过节的快乐氛围。
2. 学习花灯的制作方法，感受中国传统民间艺术。

年龄 3岁至3.5岁。

预备 在教师的协助下尝试给气球打气。

过程

1. 教师邀请幼儿欣赏花灯："新年到了，街上挂起了各式各样的花灯，你喜欢哪个花灯？"幼儿表达自己的喜好。

2. 幼儿在教师的引导下拿出打气筒给气球打气，教师说："打一个圆圆的气球，给花灯做个圆圆的支架。"

3. 幼儿根据气球的大小剪裁宣纸，并用白乳胶将宣纸覆盖在气球上。教师提醒："要小心一点，不要把气球弄破。"

4. 教师与幼儿共同想象："我们可以在宣纸上画些什么，让花灯更有新年的气氛？"

5. 幼儿用干花、贴纸、画笔装饰花灯，在教师的引导下用麻绳、筷子等制作提手。

6. 教师与幼儿欣赏花灯，并邀请其他幼儿猜一猜花灯上画的是什么。

注意

"多通道"的感知：幼儿在制作、装饰花灯的过程中感知花灯的艺术美。

"独一无二"设计：幼儿根据个人的喜好为花灯塑形，在花灯上设计不同的图案，向他人展现自己设计的花灯的与众不同。

链接

日常生活：教师用幼儿制作的花灯装饰教室和走廊，供幼儿相互欣赏。

延伸工作：教师可针对4岁至4.5岁幼儿提供树枝、可乐瓶等材料，幼儿制作不同类型的花灯。

相关活动：可能引发的学习活动有"欣赏：各种各样的灯""旋转的走马灯"等。

设计制作："加油"发箍

准备 发箍若干、扭扭棒若干、白乳胶1支、装饰物件若干。

目标

1. 熟练使用扭扭棒，制作独一无二的发箍。

2. 通过制作"加油"发箍，为在冬天坚持运动的人点赞。

年龄 4岁至4.5岁。

预备 熟练掌握绕的动作。

过程

1. 教师对幼儿说："冬天虽然很冷，但还有很多人坚持运动。我们可以做些什么？"幼儿表达想法。

2.教师出示托盘里的发箍、扭扭棒等材料，对幼儿说："我们可以设计'加油'发箍，为人们坚持运动的行为加油、点赞！"

3.幼儿在教师的引导下挑选了某种颜色的发箍和若干不同颜色的扭扭棒。幼儿将扭扭棒沿着发箍从左到右、从内到外一圈圈绕在发箍上。

4.幼儿拿取另一种颜色的扭扭棒，将其固定在发箍上，扭一扭，做出喜欢的造型，随后将亮片、珠子等材料用白乳胶固定在发箍上。

5.幼儿试戴发箍，教师引导："你还可以为更多人制作'加油'发箍。"

6.幼儿分享制作经验，邀请同伴一同设计"加油"发箍。

注意

"多通道"的感知：幼儿通过视觉、触觉感知扭扭棒的色彩以及装饰物的不同材质。

"独一无二"的设计：用不同类型的装饰物搭配不同颜色和造型的扭扭棒，设计出的"加油"发箍更加多样。

链接

日常生活：幼儿将"加油"发箍赠予身边的人，鼓励更多的人热爱运动。

延伸工作：教师可针对3.5岁至4岁幼儿提供已绕好扭扭棒的发箍，幼儿自主装饰。

相关活动：可能引发的学习活动有"冬季运动小常识""制作：保暖护耳罩"等。

设计制作：运动奖牌

准备 剪刀1把、针线若干、不同形状的奖牌底板若干、彩笔若干、各种材质的挂绳若干。

目标

1. 尝试用绘画、缝制等技能设计运动员奖牌。

2. 体验为运动员设计奖牌的自豪感。

年龄 4岁至4.5岁。

预备 知道奖牌的意义，并会打简单的结。

过程

1. 教师出示运动员佩戴奖牌的照片："运动员脖子上挂的奖牌一样吗？哪里不一样？"幼儿欣赏并交流。

2. 教师请幼儿拿取材料，对幼儿说："我们要为班级里爱运动的小朋友设计奖牌。想一想，我们平日里做哪些运动？可以设计怎样的奖牌？"幼儿表达想法。

3. 幼儿在教师的引导下挑选爱心形奖牌，用自己喜欢的颜色在奖牌上绘制运动项目。

4. 幼儿挑选有花边样式的绳子，将绳子从奖牌上的小孔穿过，调试好挂绳长度并打结。

5. 幼儿邀请教师一同欣赏奖牌，并将奖牌摆放到展示区。

注意

"多通道"的感知：教师提供缝、画、粘贴等多种艺术创作形式所需的材料，让幼儿通过眼睛看、小手摸等方式体验艺术创作的乐趣。

"独一无二"的设计：幼儿为自己喜欢的运动项目设计奖牌，挑选挂绳进行装饰。

链接

日常生活：教师将幼儿设计、制作的奖牌颁发给班级中积极运动的幼儿。

延伸工作：教师可针对5岁至5.5岁幼儿提供一次性纸杯、黏土等材料，让幼儿制作运动会奖杯。

相关活动：可能引发的学习活动有"欣赏：运动员进行曲""厉害的奥运冠军"等。

设计制作：萌趣毛球怪

准备 剪刀1把、大托盘1个、眼睛装饰若干（装在玻璃碟中）、毛线球若干、大小编织器若干。

目标

1. 通过视觉和触觉感知毛线的多种特性。

2. 掌握不同的编织方法，尝试用各种毛线编织不同的作品。

年龄 5岁至5.5岁。

预备 前期做过编辫子的工作。

过程

1. 教师邀请幼儿观察身上的毛衣："冬天到了，我们身上穿着厚厚的毛衣。毛衣是用什么做的？毛线除了可以用来编织毛衣，还可以用来做毛茸茸的小玩偶，你们想试试吗？"

2. 幼儿在教师的引导下挑选自己喜欢的编织器，一手按住毛线头，一手将毛线绕在编织器上。

3. 幼儿可自主设计绕毛线的方法，如：向上绕一圈，向下绕一圈，最后打结固定毛线。

4. 幼儿完成后拿取剪刀，将对折的毛线从中剪开，观察毛线散开后的样子。

5.幼儿为编好的毛线球贴上眼睛、嘴巴等五官，一只可爱的"毛球怪"出现了。

6.幼儿将做好的"毛球怪"与同伴分享，并指导同伴制作。

注意

"多通道"的感知：幼儿通过触觉、视觉感知毛线的粗细、颜色等，尝试进行多种样式的编织。

"独一无二"的设计：幼儿根据喜好选择不同材质的毛线，用编织器进行创意设计。

链接

日常生活：幼儿将自己制作的毛球作品挂在包包上进行装饰，也可以将其作为新年礼物送给同伴。

延伸工作：教师可针对5.5岁至6岁幼儿增加别针、架子等材料，幼儿制作毛线胸针和发夹。

相关活动：可能引发的学习活动有"欣赏：有趣的编织""阅读：《一只毛线球》"。

设计制作：护手霜

准备 橄榄油1瓶、甘油1瓶、乳化剂1瓶、纯净水1瓶、滴管3根、一次性手套1盒、量杯若干、小勺若干、搅拌棒若干。

目标

1.感知皮肤的功能，了解冬季皮肤保湿的重要性。

2.在制作护手霜的过程中,进一步了解护手霜的成分及作用。

年龄 5岁至5.5岁。

预备 能将不同的液体按要求进行配比。

过程

1.教师对幼儿说:"冬天到了,我们的小手变得干干的,怎样才能保护好小手呢?"教师出示相关材料:"我们可以用这些材料来制作护手霜,一起来试试吧!"

2.幼儿在教师的引导下戴上手套,将30毫升橄榄油、15毫升甘油、10毫升乳化剂用滴管依次滴入量杯内,搅拌成絮状。

3.幼儿将90毫升纯净水倒入量杯内,搅拌至奶油状,再加入90毫升纯净水继续搅拌成奶油状。(量杯的倒水处有红色刻度标记,幼儿也可根据自己的喜好增减水量,以控制护手霜的浓稠度。)

4.幼儿挑选自己喜欢的气味的精油,在量杯内滴入3~5滴精油并再次搅拌。随后幼儿将量杯内的"护手霜"倒入护手霜瓶子内,再封盖。

5.幼儿将凝固后的护手霜涂抹在同伴手上,让同伴感受皮肤的变化。

注意

"多通道"的感知:幼儿在搅拌中感知溶液的变化;教师提供各种精油让幼儿感知它们的不同香气。

"独一无二"的设计:幼儿根据自己的喜好调制护手霜的浓稠度,滴入自己喜欢的气味的精油。

链接

日常生活:幼儿将制作好的护手霜用于日常手部的护理,也可以分享给家人与同伴。

延伸工作:教师针对5岁至5.5岁幼儿提供画笔、干花等材料,幼儿用材料装饰护手霜的瓶子。

相关活动：可能引发的学习活动有"实践：植物的暖冬计划""给桌椅打蜡"等。

生活服务：包春卷

准备　罐子1个（内装馅料）、围裙2条、盘子1个、口罩1个、食品垫子1块、小碗1个（内盛清水）、刷子1个、春卷皮若干。

目标

1.幼儿了解包春卷的基本步骤，掌握折、卷等动作。

2.体验与同伴分享新春美食的快乐。

年龄　4岁至4.5岁。

预备　已学会折、卷工作毯。

过程

1.教师邀请两名幼儿："有很多冬天经常吃的美食，如饺子、春卷。"教师引导幼儿联想好吃的食物："我们来动手做一做春卷。"幼儿穿戴好围裙后，戴上口罩。

2.A幼儿拿取春卷皮，将其放置在食品垫上铺平整；B幼儿打开馅料罐，用勺子舀一勺豆沙馅，放在春卷皮中。

3.A幼儿用双手将春卷皮对折，包裹住馅料，然后将春卷皮往上卷一圈，把左侧多余的春卷皮向右折，右侧多余的春卷皮向左折。

4.B幼儿在一旁观察，协助A幼儿在春卷皮边缘沾上一点水，防止馅料掉出。

5. A幼儿将春卷放入盘中，与B幼儿互换任务，B幼儿开始包春卷，A幼儿在一旁协助。

6. 幼儿将包好的春卷送至厨房，厨师叔叔说："你们包的春卷真不错，谢谢你们。"

注意

"好朋友式"的分工：两名幼儿一人卷、一人包，合作完成包春卷的工作。

"小红花式"的点赞：春卷包好后，幼儿获得厨师叔叔的肯定与鼓励。

链接

日常生活：幼儿与同伴一同品尝包好的春卷，了解更多新年美食的制作方法。

延伸工作：教师可针对4岁至4.5岁幼儿提供肉末、豆沙等，幼儿自主调制馅料。

相关活动：可能引发的学习活动有"中国传统新年美食""阅读：《吃饺子喽》"。

生活服务：熨烫围巾

准备 熨烫架1个、熨烫机1个、木质立架1个、米色多功能盒1个、多格托盘1个、喷水壶1个、围巾若干。

目标

1. 学习熨烫的基本流程和方法。

2. 通过熨烫，体验为他人服务的乐趣。

年龄 5岁至5.5岁。

预备 曾看过大人熨烫衣服，知道烫伤后的紧急处理方法。

过程

1. 教师与幼儿交流："如果我们的衣服皱了，妈妈会怎么做？"教师引导幼儿回忆相关生活经验。教师出示一块皱巴巴的围巾："今天我们来试试熨烫这条围巾。"

2. 幼儿在教师的引导下协商分工：A幼儿将围巾平放在熨斗架上方；B幼儿打开熨斗预热，教师提醒其在使用电熨斗时注意防止烫伤。

3. 熨斗加热完成后，A幼儿在围巾表面喷点水，B幼儿用熨斗在围巾上从左到右反复移动，熨烫好后将围巾翻至背面，邀请A幼儿熨烫。

4. 教师引导幼儿观察，当围巾上的折痕消失后，提醒幼儿将围巾垂直挂在立架上，通风晾干。

5. 教师与两名幼儿一同整理材料，并将劳动小徽章颁发给幼儿表示鼓励。

注意

"好朋友式"的分工：幼儿通过协商轮流熨烫围巾的两面，在此过程中相互提醒防止烫伤。

"小红花式"的点赞：完成熨烫后，幼儿领取劳动小徽章，表示对彼此的肯定。

链接

日常生活：幼儿在幼儿园可尝试熨烫毛巾、手绢等物品。

延伸工作：教师可针对5.5岁至6岁幼儿提供毛球修剪器，引导幼儿将衣物上多余的毛屑剃除。

相关活动：可能引发的学习活动有"防烫伤我有办法""折叠衣物"等。

角色模仿：小小运动员

准备 纸箱隔断1个、运动馆门牌1个、运动小人卡片20张。

目标

1. 初步了解冬季运动会常见的比赛项目。

2. 通过动作演绎，猜测运动项目，锻炼推理能力。

年龄 4岁至4.5岁。

预备 看过冬季运动会的比赛视频。

过程

1. 教师邀请幼儿来到"运动馆"："你们知道冬季运动会有哪些运动项目吗？"教师出示运动小人卡片："我们要模仿卡片上运动小人的动作，玩'我演你猜'的游戏。"

2. 两名幼儿在教师的引导下坐在桌子两边，用自制纸箱隔断开。

3. 幼儿猜拳决定游戏的先后顺序。A幼儿首先抽取一张运动小人卡片，演绎卡片上小人的动作，B幼儿根据A幼儿的动作特点猜测是什么运动。若B幼儿猜对了，则运动小人卡片归B幼儿；若B幼儿猜错了，则运动小人卡片归A幼儿。

4. 幼儿轮流演绎并猜测，直到将所有卡片猜完，卡片数量多的一方获胜。

5. 幼儿可根据意愿互换工作任务，继续游戏。

注意

"以我为中心"的冲突：幼儿模仿运动小人的动作时，同伴演绎的动作和自己猜的运动不一致。

"你我之间"的共识：A幼儿演绎的动作与B幼儿猜测的运动达成一致。

"我不怕"的挑战：对于相似的运动，幼儿根据运动项目的特点进行演绎，引导同伴猜出运动项目。

链接

日常生活：幼儿可与家人、同伴一同去运动会比赛现场，近距离感受运动比赛的氛围。

延伸工作：教师可针对5岁至5.5岁幼儿提供纸笔，幼儿绘制运动小人卡片。

相关活动：可能引发的学习活动有"运动项目知多少""假如我是运动健儿"。

角色模仿：树木照护员

准备 围裙2条、帽子2顶、袖套2对、手套2副、保鲜膜若干、布条若干。

目标

1. 尝试用各种办法帮助小树抵御寒冷。

2. 在给树木"穿冬衣"的过程中，体验保护大自然的乐趣。

年龄 5岁至5.5岁。

预备 做过缠绕的工作。

过程

1. 教师对幼儿说："冬天到了，幼儿园里的小树冷得发抖，我们可以怎么

做呢？"幼儿链接生活经验，展开交流。

2. 教师引导幼儿穿上围裙，戴上袖套、帽子和手套："我们是树木管理员，为小树穿上厚厚的'外套'，小树就不冷了。"

3. A幼儿与B幼儿巡视幼儿园，商量要照护的小树，选择用保鲜膜给小树保暖。

4. A幼儿双手拿住保鲜膜，B幼儿将保鲜膜缓缓摊开，防止用力过度导致保鲜膜破损。两名幼儿围绕树干，将保鲜膜从下往上一层层缠绕在树干上。

5. 绕完一层后，幼儿沿着树干走一圈，观察树干是否都缠绕了保鲜膜，若有空隙用保鲜膜再次缠绕。

6. 完成后，幼儿整理材料，脱下装备，并在树牌上做记号表示两人共同完成。

注意

"你我之间"的共识：幼儿双方共同选用保鲜膜帮助小树抵御寒冷、平安过冬。

"我不怕"的挑战：在缠绕过程中幼儿需要相互配合，防止过度拉扯导致保鲜膜破损。

链接

日常生活：幼儿可化身志愿者，为马路边或小区里的小树穿上"冬衣"。

延伸工作：教师可针对5.5岁至6岁幼儿提供塑料膜、树枝等，幼儿为植物搭建暖棚。

相关活动：可能引发的学习活动有"植物防冻妙招多""冻不坏的菜"等。

角色模仿：制作糖葫芦

准备 加热器1个、勺子1把、木质托盘1个、保鲜膜1卷、糖罐1个、制作糖葫芦的服装1套、山楂若干、竹签若干。

目标

1.尝试动手制作糖葫芦，了解糖葫芦的制作过程。

2.与同伴分工合作，体验制作美食的乐趣。

年龄 5岁至5.5岁。

预备 做过制作糖画的工作。

过程

1.教师邀请两名幼儿："就要举办新年庙会了！我们在庙会上卖些什么好吃的？"幼儿表达各自的观点。

2.教师出示材料，一名幼儿说："做一串酸酸甜甜的糖葫芦，小伙伴们肯定很爱吃。"

3.幼儿在教师的引导下协商分工：A幼儿搅拌糖浆；B幼儿穿糖葫芦。

4.A幼儿打开加热器，加入白糖，用勺子搅拌白糖；B幼儿在托盘上铺一层保鲜膜，然后将山楂穿在竹签上，再将山楂串放在托盘里备用。

5.白糖溶化后，B幼儿将糖葫芦串放到加热器里，A幼儿用勺子将糖浆浇到糖葫芦上，B幼儿转动糖葫芦串，观察糖浆是否被均匀地包裹在糖葫芦上。

6.两名幼儿相互配合，直至所有糖葫芦串都裹上甜甜的糖浆。

注意

"以我为中心"的冲突：当白糖完全化成糖浆后，才可以将糖浆涂抹在糖葫芦串上。

"你我之间"的共识：两名幼儿仔细检查，确保每一串糖葫芦都均匀涂抹了糖浆。

链接

日常生活：教师收集有关糖葫芦的书籍、图片、视频等，和幼儿聊聊关于糖葫芦的故事。

延伸工作：教师可针对5岁至5.5岁幼儿提供草莓、巧克力酱等，幼儿制作其他口味的糖葫芦。

相关活动：可能引发的学习活动有"制作糖糕""捏泥人"等。

集体活动

冬天在这里

活动领域 语言、健康

活动目标

1.初步理解故事内容，了解植物、动物以及人们在冬天的变化。
2.欣赏大自然在冬天所呈现的独特风貌，感受冬天的美。

活动年龄 3岁至4.5岁。

活动准备

绘本《冬天在这里》以及相应的绘本图片。

活动过程

1.谈话：冬天来了。

（1）幼儿自由讨论并描述冬天。

——冬天来了，冬天是什么颜色的？你见过雪花吗？在

> **可能开展的低结构活动：阅读**
>
> 教师鼓励幼儿与家长去图书馆、书店等地收集描述冬天的绘本，如《冬天》《只在冬天做朋友》《睡着的冬天》等，并将这些绘本带到幼儿园进行师幼共读，丰富幼儿对冬天的感性认知。

哪里见过？

2.师生共读故事，了解冬天环境的变化。

(1)教师出示绘本的第一部分图片，讲述下雪的情节。

——你看到了什么？池塘发生了什么变化？小朋友们在干什么？

——你还看到了什么？雪花像什么一样？你能说说下雪的场景吗？

——树上有哪些动物？小松鼠在干什么？小狗在干什么？

(2)教师出示绘本的第二部分图片，说说在冬天怎样给自己"保暖"。

——小男孩穿了什么？在冬天还可以怎样保暖？

(3)教师出示绘本的第三部分图片，观察冬天不同场景的变化。

——房间里哪里有冬天？你是如何发现的？冬天的白天、夜晚有什么区别？

(4)教师出示绘本的第四部分图片，说说如何让冬天留下来。

——人们在冬天做什么？在冬天还可以做什么？

3.幼儿阅读绘本《冬天在这里》，欣赏美丽的冬天。

(1)幼儿翻阅绘本，完整倾听故事《冬天在这里》。

——听完故事，你知道冬天在哪里吗？什么是冬天？

(2)幼儿自由讨论在冬天可以做的事情。

可能开展的低结构活动：阅读

教师与幼儿一起重新布置阅读角，将有关冬天的绘本放到同一个书架上，并想办法按照绘本的大小、样式等进行分类。

活动资源

教师提供青岛出版社出版的绘本《冬天在这里》，供幼儿阅读、欣赏。

小雪花

活动领域 语言、艺术

活动目标

1. 初步理解散文诗的内容，感受散文诗所呈现的下雪的意境。
2. 尝试按散文诗中"比喻"的手法进行仿编。

活动年龄 4.5岁至6岁。

活动准备 下雪的图片若干。

活动过程

1. 观察下雪的图片，说说下雪的场景。

——小朋友们，现在是什么季节？（冬天。）

——冬姑娘带来了一首好听的散文诗，让我们一起来欣赏吧。

2. 完整倾听散文诗，初步理解散文诗的内容。

——诗里说了什么？你有什么感受？

3. 观察图片，再次欣赏散文诗，欣赏雪花的美。

> **可能开展的低结构活动：阅读**
>
> 通过在园师幼共读或回家亲子共读，丰富幼儿对冬天下雪的认识，与同伴分享自己看到的下雪场景。

（1）欣赏诗歌第一段，感受雪花落下来的状态。

——小雪花是怎样落下来的？你能学一学吗？

（2）欣赏诗歌第二段，初步欣赏冬天的雪景，感受散文诗的意境。

——雪花落在哪里了？还可能落在哪里？

——雪花像什么？什么是"美丽的白纱""闪光的银瓦""松软的棉被"？

——为什么说雪花像它们？

（3）欣赏诗歌第三段，说说雪花的作用。

——为什么说雪花能让空气更清新？

4.分角色念诵散文诗。

——雪花落下来时的心情是怎样的？怎样朗诵才能表现出小雪花的心情呢？

5.尝试根据散文诗的句式特点进行仿编。

——如果你是小雪花，你想落在哪里？

——教师记录幼儿的诗句，创编出一首新的《小雪花》散文诗。

> **可能开展的低结构活动：创作**
>
> 教师观察幼儿的创作情况，进行个别化的互动交流，将幼儿仿编的散文诗记录下来，在合适的环境中图文并茂地展示出来。

> **活动资源**
>
> 教师提供冬天下雪的图片，帮助幼儿直观理解散文诗的内容。
>
> **小雪花**
>
> 我是洁白、晶莹的小雪花，我从高高的云层轻轻地飘下。
>
> 我落在高山上，给高山披起美丽的白纱；
>
> 我落满屋顶上，给房顶盖上一层闪光的银瓦；
>
> 我落松柏上，松柏上有了大朵大朵的棉花；
>
> 我落树杈上，枝头好像盛开着白白的梨花；
>
> 我落在麦田上，麦田好像睡在松软的棉被下；
>
> 我落在整个大地，大地呀洁白无瑕，多么美呀！
>
> 人们啊，欢迎我吧，我冻死病菌，把空气中的灰尘洗刷。
>
> 小朋友们，欢迎我吧，我是洁白、晶莹的小雪花，我从高高的云层轻轻地飘下……

冰融化了

活动领域 科学、语言

活动目标

1. 初步感知冰的基本特性，能大胆地表达自己的想法。
2. 尝试用多种工具发现、探索冰的融化过程。

活动年龄 3岁至4.5岁。

活动准备

1. 可让幼儿取冰块的户外场地（如没有合适的场地或天气不够冷，教师可事先自制冰块）。

2. 小木块、较短的粗吸管、热水袋等材料和用具，粉笔，放冰块用的大盘子。

3. 冰的相关图片。

活动过程

1. 户外玩冰（在幼儿园内选择合适的地方取冰）。

（1）幼儿自由寻找冰块，注意安全。

——请你在户外找找冰块，找到了告诉老师和朋友。冰是什么样的？

——玩冰块时冰块有没有变化？变成什么了？

（2）幼儿取更多冰块，放于阳光下晒。

——冰块发生了怎样的变化？

（3）用粉笔勾画冰块留下的痕迹，说说像什么。

2. 室内玩冰（人工自制冰块，在室内进行探索）。

（1）教师将冰块散放于各桌面的大盘子里，幼儿通过看看、闻闻、摸摸、玩玩等方式观察、了解冰块的特性。

> **可能开展的低结构活动：欣赏**
>
> 教师鼓励幼儿和家长一起将拍摄的冰的照片带到幼儿园，布置成冰块照片墙，同伴互相交流自己所见的冰，欣赏不同的冰。

——冰是什么颜色的？摸起来有什么感觉？

（2）教师出示冰的图片，幼儿观察、讨论，说说冰的样子。

3. 观察木块、吸管、热水袋。

可能开展的低结构活动：实验

（1）幼儿自主探索，并在集体面前分享探索的经过和结果。

教师鼓励家长和幼儿在家进行冰块融化小实验。在实验中幼儿说说自己的发现，家长用文字记录，也可以拍照。后期幼儿将照片带到班级进行小组分享。

——大家猜一猜，用这些材料能让冰块发生什么变化？

（2）观察冰块遇热水袋融化的现象，说说冰遇热融化的过程。

活动资源

教师可提供冰、冰融化的相关图片，帮助幼儿了解冰的内部结构。

抱抱冬天

跳动的心

活动领域 科学、健康

活动目标

1. 用听听、找找、摸摸等方式感受运动前后心率的变化。
2. 初步了解心脏的位置与功能，萌发探索人体内部器官的兴趣。

活动年龄 4.5岁至6岁。

活动准备

1. 活动前，让幼儿互相摸摸胸腔，了解心脏的位置，感受心脏的跳动。
2. 人体心跳的音频。
3. 听诊器若干。

活动过程

1. 找一找心脏。

（1）教师播放人体心跳的音频，幼儿仔细倾听并猜测这是什么声音。

——你听到了什么样的声音？能模仿一下么？

> **可能开展的低结构活动：探玩**
> 教师可在活动区投放记录表、听诊器等材料，通过听诊的小游戏，幼儿尝试寻找自己心脏的位置，也可以互相倾听，寻找同伴心脏的位置。

（2）教师鼓励幼儿触摸胸腔，尝试寻找心脏的位置，并说说是怎么找到的。

——摸摸自己心脏的位置，你感受到了什么？

（3）幼儿双手交握，放在耳边，认真听一听挤压双手时听到的声音。

——每当心脏收缩和舒张的时候，也会发出类似的轻微的怦怦声。

2. 听听心跳的节奏。

（1）幼儿找到好朋友，将耳朵贴在同伴的胸前，也可用听诊器，听听心跳的声音。

——好朋友的心跳声是怎样的？

> **可能开展的低结构活动：实践**
> 户外活动时，教师和幼儿一起记录自己心跳的次数，比较运动前和运动后次数的不同，说说为什么会不同。

（2）幼儿尝试用拟声词说说自己听到的心跳声，如"怦、怦""咚、咚"等。

——尝试说说自己听到的心跳声，有什么一样和不一样的地方。

3.发现心跳的快慢。

（1）请幼儿尝试在平静的时候数数自己半分钟内的心跳次数。

（2）请幼儿来到户外快跑几分钟，运动后再数数心跳次数，与平静时心跳次数进行比较。

（3）鼓励幼儿在集体或小伙伴面前分享自己的发现。

活动资源

教师提供真实的听诊器，让幼儿听听心脏跳动的声音；提供心率变化的视频，帮助幼儿准确地表达听到的心跳声。

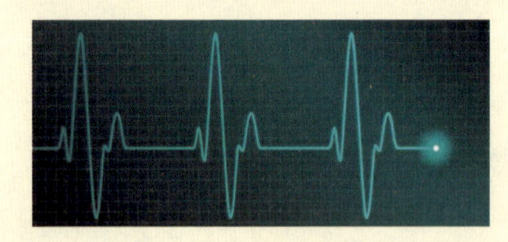

放烟花

活动领域 艺术、社会

活动目标

1.在"放烟花"游戏情境中边听音乐边做动作。

2.尝试用铃鼓打击出乐曲的重拍，感受迎接新年的喜庆氛围。

活动年龄 3岁至4.5岁。

活动准备

1.各种烟花的图片，音乐《新年好》。

2.铃鼓1只,并在铃鼓上系上穗子、彩色皱纸条等。

活动过程

1.美丽的烟花。

(1)教师出示烟花图片,做放烟花的动作,激发幼儿欣赏烟花的兴趣。

> **可能开展的低结构活动:欣赏**
>
> 家长带幼儿寻找、发现、收集生活中的烟花的图片、绘本等,欣赏视频、绘本里不同形状、颜色的烟花。

——教师做表现放烟花的动作:双手先击掌,然后双手向两侧抖动打开,边做动作边发出"嘭啪啪"声,引导幼儿表现"放烟花"的过程。

——你们还有不同的放烟花动作吗?谁愿意来试试?

2.创意放烟花。

(1)教师播放音乐《新年好》,徒手"放烟花",幼儿跟着一起做动作。

(2)教师播放音乐,手握彩色皱纸条"放烟花"。

——你们想和我一起"放烟花"吗?我还会放出更美丽的"烟花"。

(3)幼儿尝试创意表现放烟花的动作。

3.一起放烟花。

(1)教师出示铃鼓,示范表现"放烟花"。

(2)幼儿尝试运用铃鼓表现"放烟花"。

(3)教师请个别幼儿上前演示。

> **可能开展的低结构活动:展示**
>
> 师幼一起在班级布置烟花展。教师可以提供贴纸、印章等材料,幼儿可以邀请其他班的小朋友来观展。观展时幼儿找一找、贴一贴"我喜欢的烟花"。

——"手拿铃鼓—击掌—向身体两侧打开"两次,再次击掌两次。

4.幼儿合着音乐《新年好》,选择材料,用不同的方式表现"放烟花"。

活动资源

教师提供乐曲《新年好》,以及各种烟花绽放的图片,引导幼儿用肢体动作表现烟花绽放的样子。

活动资源

新年好

1=♭E 3/4

英国歌曲
杨世明 译配

1 1 1 5 | 3 3 3 1 | 1 3 5 5 | 4 3 2 — |
新年 好 呀，新年 好 呀，祝贺大 家 新年 好。
2 3 4 4 | 3 2 3 1 | 1 3 2 5 | 7 2 1 — |
我们 唱 歌，我们 跳 舞，祝贺大 家 新年 好。

抱抱冬天

飞舞的雪花

活动领域 艺术、语言

活动目标

1. 能用水油分离的方法画画喜欢的雪花，感受"油水脱色"的奇妙效果。
2. 乐意大胆分享自己的雪花作品，体验成功的喜悦。

活动年龄 4.5岁至6岁。

活动准备

1.水粉颜料、刷子、油画棒各若干。

2.铅画纸若干。

活动过程

1.谜语导入，引出活动。

教师说谜语，幼儿猜一猜。

——有一种花儿真奇怪，到了冬天它才开。晶莹别透多变化，飘呀飘呀落下来。

2.观察雪花图片，欣赏雪花，说说雪花的外形特征。

（1）了解雪花的外形特征。

——雪花是什么颜色的？它是什么样子的？

——我们一起把它放大看看，它看起来像什么？

（2）教师出示两张白纸，引导幼儿对比观察。

——小雪花藏在了两张白纸上，请你猜一猜，它可能会藏在哪张白纸上？

（3）神奇的魔法——初步感受水油分离。

3.雪花变变变。

（1）教师开始变"魔法"：介绍水油分离。

——第二张纸上是如何变出小雪花的？（水油分离。）

——请你用白色油画棒在白纸上画出自己喜欢的雪花，我们一起试试变一变小雪花。

（2）幼儿用白色油画棒画雪花，教师鼓励幼儿大胆动手尝试并观察、指导。

——你想画什么样的雪花呢？

> **可能开展的低结构活动：制作**
>
> 教师鼓励幼儿大胆选择各种材料，制作与雪花有关的作品，如雪花扇子、布艺雪花、雪花手帕等，也可以用雪花作品来装扮自己。

（3）教师出示水彩颜料，幼儿"变"雪花。

——刷上水粉颜料后，雪花出现啦！真神奇，一起刷出雪花来吧！

4.幼儿将作品展示在桌面和柜面上，一起欣赏雪花作品。

> **可能开展的低结构活动：欣赏**
>
> 师幼共同布置雪花作品艺术展，幼儿可邀请家人到现场欣赏，并大胆向家人介绍自己的作品，感受艺术创作的魅力，体验成就感。

活动资源

教师提供各种雪花相关的图片，激发幼儿对雪花创作的兴趣。

神奇的饺子

活动领域 社会、语言

活动目标

1.初步知道包饺子需要的各种食材，了解包饺子的过程。

2.积极参与包饺子的劳动，感受成功的喜悦。

活动年龄 3岁至4.5岁。

活动准备

1.《舌尖上的饺子》视频,南方与北方各种形状的饺子的图片。

2.饺子皮、包饺子模具若干,不同肉馅若干。

活动过程

1.说说包饺子的经历。

(1)教师出示图片,引发幼儿思考。

——你包过饺子吗?包饺子前需要准备哪些材料?

2.观看包饺子视频,了解包饺子的习俗。

——视频里的饺子有很多样式,你喜欢哪种?

——观察各种饺子图片,知道南方与北方不同的吃饺子的习俗。

3.观察包饺子的材料和工具。

(1)幼儿流动观察、辨认各种制作饺子的工具。

——这些工具有自己的名字,你们认识它们吗?

(2)教师分散放置各种材料,幼儿流动观察。

——你认识哪些材料?它们分别是用什么制成的?

——这些是分别添加了蔬菜和玉米的不同的饺子馅,你能分清它们么?

4.幼儿动手包饺子。

(1)幼儿尝试将各种馅料混合搅拌,并加入适量盐提味,感受食物散发的香味。

(2)幼儿独立包饺子,每人包两三个饺子。

> **可能开展的低结构活动:制作**
>
> 教师在区域中投放更多制作饺子皮的材料,如面粉、垫子、擀面杖等,供幼儿自主探索各种制作饺子皮的方法。

5. 烹饪、品尝饺子。

（1）幼儿将做好的饺子送到食堂，请厨师叔叔帮忙煮水饺。

（2）幼儿和教师一起将水饺分享给全班品尝，感受吃自己亲手包的饺子的快乐心情。

> **可能开展的低结构活动：劳动**
> 每天餐后师幼共同整理碗和勺。家长可在家中鼓励幼儿参与力所能及的劳动，感受为大家服务的愉悦。

活动资源

教师提供包饺子的视频和相关图片，帮助幼儿了解包饺子的过程及所需要的材料。

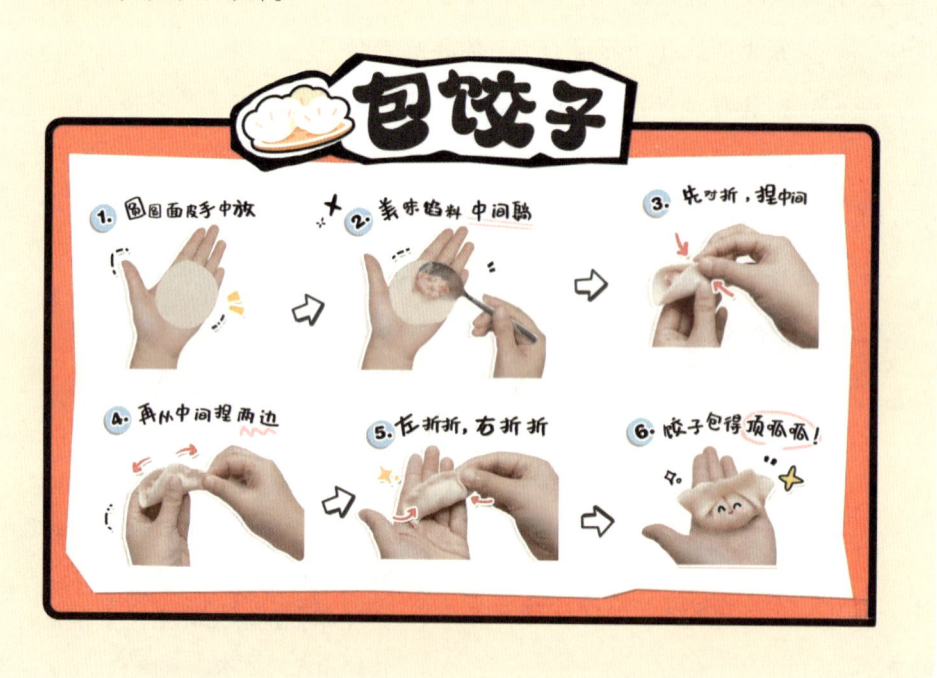

包饺子

1. 圆圆面皮手中放
2. 美味馅料中间躺
3. 先对折，捏中间
4. 再从中间捏两边
5. 左折折，右折折
6. 饺子包得顶呱呱！

冬季奥运会

活动领域 社会、健康

活动目标

1.初步了解冬奥会运动项目，知道冬奥会和一般运动会的不同之处。

2.尝试用图片、数字、标识等方式进行统计，说说自己喜欢的冬奥会运动项目。

活动年龄 4.5岁至6岁。

活动准备

1.参观过滑冰馆、滑雪场、冰球馆等，了解冬奥会运动项目。

2.冬奥会运动项目的相关图片。

3.活动记录表与记号笔。

活动过程

1."我"参加过的运动会。

（1）分享"我"参加过的运动会。

——这是幼儿园举办的运动会，你参加了什么项目？

（2）了解冬奥会运动项目。

——你还知道哪些运动会？有一些特别的运动会，专门为一种或一类运动项目举行比赛，冬季奥林匹克运动会是世界性的综合性冬季运动会。

> **可能开展的低结构活动：参观**
> 家长可带领幼儿观看各类冬季运动会比赛项目，鼓励与支持幼儿回园按照自己感兴趣的内容，如冬奥会中的花样滑冰、冰壶等，开展持续探究和讨论。

2.观察冬奥会运动项目图片，说说知道的冬奥会项目。

——冬季奥运会有哪些不一样的运动项目？

——这些运动项目在平时可以开展吗？为什么？

3."我"喜欢的运动项目排行榜。

（1）自选感兴趣的运动，组成运动小组，相互交流。

——和小组成员聊聊冬奥会项目、比赛规则、比赛流程和赛场名人等话题。

> **可能开展的低结构活动：仪式**
> 幼儿讨论在冬天可以开展的运动，根据运动游戏的内容准备材料，邀请其他幼儿一起在户外开展一次冬季运动会，感受冬季运动会不一样的体验。

（2）分小组讨论"我喜欢的冬奥会项目"，并自主进行统计。

（3）小组派代表分享结果，并说出原因。

（4）师幼共同完成班级运动项目排行榜。

——数一数，排行前几名的是什么运动项目？你为什么喜欢这些项目？

4.假期里和爸爸妈妈一起去参加或观看喜欢的比赛项目。

活动资源

教师提供冬奥会各种项目的相关图片，拓展幼儿对冬奥会的认识和经验。

一起打雪仗

活动领域 健康、科学

活动目标

1.尝试向前上方自然挥臂投掷轻物。

2.在投掷雪球游戏中感受成功的喜悦。

活动年龄 3岁至4.5岁。

活动准备

1.用报纸制作"雪球"。

2.雪人图片若干(悬挂在正前方高2米左右的绳子上)。

3.如下雪天也可在户外直接开展打雪仗游戏。

> **活动过程**

1.我会扔"雪球"。

(1)教师创设情境,激发幼儿游戏的兴趣。

——冬天到了,我们做了好多"雪球",让我们一起来扔"雪球"吧。

可能开展的低结构活动:探玩

在下雪的日子,教师鼓励幼儿穿戴好御寒装备,在户外开展打雪仗、堆雪人等游戏,回教室后讨论、分享各种有趣的玩法。

(2)幼儿自由扔"雪球",大胆展示自主投掷的动作。

——小朋友们扔"雪球"的方法可真多,比比谁把"雪球"扔得远。

——你们是怎么扔的?谁来展现给大家看看?

2.比一比谁扔得远。

(1)幼儿介绍自己的投掷方法,教师鼓励幼儿向更远处投掷。

——你扔得远吗?怎样能把"雪球"扔得远呢?

可能开展的低结构活动:探玩

教师提供多样化的活动材料,如用报纸揉成的球、小皮球、海洋球、乒乓球等,让幼儿自主探索不同材料的投掷方法。

(2)幼儿站成一排,将"雪球"向远处投掷。

——你们一起把"雪球"扔出去,比一比谁把"雪球"扔得远。

3.一起打雪仗。

(1)介绍游戏的玩法。

——我们和小雪人玩打雪仗的游戏吧。每人拿一个"雪球",站在线上,用"雪球"去打小雪人。

——投掷小"雪球"的时候,我们要把"雪球"向前上方投掷,才能打到小雪人哦。

（2）幼儿游戏2~3次。幼儿可扮演雪人，相互投掷，体验打雪仗的快乐。

4.听音乐，做放松手臂的运动。

活动资源

下图是场地布置示意图，场地需平坦开阔。教师还可以提供高低不同的雪人图片以增加游戏的趣味。

天冷我不怕

活动领域 健康、语言

活动目标

1.了解冬天防寒防冻的方法，注意保暖，多运动，提高自我保护意识。

2.判断并选择正确的冬季防寒行为，不怕冷，坚持户外锻炼。

活动年龄 4.5岁至6岁。

活动准备

早起的人们的图片，人们在冬季受伤的图片。

活动过程

1. 谈话：冬天真冷。

（1）观察图片，说说冬天谁起得早。

——冬天真冷，你知道谁早早就起床了吗？

——为警察叔叔、保洁员阿姨点赞，小朋友在冬天也要早早起床锻炼身体。

（2）观察生冻疮的图片，引出话题。

——为什么会生冻疮呢？生冻疮了，我们应该怎么做？

——所以用什么办法保护自己不生冻疮？

2. 说说防寒防冻小妙招。

（1）教师出示冬天在马路上滑倒、摔跤等图片，引导幼儿讨论。

——为什么会受伤？冬天我们出去玩的时候如何注意安全？

（2）了解常见的防寒防冻措施。

——你知道哪些防寒防冻的好办法？一起试试吧。

3. 天冷"我"不怕，户外做运动。

（1）去户外一起做游戏。

——朗读儿歌：寒风吹，冬天到，天气寒冷要注意。穿上暖暖小棉袄，不冻手来不感冒。

——让幼儿学一学防寒防冻小技巧，鼓励幼儿不怕冷，去户外和好朋友一起做游戏。

（2）身体暖和了，说说运动后的感受。

（3）幼儿回家向家人做好防寒防冻注意事项的宣传。

> **可能开展的低结构活动：哲思**
>
> 活动前师幼进行一次哲思辨论，论题为"冬天到底好不好"。幼儿根据经验自由讨论，并辩证地发现冬天既有好的一面，也有不好的一面。

> **可能开展的低结构活动：阅读**
>
> 幼儿与家长收集有关"冬天不怕冷"的绘本，投放到本主题相关区域中，如：制作手套的艺术区，关于冬天如何保暖的科探区，等等，为幼儿提供丰富的阅读资料。

活动资源

教师提供早起的人们、冬季受伤、防寒防冻的相关图片,让幼儿了解防寒防冻的方法。

了不起的我

长大后我要成为你，
警察、医生、科学家……
我还要帮助许多的人，
让他们像我一样快乐，
一样了不起。

——桃子、牛宝

主题说明

随着孩子们一天天长大，他们的自主意识不断增强，独立性也不断增强。孩子们开始尝试用多种方式独立做一件事，体验自我服务和为他人服务的乐趣，"了不起的我"主题应运而生。孩子们在一日生活中开展"擦拭鞋子""指纹作画""自制土豆泥""垃圾分类"等游戏化工作，并化身棉花糖制作师、恐龙考古学家、邮戳员等，在角色模仿中表现出对成人世界的向往，愿意用自己喜欢的方式表达对劳动者的敬佩之情。孩子们做着力所能及的事，期待将来能成为了不起的人。

环境创设

互动墙

在"了不起的我"主题环境创设中，我们从"我会做""身边的劳动者""长大以后""我是小能手"等话题入手，展开师幼、幼幼讨论并创设互动墙。

◆ 可能引发的学习

我会做

关键词：探玩、劳动

幼儿在探玩中观察、了解小手各部位的名称及特征，尝试用双手进行各种探究活动和艺术创作，进一步发现小手的秘密。在日常生活中做力所能及的事，并与同伴分享，感知小手的作用。

身边的劳动者

关键词：调查、阅读

成立调查小组，围绕自己身边的人，通过访谈调查了解家人的职业，积累关于职业的认知经验。阅读相关绘本，初步了解每一种职业的工作内容，用自己感兴趣的方式将自己的感受记录下来并交流。

长大以后

关键词：调查、制作、实践

开展"长大以后想做什么"的话题讨论。教师引导幼儿分析、思考自己的特长，寻找适合自己模仿的角色。幼儿通过设计、制作与职业有关的物品，在做一做、演一演中表达对未来职业的畅想，感知、理解劳动者的辛苦。

我是小能手

关键词：制作、劳动、实践

对未来职业的探讨围绕"我们可以为幼儿园、班级做什么"的话题展开，幼儿分享可以服务的内容，梳理相关经验，制作班级管理员的工作名牌，在日常实践中感受为集体、为他人服务的乐趣。

❖ 参考图

展示区

在"了不起的我"主题实施中，在活动室、门厅、走廊等地方悬挂、摆放幼儿制作的与职业有关的人物作品，表达对各行各业的向往，使幼儿树立良好的劳动意识(见表5)。

表 5　展示区创设列表

地点	展示内容
活动室	1. 幼儿对家人的职业展开调查，并将结果以导图的形式张贴在墙上。 2. 幼儿利用黏土、毛绒棒、泡沫球等制作各行各业劳动者的模型。
门厅	1. 幼儿可以自由选择值日的内容，悬挂值日生牌。 2. 幼儿用照片记录自己在班级里劳动的过程，相互分享与点赞。
走廊	1. 幼儿打造菌菇、蔬菜的"家"，记录它们生长的过程，并投放各种清洗工具。 2. 幼儿在种植角的花盆里插上自己签名的用心养护的植物照片。

◆ 参考图

家园共育

亲子共读

◆ 《小威向前冲》

绘本以小威这个"小精子"为主要角色，用有趣、温馨和可爱的图画，讲述了小威在一场"比赛"中发生的一件神奇而又美妙的事情，让孩子们了解自己的来历，更好地认识自己。

还可借阅《上学不再丢三落四》《勇敢做自己》《肚子里有个火车站》《我妈妈》等图书。

亲子游戏

◆ 家务小能手

目的：锻炼动手能力，在相互交流中建立良好的亲子关系，喜欢劳动。

材料：家务劳动中涉及的物品和工具，如玩具、袜子、筐子、扫帚等。

玩法：

1.收玩具。亲子一同寻找身边可用来收纳的物品，根据玩具类型制作编号，幼儿依据编号进行分类收纳。

2.叠袜子。家长引导孩子从一堆袜子中找出两两匹配的袜子，将一双袜子叠放后从袜尖向上卷至袜口，再将袜口翻转。孩子学会后可与家长开展叠袜子比赛。

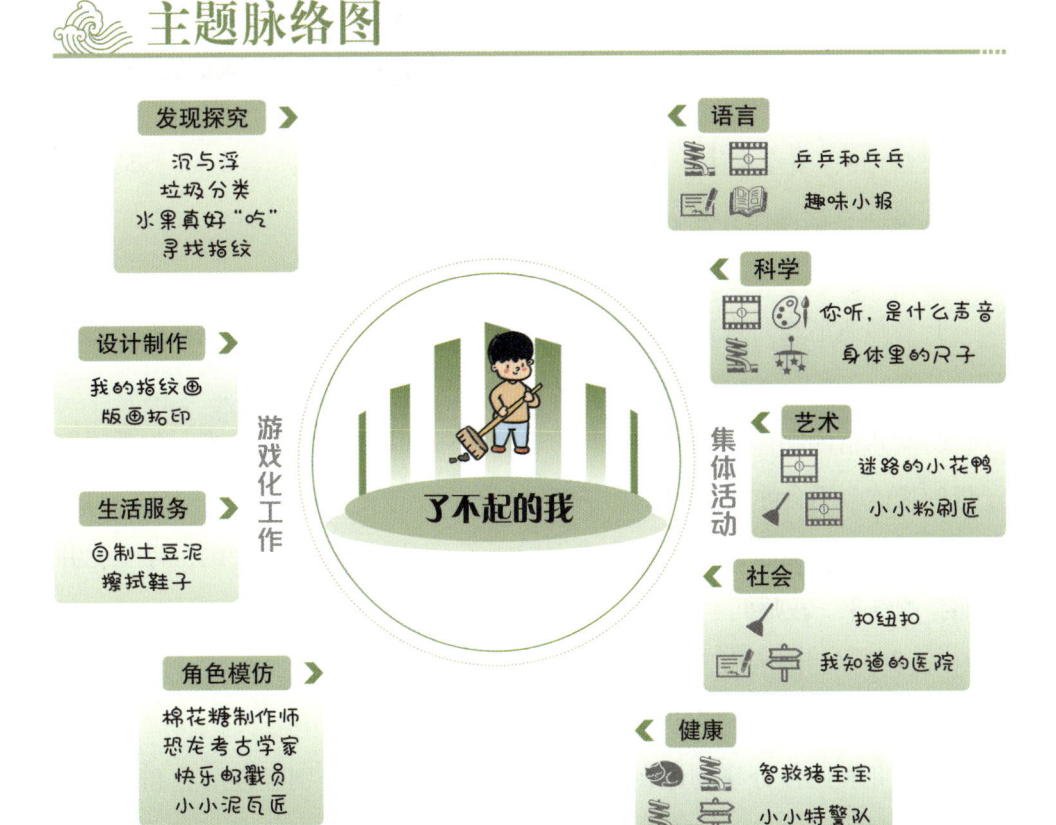

主题脉络图

发现探究
- 沉与浮
- 垃圾分类
- 水果真好"吃"
- 寻找指纹

设计制作
- 我的指纹画
- 版画拓印

生活服务
- 自制土豆泥
- 擦拭鞋子

角色模仿
- 棉花糖制作师
- 恐龙考古学家
- 快乐邮戳员
- 小小泥瓦匠

游戏化工作

了不起的我

语言
- 乒乒和乓乓
- 趣味小报

科学
- 你听，是什么声音
- 身体里的尺子

艺术
- 迷路的小花鸭
- 小小粉刷匠

社会
- 扣纽扣
- 我知道的医院

健康
- 智救猪宝宝
- 小小特警队

集体活动

探玩： 欣赏： 调查： 阅读： 创作：

仪式： 劳动： 参观： 饲养：

游戏化工作

发现探究：沉与浮

准备 有水的瓶子1个、木质托盘1个，金属圆片、亮片、毛球、彩色皮筋、铃铛等若干。

目标

1. 通过视觉刺激发展感知觉。
2. 探索不同物体在液体中的沉浮变化，初步感知事物之间的关系。

年龄 3.5岁至4岁。

预备 尝试操作并能分辨物体之间的轻与重。

过程

1. 教师邀请幼儿观察材料："这些瓶子漂亮吗？把这些物体放在瓶子里会发生什么？"

2. 幼儿猜测物体在水中的变化，教师问："如果把瓶子倒过来，你觉得瓶子里的物体会不会浮上来？"幼儿猜测并将结果记录下来。

3. 幼儿取出瓶子，上下摇晃或倒置瓶子，观察物体在水中的沉浮变化并对照猜测结果。教师问："跟你猜测的结果一样吗？"幼儿表达想法，如说一说"为什么它们在水中的沉浮变化会不一样"。

4. 幼儿依次取出不同的瓶子，逐一验证猜测的结果。

5. 幼儿和同伴分享物体在水中的沉浮变化，如：分别轻轻摇晃和快速摇晃时，物体在水中的运动有什么不同。

注意

"无边界"的猜想：当感官瓶中的物体缓慢流动时，幼儿观察物体是向上

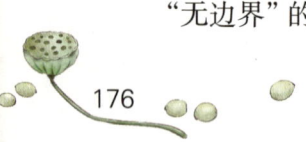

浮还是向下沉，并根据现象猜想原因。

"打破砂锅问到底"的质疑：幼儿根据猜想，提出"为什么毛球会下沉""为什么彩色皮筋会上浮"等问题。

"反复"的试错：幼儿反复地倒置瓶子，在观察、欣赏中验证不同物体的沉浮变化是否和自己的猜测结果一致。

链接

日常生活：教师鼓励幼儿自主挑选身边的物品，制作感官瓶。

延伸工作：教师可针对4.5岁至5岁幼儿在瓶中加入不同液体，探索物体在不同液体中的沉浮情况。

相关活动：可能引发的学习活动有"谁重谁轻""有趣的吸铁石"等。

发现探究：垃圾分类

准备 木制托盘1个、木制彩色小人4个、棋盘1个、玩具垃圾桶4个（不同用途）、垃圾分类卡1套、木盒1个、转盘1个。

目标

1. 学习垃圾分类的方法，尝试按照标志给垃圾分类。

2. 体验游戏的乐趣，以良好的心态面对输赢，有初步的环保意识。

年龄 4.5岁至5岁。

预备 前期认识数字1~6。

过程

1. 教师与幼儿进行团体讨论："你们知道垃圾的类型有哪些吗？"教师邀

请幼儿将装不同类型垃圾的垃圾桶取出,摆放在桌面上:"有四种不同的垃圾类型,我们来给垃圾分分类。"

2. 幼儿打开装有垃圾图片的小木盒,将垃圾图片取出,随机放置在棋盘上。

3. 教师引导幼儿选择一个代表自己的彩色小人,将其放置在棋盘的起始位置,然后取出转盘对幼儿说:"数字代表要走的步数,'×'代表暂停游戏一次,'√'代表增加一次游戏机会。"

4. 幼儿转动转盘,根据转到的数字走相应的步数,将遇到的"垃圾"捡起来,放入对应的垃圾桶内。接着换教师转转盘,谁先走到终点谁获胜。

5. 幼儿和教师讨论游戏过程:"为什么已经走到终点,棋盘上'垃圾'却没有分类清理完毕?"

6. 幼儿和教师再次游戏,直到将"垃圾"全部清理完毕。

注意

"无边界"的猜想:能否通过一次游戏就清理完所有的"垃圾"?

"打破砂锅问到底"的质疑:"垃圾"是按什么方式进行分类的?为什么要将垃圾放置在不同类别的垃圾桶里?

"反复"的试错:在垃圾分类过程中,幼儿可能错放垃圾,教师可进行引导与纠错。

链接

日常生活:幼儿在幼儿园生活中可结合实际情况,尝试分类投放垃圾。

延伸工作:教师可针对3.5岁至4岁幼儿提供常见的"垃圾"分类卡,降低垃圾分类的难度。

相关活动:可能引发的学习活动有"回收垃圾可以做什么""纸杯叠叠高"等。

发现探究：水果真好"吃"

准备 木质托盘1个、木质带盖盒子2个、说明书1份、水果卡片10组。

目标

1. 运用多种感官，提高观察能力。

2. 在反复游戏中找到水果出现的规律，享受游戏取得胜利的喜悦。

年龄 4.5岁至5岁。

预备 能说出水果的名称，知道其外形特点。

过程

1. 教师与幼儿联想："你知道哪些好吃的水果？"教师邀请幼儿将水果卡片取出："这里有很多好吃的'水果'，我们一起来看看。"

2. 教师引导幼儿将水果卡片平铺或叠放在桌面上，然后用猜拳方式决定谁先开始游戏。

3. 游戏开始，猜拳获胜的幼儿先从叠放的水果卡片中找到三张相同的水果卡片，放到旁边的盒子里；如果没有找到相同的水果卡片，或只找到一张/两张相同的水果卡片，就平铺放到面前的卡槽里。"还有相同的水果卡片在哪里呢？"幼儿表达想法。

4. 幼儿与教师轮流游戏，用相同的方法把桌面上所有卡片取完，自己面前的卡槽内没有剩余的卡片，结束游戏。

5. 教师和幼儿分享在游戏中的感受。

注意

"无边界"的猜想：幼儿猜测第一层卡片和第二层卡片中的水果是否相同。

"反复"的试错：幼儿反复游戏，直到找到一模一样的三张卡片，如"三个苹果""三个橘子"等。

链接

日常生活：幼儿在生活中探索水果的差异，如口感、颜色、气味等。

延伸工作：教师可针对5岁至5.5岁幼儿增加更多水果卡片，供幼儿探索水果之间的区别。

相关活动：可能引发的学习活动有"开饭啦""长得胖胖才好"等。

发现探究：寻找指纹

准备 木色托盘1个、白色粉末1盒、黑色塑料卡片1张、小刷子1个、各种罐子若干、放大镜1个。

目标

1. 初步萌发探索人体奥妙的兴趣。

2. 积极思考，结合日常经验，大胆发表自己对指纹作用的看法。

3. 在活动中体验成功的喜悦。

年龄 5.5岁至6岁。

预备 知道10根手指头上的指纹是不同的。

过程

1. 教师与幼儿联想："指纹像什么？我们来看几张卡片。"教师邀请幼儿取出卡片："你有没有发现这些卡片上的指纹是不同的？"

2. 幼儿猜测自己手指上的指纹是否相同。教师问："我们手指上的指纹会不会和图片中的一样呢？"幼儿猜测并记录。

3. 幼儿取一张黑色的塑料卡片，在卡片上撒上白色粉末，将手指按在上面提取自己的指纹，教师问："结果和你猜测的一样吗？"幼儿表达想法：原来

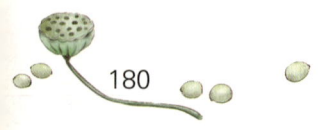

每个手指的指纹都是不一样的。

4.幼儿依次提取自己不同手指上的指纹，对应自己的猜测结果，逐一验证。

5.幼儿和同伴分享自己的发现。

注意

"无边界"的猜想：幼儿发现自己每根手指上的指纹都不一样，观察每个指纹的不同。

"打破砂锅问到底"的质疑：幼儿对自己每根手指上的指纹都不同产生好奇，主动探究指纹不同的原因。

"反复"的试错：幼儿在亲身操作中不断尝试与对比，寻找自己和卡片上一样的指纹。

链接

日常生活：幼儿用眼睛捕捉、用情感体验每个人身体的独特性与成长中的变化。

延伸工作：教师可针对6岁至6.5岁幼儿增加塑料膜、透明胶等更精细的指纹取样材料。

相关活动：可能引发的学习活动有"指纹的秘密""我会变"等。

设计制作：我的指纹画

准备 木质托盘1个、不同颜色的拓印盒3个、马克笔1筐、纸盒1个、胶水1支、剪刀1把、卷纸架1个、卡纸若干。

目标

1. 体验在指纹图案上添加简单的线条，使其成为有趣的形象。
2. 萌发想象力、创造力，体验艺术创作的快乐。

年龄　3.5岁至4岁。

预备　知道每个人手指上的指纹都不相同。

过程

1. 教师邀请幼儿观察自己的小手："看看我们的手指上有什么。"幼儿观察自己的手指："有不一样的指纹。"
2. 幼儿选取自己喜欢颜色的拓印盒和一张卡纸。
3. 幼儿选择自己的手指进行拓印，可以多次拓印，也可以单印。
4. 教师问："你的指纹像什么？可以发挥自己的想象来画一画，让它变得更有趣。"教师引导幼儿在自己的指纹上进行拓展性的绘画创编。
5. 幼儿完成后，整理材料，并将自己的作品与他人分享。

注意

"多通道"的感知：教师提供各种纸、纸盒、拓印物品等低结构材料，让幼儿选择喜欢的材料，尝试通过视觉、触觉等多通道感官进行创作。

"独一无二"的设计：幼儿自主选择材料，利用手工、绘画等方式呈现不同的指纹画。

链接

日常生活：亲子收集与成长有关的照片、视频等，家长帮助孩子回忆美好的儿时生活。

延伸工作：教师可针对4岁至4.5岁幼儿增加印泥等材料，幼儿进行拓展绘画。

相关活动：可能引发的学习活动有"我的成长故事盒""指纹小动物"等。

设计制作：版画拓印

准备 木质托盘1个，木质长条托盘1个，红、黑颜料各1份，刻笔1支，笔托1个，方形木盒1个，按压棒1个，细软毛刷2支，滚压2个，泡沫长条板1块，垫板1块，夹子1个，纸若干。

目标

1.了解版画拓印的方法，学习用正确的步骤操作。

2.为设计出独一无二的作品感到自豪。

年龄 4.5岁至5岁。

预备 有"戳树叶"的经验。

过程

1.教师出示雕刻好的泡沫板，和幼儿欣赏："我用笔在泡沫板上面刻出了喜欢的花纹，如何将这些花纹印在纸上？"

2.幼儿在教师的引导下用刻笔在泡沫板上刻出喜欢的花纹，随后选取喜欢的颜料，用细软毛刷蘸上颜料后，均匀地涂抹在雕刻好的泡沫板上。

3.幼儿取白纸，将其覆盖在泡沫板上，用夹子夹住，然后选择按压工具进行按压。

4.幼儿将夹子取下、放回，打开覆盖着的白纸，在白纸上呈现自己的作品。

5.幼儿与教师分享自己创作的感受，并将作品放置在通风处进行晾晒。

注意

"多通道"的感知：教师提供各种颜料、不同的按压工具，满足幼儿视觉和触觉的双重体验。

"独一无二"的设计：幼儿自主选择材料，根据自己的喜好进行雕刻与拓印。

链接

日常生活：幼儿通过版画拓印，观察、比较不同按压工具的特点，尝试用生活中的其他材料进行拓印。

延伸工作：教师可针对5岁至5.5岁幼儿将薄的泡沫长条板换成厚的木板，让幼儿继续自主探索雕刻、拓印。

相关活动：可能引发的学习活动有"中国扎染""四大发明"等。

生活服务：自制土豆泥

准备　煮熟去皮的土豆若干、木臼1个、木杵1根、托盘1个、木勺1把、垫子1块、夹子1个、玻璃碗2个、其他容器若干。

目标

1.尝试控制手腕的力度，将土豆捣成泥状。

2.学会照顾自己，体验自备食物的乐趣。

年龄　3.5岁至4岁。

预备　有剥鸡蛋的经验。

过程

1.教师邀请两名幼儿："这份工作需要分工合作完成。"幼儿商量决定：A幼儿做捣土豆泥的工作，B幼儿做切配料的工作。

2.A幼儿系上围裙，把剥了皮的土豆夹到木臼里，用木杵将土豆捣成泥，并借助木勺将土豆泥舀到玻璃碗中。

3.B幼儿穿上围裙,将所需配菜切成丁,如将黄瓜去皮切成丁,把火腿肠切成丁待用。

4.A幼儿用勺子将切成丁的配菜舀到土豆泥上,B幼儿协助搅拌。

5.两名幼儿将做好的土豆泥端至点心桌,邀请同伴们品尝。同伴给予赞扬。

6.完成后,幼儿合作将器皿和其他工具清洗干净并送回原位。

注意

"好朋友式"的分工:幼儿分工合作,谁给土豆剥皮、谁捣土豆泥等问题,需要协商、讨论。

"小红花式"的点赞:土豆泥制作完成后,幼儿将土豆泥分享给其他伙伴后获得肯定,可以自己给自己点赞,也可以小伙伴互相点赞。

链接

日常生活:幼儿在自备食物时可加入更多的食材,搭配出不同口味的土豆泥。

延伸工作:教师可针对4岁至4.5岁幼儿提供裱花器,供幼儿将土豆泥挤出有趣的造型。

相关活动:可能引发的学习活动有"好玩的土豆""土豆美食品尝会"等。

生活服务:擦拭鞋子

准备 小皮鞋1双(干净、卫生)、围裙1条、大托盘1个、鞋油1支、鞋刷子1把、小手套1副、旧报纸1张。

目标

1. 发展手指的精细动作。

2. 尝试用有效的方法擦拭鞋子,体验为他人服务的乐趣。

年龄 4.5岁至5岁。

预备 前期做过擦拭桌子的工作。

过程

1. 教师邀请两名幼儿:"我们做过除尘的工作,现在我们试试给皮鞋除尘。"幼儿一起将材料取出,放置在地毯上:"这是擦拭鞋子所需要的材料。"

2. 教师与幼儿一同展开联想:"除尘后的皮鞋应该怎么擦拭,使它变得更亮呢?"幼儿自主表达想法。

3. A幼儿拿出鞋油,B幼儿拿起鞋油刷。A幼儿打开鞋油盖后,将鞋油挤到B幼儿的鞋油刷上,随后B幼儿用鞋油刷在鞋面来回刷。

4. A幼儿戴上小手套,B幼儿将刷好鞋油的鞋子交给A幼儿,A幼儿用力来回擦拭鞋子的表面,使鞋子表面更加光亮。

5. 两名幼儿运用同样的方法擦拭鞋子的顶端、两侧及跟部,使整只鞋子变得更干净。

6. 幼儿相互分享擦拭鞋子的经验,获得同伴赠予的"劳动小勋章"。

注意

"好朋友式"的分工:两名幼儿分工合作,一名幼儿挤鞋油,另一名幼儿擦拭鞋子。

"小红花式"的点赞:对鞋子擦拭前后的变化感到满意,同伴相互欣赏和点赞。

链接

日常生活:幼儿在家中也可以为家人、长辈擦拭鞋子。

延伸工作:教师可针对5岁至5.5岁幼儿增加鞋子的种类和擦拭工具,使

幼儿了解不同材质的鞋子，所需的擦拭工具也不同。

相关活动：可能引发的学习活动有"剥栗子""擦玻璃"等。

角色模仿：棉花糖制作师

准备　棉花糖机1台、各色食用糖、棉花糖棒若干、小勺子1把、木质托盘1个、制作棉花糖的服装1套。

目标

1. 尝试动手制作棉花糖，了解棉花糖的制作过程。

3. 与同伴分工合作，体验制作美食的乐趣。

年龄　4.5岁至5岁。

预备　做过与搅拌相关的工作。

过程

1. 教师邀请两名幼儿："你们吃过哪些口味的棉花糖？"教师邀请幼儿取出各种口味的食用糖："你们可以从中选择自己喜欢的口味。"

2. 教师引导幼儿打开棉花糖机："用手感知棉花糖机的温度，机器升到一定温度再加入食用糖。"

3. 教师引导A幼儿用勺子取食用糖，将糖倒入棉花糖机，然后请B幼儿取出一根棉花糖棒："你用棉花糖棒来绕机器里面的棉花糖丝。"

4. B幼儿将棉花糖机里的糖丝绕完后，A幼儿与B幼儿协商："加入哪种颜色的食用糖更好看？""可以加入两种颜色的食用糖吗？"

5. 两名幼儿协商后尝试制作，将制作好的棉花糖与好朋友分享。

注意

"以我为中心"的冲突：幼儿对如何制作出美味的棉花糖有不同的思考。

"你我之间"的共识：面对棉花糖制作过程中出现的各种问题，幼儿在协商与反复尝试中解决。

链接

日常生活：亲子收集有关棉花糖的书籍、图片、视频等，聊聊关于棉花糖的故事。

延伸工作：教师可针对4.5岁至5岁幼儿提供纸、笔等材料，供幼儿制作棉花糖标签。

相关活动：可能引发的学习活动有"我是棉花糖""香香甜甜的食物"等。

角色模仿：恐龙考古学家

准备 沙池、恐龙化石拼接骨架1套、恐龙各部位骨骼图卡1套、挖掘工具1套、放大镜1枚、护目镜2个、油灯1盏、置物架1个、垫子1张、考古服装2套。

目标

1. 尝试拼接恐龙玩具各部位的骨骼。
2. 感受与同伴合作的乐趣，体验考古学家工作的艰辛。

年龄 5.5岁至6岁。

预备 曾在自然博物馆或绘本中看见过恐龙化石。

过程

1. 教师邀请幼儿来到"'恐龙化石'挖掘基地"："你们见过恐龙化石吗？

这里埋藏着一只恐龙的'化石',请你们想办法把它挖出来。"

2.幼儿穿好考古服装,戴好护目镜,铺好垫子,协商好工作任务。

3.A幼儿在沙池里小心地挖掘"恐龙骨架",将其放置在垫子上;B幼儿将"恐龙骨架"用小刷子清理干净。

4.两名幼儿将所有"恐龙化石"按身体部位分类摆放。教师问:"这是恐龙的什么部位?"幼儿各自表达观点,随后教师出示骨骼模型图卡进行比对。

5.幼儿一同拼接"恐龙骨架"。若对拼接部位有异议,幼儿对比恐龙骨骼模型图,直至拼出完整的恐龙模型。

注意

"以我为中心"的冲突:幼儿对于"恐龙骨骼"属于恐龙身体的哪一部分有不同的意见。

"我不怕"的挑战:挖掘"恐龙骨骼"可能需花费比较长的时间,幼儿仍坚持完成。

链接

日常生活:幼儿通过模仿考古学家,了解从事不同职业的人们的辛苦。

延伸工作:教师可针对4.5岁至5岁幼儿适当降低挖掘难度,加入低结构材料,如"恐龙蛋""小恐龙"等。

相关活动:可能引发的学习活动有"长大我想做……""各行各业的人"等。

角色模仿：快乐邮戳员

准备 小熔炉1个、信封1沓、漆蜡1盒、印章1个、金漆笔1支、勺子1把、点火器1个、纸架1个、镊子1把、手套1副、画笔、白色卡纸若干。

目标

1. 初步掌握制作邮戳的方法与流程。

2. 在游戏中体验为他人服务的乐趣。

年龄 5.5岁至6岁。

预备 了解简单的预防烫伤和自救的方法。

过程

1. 教师与幼儿一同展开联想："你知道邮戳员是做什么的吗？"教师邀请幼儿取出相应材料，说："这些是邮戳员需要用到的材料，今天我们要当一名小小邮戳员。"

2. 幼儿自由选取一个信封和一张卡纸，在卡纸上自主绘画，完成后将其放入信封内。

3. 教师引导幼儿取出小熔炉和蜡烛，将小熔炉放在垫板上，然后用点火器点燃熔炉，接着在勺子里放入一块漆蜡。幼儿戴上防护手套，将勺子放在熔炉上方。

4. 幼儿待漆蜡溶解后迅速提起勺子，将漆蜡倒在信封封口处，取出印章进行碾压，直至漆蜡冷却成型。教师问："漆蜡变成什么样才可以把信封口封住？"

5. 幼儿穿上邮戳员的衣服，将信件送给好朋友和老师。

注意

"以我为中心"的冲突：幼儿对于漆蜡需要加热多久才能变成黏黏的液体有不同的意见。

"我不怕"的挑战：幼儿在制蜡加热的过程中，需要懂得自我防护。

链接

日常生活：教师鼓励幼儿制作幼儿园活动的入场券，同样相互点赞鼓励对方。

延伸工作：教师可针对6岁至6.5岁幼儿提供木签等材料，幼儿自主尝试在融化的漆蜡上绘制图案。

相关活动：可能引发的学习活动有"制作邮戳""各种各样的邮票"等。

角色模仿：小小泥瓦匠

准备　砖粉1瓶、量杯1个、勺子1把、搅拌棒1根、刮片1片、小铲子1把、打磨条1根、面粉砂浆1袋、手套2双、口罩2双、砖块瓦片模具若干。

目标

1. 知道用砖可搭建建筑物的各种立体空间。

2. 运用平铺、叠高、架空、连接、围封等不同的砌砖方法搭建各种砖块墙。

3. 体验工作的不易，感受与同伴合作的快乐。

年龄　5.5岁至6岁。

预备 参观建筑工地或观看相关视频，对刮泥、抹泥、砌墙、砌房等有所了解。

过程

1. 教师邀请两名幼儿："你们知道我们身边的高楼是用什么搭建的吗？"幼儿回答并逐一取出材料，说："现在我们用这些材料搭建一座高楼。"

2. A幼儿选择砖粉、模具制作砖块、瓦片；B幼儿和面粉砂浆，制作水泥。

3. 两名幼儿讨论砖块的叠放方法："怎样放置砖块才能越搭越高？"

4. 方法确定后，A幼儿放置砖块，B幼儿涂抹水泥，最后给墙面涂上颜色。

5. 两名幼儿整理材料，并将搭建好的"高楼"放置在阴凉处晾干。

注意

"你我之间"的共识：两名幼儿协商配制砖粉液，制作砖块，并商讨砖块搭建的方法。

"我不怕"的挑战：在砌墙过程中出现问题时，两人能一起协商解决。

链接

日常生活：幼儿能在建构区中熟练运用各种建构技能进行综合搭建。

延伸工作：教师可针对5岁至5.5岁幼儿适当降低难度，提供建筑物的搭建图纸。

相关活动：可能引发的学习活动有"我身边的劳动者""挑战不可能"等。

集体活动

乒乒和乓乓

活动领域 语言、社会

活动目标

1. 了解绕口令，尝试正确、清楚、快速地读绕口令。

2.与同伴一起练习念绕口令,感受念绕口令的乐趣。

活动年龄 3.5岁至5岁。

活动准备

1.盆子、瓶子、响板。

2.背景音乐、图片。

活动过程

1.盆、瓶来相会。

(1)教师快速念绕口令,激发幼儿的兴趣。

——老师为小朋友们带来了一段绕口令,你们想听吗?

> **可能开展的低结构活动:探玩**
> 在活动区中,师幼共同收集不同的玻璃制品或其他可以敲击出不同声音的物品,幼儿自由或组合敲击,发出不同的声音。

(2)幼儿说说听后的感受,感受绕口令的特点。

——这段绕口令说了什么呢?

(3)教师引导幼儿自由表述感受,如很有趣、听不清楚、很快等。

2.乒乒乓乓来了。

(1)教师以中等速度完整念儿歌一遍。

——家里有个盆,盆里有个瓶,盆和瓶碰到一起会发生什么?

——你听到了什么?乒乒乓,乓乓乓,发生了什么?可以怎样表达?

(2)教师出示挂图,师幼共读。

——你觉得这首儿歌有什么特别好玩的地方?

(3)师幼朗读儿歌,了解儿歌的特点。

——这首儿歌里有很多读音很像的字,所以它是一首绕口令。

3.我来演一演。

（1）教师出示响板，幼儿随乐拍手表演儿歌。

（2）教师慢速、完整地念绕口令，有节奏地用响板伴奏，其他幼儿自由跟念。

可能开展的低结构活动：欣赏

在有条件的情况下，教师请幼儿将探玩的过程拍照、录制下来，教师帮忙制作二维码，供幼儿和家长扫码欣赏。

活动资源

教师提供绕口令文稿，可以尝试用音乐节奏带动幼儿从慢到快地朗诵，从而提升幼儿朗诵的兴趣和难度。

乒乓和兵乓

我家桌上有个盆，盆里有个瓶，

乒乓乓，兵乓乓，

不知是瓶碰盆，还是盆碰瓶。

（佚 名/文）

趣味小报

活动领域 语言、艺术

活动目标

1.初步了解小报的排版，学习用线条、粘贴画、剪纸等装饰版面。

2.体会合作的快乐，相互补充小报内容，尝试播报小报内容。

活动年龄 5岁至6.5岁。

活动准备

画纸、笔、手抄报的图片若干。

活动过程

1. 幼儿欣赏图片,讲解作品。

（1）幼儿结合报纸及班级小报的图片等,了解班级小报的基本组成要素。

> **可能开展的低结构活动：调查**
> 幼儿和爸爸、妈妈一起对比发现不同报纸的相同之处和不同之处,并把调查记录带回班级和同伴分享。

——你们看过报纸吗？你知道报纸是用来做什么的吗？上面除了文字还有什么？

（2）幼儿了解版面设计的美观性。

——我们在报纸上还可以增加什么,让读者觉得好看呢？

2. 设计特色小报。

（1）幼儿结合报纸实物,自由梳理小报所包含的关键要素。

——了解了小报的作用,说说需要在小报写哪些内容,才能让别人看得懂。

——如果不能用文字表述,还可以用什么方式来呈现？

（2）幼儿设计标题和版面,使其美观且富有创意。

——每个新闻有一个标题,让人们知道这则新闻的主要内容。我们给小报也取个标题吧。

——我们可以用什么方法把每篇新闻区分开？

3. 幼儿合作设计小报,教师巡回指导。

> **可能开展的低结构活动：阅读**
> 师幼共同收集、阅读与小报有关的图片、书籍,共同讨论小报的版面设计,也可以回家后亲子共同商议,并记录、分享。

（1）幼儿创意设计、制作"趣味小报",尝试用多种方式表征。

——现在我们来分工：记录故事、设计标题、准备照片。

——每组的报纸都设计完成了,我们把它们展示出来,请你们介绍一下吧。

(2)幼儿分享报纸的内容,感受成功的喜悦。

——我们把小报(新闻)分享给幼儿园的其他小伙伴。

活动资源

教师以幼儿制作的趣味小报为例,引导幼儿观察报纸的报头、时间等信息。

你听,是什么声音

活动领域 科学、艺术

活动目标

1. 寻找生活中的声音,能听辨好听的和不好听的声音。
2. 探索用纸发出不同的声音。
3. 尝试用自己的身体发出声音,萌发对各种声音的兴趣。

活动年龄 3.5岁至5岁。

活动准备

1. 大自然中各种声音的音频。
2. "听到的声音"课件。

活动过程

1.教师播放音频,引发幼儿的兴趣。

(1)教师播放来自大自然的声音。

——你听到了什么声音?它们是什么样的?

(2)幼儿说一说听到的声音。

——你听到的是大海的声音还是河流的声音?

——听到这段声音,你有什么感觉?

2.会说话的身体。

(1)奇妙的身体节奏。

——我们的身体能发出声音吗?请你们试一试。

(2)同一身体部位发出不同的声音。

——小手拍一拍、搓一搓发出的声音一样吗?

3."纸宝宝"来唱歌。

(1)幼儿帮助"纸宝宝"唱歌。

——纸能发出声音吗?

——你可以想出什么办法让"纸宝宝"发出不一样的声音?

(2)幼儿自由探索让纸发出声音的方法。

(3)幼儿去寻找生活中各种各样的纸,探索发现让纸发出声音的多种方法。

> **可能开展的低结构活动:欣赏**
>
> 教师与家长提前沟通,录制幼儿在家喜欢聆听的或者歌唱的曲目,活动中请幼儿欣赏音乐后,进行猜测、听辨,分享自己最喜欢的曲目。

> **可能开展的低结构活动:创作**
>
> 教师鼓励幼儿在活动区寻找不同材质的纸张,用不同的方法让纸张发出声音。幼儿分小组合作,自由创作一首有趣的关于纸的乐曲。

> 活动资源

教师提供部分来自自然界的声音的音频，激发幼儿对自然物发声的兴趣，后续可继续探索、了解各种各样的声音。

身体里的尺子

> 活动领域 科学、健康

> 活动目标

1. 发现身体部位的秘密，尝试用身体进行测量，了解首尾相接的测量方法。
2. 能够用自己的方式记录，感知测量工具的长短对测量结果的影响。

> 活动年龄 5岁至6.5岁。

> 活动准备

笔、纸、记录表。

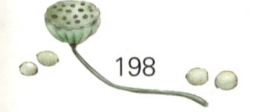

活动过程

1. 教师用关于身体测量的故事导入，激发幼儿的兴趣。

（1）教师讲述故事，幼儿参与讨论。

——故事里的爸爸在做什么？爸爸用身体的什么部位测量？

——爸爸说首尾相接才能测量准确，你们知道什么是"首尾相接"吗？

——"首尾相接"是把前面一只脚的脚跟和后面一只脚的脚尖接起来，沿着一条直线走，把脚当作一把尺，这把"尺"真方便，可以帮我们测量地面上的东西的长度。

> **可能开展的低结构活动：探玩**
> 师幼共同收集、准备测量所需的材料、工具，讨论几个小任务，开展对测量的探索，记录自己的好办法，一起分享、交流。

（2）幼儿尝试用脚步测量的方法。

——为什么爸爸和嘟嘟测量的结果不一样？你们想用脚来测量教室的什么？

2. 幼儿尝试用脚测量教室里物品的长度，并记录结果。

——根据讨论，幼儿尝试测量该物品的长度。

3. 幼儿自主用身体的其他部位进行测量。

（1）说说身体还有哪些"尺子"。

——我们的身体还藏着哪些尺子？（手掌、肩膀等都可以是测量的"尺子"。）

（2）用身体部位测量物体。

——这些有趣的"尺子"可以测量什么呢？带上自己的测量记录表，在教室里进行测量。

> **可能开展的低结构活动：仪式**
> 教师组织开展树木图鉴书的制作。幼儿分组，和同伴一起在户外测量树木的粗细、高矮等数据，每组以图文并茂的形式进行记录，并装订起来形成树木图鉴书，回园向小班幼儿介绍自制的图鉴书。

（3）分享测量方法和结果。

——用记录表进行交流，发现测量同一个物品，用不同的身体部位会得到不一样的结果。

——原来身体里藏着那么有趣的秘密，下次我们再去户外试着测量。

> **活动资源**

教师提供故事文本和测量记录表，激发幼儿对身体测量的兴趣，从而更进一步探索。

爸爸的测量

有一天，爸爸在客厅里走来走去，嘟嘟奇怪地问妈妈："爸爸在干什么呀？"妈妈说："我们要在客厅换新地毯了，爸爸在用脚测量客厅的墙到电视机的距离。"嘟嘟看到爸爸从客厅的墙面开始一步跟着一步地走，原来客厅的墙面到电视机有9个脚掌的距离。爸爸的脚变成了一把"尺"，可真方便呀！嘟嘟也想试试看，嘟嘟跨出一步，又跨出一步。爸爸急忙说："嘟嘟你这样测量不对，要把前面一只脚的脚跟和后面一只脚的脚尖接起来，'首尾相接'，沿着一条直线走，才能测量准确。"嘟嘟又重新尝试测量，结果他测出了15个脚掌的距离。

测量记录表

姓名：　　　　　　日期：

测量物品	测量结果

迷路的小花鸭

活动领域 艺术、社会

活动目标

1. 尝试用不同的演唱技巧表现歌曲所传达的忧伤和欢快这两种情绪。
2. 根据歌词内容创编动作，感受表演的愉悦。

活动年龄 3.5岁至5岁。

活动准备

教学图片、歌曲节奏谱、音乐《迷路的小花鸭》。

活动过程

1. 小花鸭去游玩。

（1）幼儿带着不同的情绪，用不同的声调唱"嘎 嘎嘎 嘎——，嘎 嘎 嘎 嘎——"。

（2）幼儿发现两种声音的区别（一种缓慢、忧伤，一种轻松、欢快），并猜测发生了什么。

2. 迷路的小花鸭。

（1）教师播放音乐，幼儿欣赏、理解歌曲。

——有一只小花鸭，它怎么了？它迷路了。

——你们知道什么是"迷路"吗？迷路了应该怎么办？

> **可能开展的低结构活动：欣赏**
> 教师可在谈话中播放乐曲，师幼共同倾听两段不同风格的音乐。教师引导幼儿说说欣赏音乐后的感觉，鼓励幼儿大胆表达自己的感受。

（2）教师出示图片，清唱歌曲，请幼儿用"啦""嘎"等象声词轻声哼唱旋律。

3. 我们一起帮助它。

（1）教师演唱歌曲，请幼儿根据歌词创编相应的动作。

——谁来扮演小花鸭？老师唱，你们来演。

（2）教师表演动作，请幼儿尝试跟唱歌曲。

（3）师幼完整演唱歌曲1~2遍。

4. 快乐的小花鸭。

（1）幼儿自主分配歌曲中要扮演的角色（小花鸭、鸭妈妈、小朋友）。

——帮助别人真快乐。请小朋友们分角色来演唱歌曲。

（2）幼儿分成3组，扮演不同的角色，分段演唱歌曲一遍。

（3）教师播放音乐，请幼儿3人一组跟着音乐进行表演。

——希望你们能像歌曲里的小朋友一样，乐意帮助别人。

> **可能开展的低结构活动：欣赏**
>
> 教师请幼儿在家长的帮助下，收集一些能展现互相帮助的乐曲和视频，利用一日生活中的餐前、起床、离园等环节，播放乐曲，让幼儿进行欣赏和交流。

活动资源

教师提供歌曲图谱和录音，可以带领幼儿在游戏中开展情境表演。

迷路的小花鸭

1 = G 2/4
每分钟90拍
王森 词
卢琳 曲

小鸭形象
(5 1 5 1 | 3 1 3 1 | 5 5 4 2 | 1) | 5 1 3 | 3 3 1
池 塘 边，柳 树 下，

5 1 3 3 3 | 4 3 2 | x x | x x x 3 4 | 3 2 | 1 —
有只 迷路的小花 鸭，嘎 嘎！嘎嘎嘎！哭着 叫妈妈。

小朋友形象
(5 1 1 5 1 1 | 3 1 1 3 1 1 | 5 5 5 4 2 | 1 3 5 1) | 5 1 3
小朋 友，

3 3 1 | 5 1 3 3 3 | 4 3 2 | 3 3 | 2 2 | 3 4 3 2 | 1 —
看见 啦，抱起迷路的小花 鸭，啦啦 啦，啦啦 啦，把它送回家。

小小粉刷匠

活动领域 艺术、社会

活动目标

1. 初步理解歌词，能用轻松、愉快的声音表现小小粉刷匠工作时的喜悦之情。

2. 尝试创编，替换部分歌词，根据歌词内容表现粉刷匠的动作。

活动年龄 5岁至6.5岁。

活动准备

《粉刷匠》音频，粉刷匠的刷子、桶、围裙3套。

活动过程

1. 欣赏歌曲《粉刷匠》。

（1）教师范唱歌曲，幼儿熟悉歌词和旋律。

——给大家听一首好听的歌曲。仔细听一听，歌曲里有谁？他在干什么？

> **可能开展的低结构活动：劳动**
>
> 教师和幼儿准备刷子、围裙等材料，带幼儿参加幼儿园指定墙面的粉刷活动，播放歌曲，和幼儿一起感受歌曲中有趣的内容。

2. 学唱歌曲《粉刷匠》。

（1）幼儿倾听歌曲录音，随歌曲节奏拍手、念歌词。

——我们一起跟着音乐有节奏地拍手。

——粉刷匠在刷房子的时候发生了什么事情？

（2）幼儿听音乐伴奏，在教师的动作提示下演唱歌曲。

——听着音乐，我们来唱一唱。

——当唱到"哎呀我的小鼻子，变呀变了样"，如何表现工作时的喜悦？

3.创编歌曲《粉刷匠》。

（1）教师创设"粉刷匠"角色情境，引导幼儿自由创编动作表现歌曲。

（2）幼儿创编部分歌词。

——如果你是粉刷匠，你还会粉刷哪里？

（3）教师邀请幼儿穿戴好服装，边表演边演唱歌曲。

可能开展的低结构活动：欣赏

教师事先收集各种《粉刷匠》的表演视频，和幼儿欣赏不同的表演风格，也可以和幼儿一起收集材料，进行装扮和表演。

活动资源

教师提供音乐音频，可以让幼儿参与幼儿园的粉刷劳动，让幼儿在真实情境中感受歌曲的诙谐、幽默。

扣纽扣

活动领域 社会、语言

活动目标

1.体验独立完成扣纽扣的任务，知道自己的事情自己做。

2.喜欢念儿歌并模仿动作。

活动年龄 3.5岁至5岁。

活动准备

为每名幼儿准备衣服1件或鞋子1双，手指操视频。

活动过程

1.一起来捉迷藏。

（1）教师一边用缓慢的语速念儿歌，一边做穿衣服

可能开展的低结构活动：劳动

幼儿将家中带来的衣服、裤子、鞋子等投放在区域中，游戏时可选择自己喜欢的活动参加，如扣纽扣、拉拉链、穿鞋带等。

的动作。

——抓领子，盖房子（将衣服套在头上）；小老鼠出洞子（双手伸出袖子）；吱吱扭扭上房子（由下至上扣好衣服纽扣）。

（2）教师帮助幼儿理解儿歌的意思，对应寻找衣服的领子、袖子、纽扣、扣眼等部位。

2. 扣子找家。

（1）教师出示带纽扣的衣服，引导幼儿观察纽扣及扣眼，了解它们之间的关系。

——纽扣和扣眼是一家人，老师不小心把它们分开了，请你们想办法帮它们重逢。

（2）教师演示扣纽扣的方法。

——一个眼，一个扣，我帮它们对对齐，结成一对好朋友。

——小朋友们找到扣和眼，如何帮它们对齐？扣子钻进了眼里，它们变成了好朋友。

3. 学习扣纽扣。

（1）教师手把手帮助遇到困难的幼儿，将扣和眼对齐后，鼓励幼儿将纽扣扣好。

——我们一起来尝试扣纽扣，看谁的扣子能快速找到家。

（2）对于已经成功的幼儿，教师可提供一些扣眼较小的衣服，让他们再次尝试。

4. 我们都是小巧手。

——教师和幼儿一起表演手指操"棒棒棒"，并为自己点赞。

> **可能开展的低结构活动：劳动**
>
> 教师鼓励幼儿参与扫地、擦桌子等劳动，可结合幼儿的劳动情况进行记录和点赞，激发幼儿主动参与班级劳动的愿望。

> **活动资源**
>
> 教师提供手指操视频和生活区的练习材料，鼓励幼儿锻炼自理能力。

我知道的医院

活动领域 社会、语言

活动目标

1. 了解医生和护士的工作，并认识几种常用的医疗器械。
2. 模仿当小医生，体验和伙伴互动的快乐。

活动年龄 5岁至6.5岁。

活动准备

1. 常用的医疗器械：听诊器、体温计、输液器、注射器。医院标志图、白大褂等。
2. 医院相关视频、图片，看病流程图。

活动过程

1. 谈话：我知道的医院。

（1）幼儿认识医院标志，认识听诊器、体温计等，并了解使用方法。

——人生病了怎么办？去哪儿看病？

2.游戏：在医院里。

（1）幼儿回忆并创设去医院挂号、看病、拿药的游戏情境。

——当我们生病时，爸爸妈妈带我们去医院看病。到了医院做哪些事？

（2）幼儿简单了解看病的流程及医院主要科室的作用。

——（教师逐张展示医院各科室图片）你知道这些地方是做什么的吗？

——你还知道关于医院的哪些事？

3.医护人员真辛苦。

（1）教师借助视频、图片，介绍各科室的医护人员。

——（邀请保健医生）他（她）是谁？有什么问题可以向医生叔叔（阿姨）提出来。

> **可能开展的低结构活动：参观**
>
> 有条件的家庭，家长和孩子周末可参观家附近的医院，根据前期孩子想了解的问题做一次小采访，幼儿回园进行分享和交流。

> **可能开展的低结构活动：调查**
>
> 教师鼓励幼儿在小组或集体面前分享调查的内容，对幼儿记录的内容给予积极回应，帮助幼儿加深对医院和医务工作者的了解。

（2）幼儿观看、了解医生看病的过程。

——你们去医院害怕什么？为什么要这样做？

——教师简单介绍医疗器械的作用，以及使用方法。

（3）为医护人员点赞。

——医护人员为病人恢复身体健康忙碌不停，有时候病人太多甚至忘记吃饭、没有时间休息。我们用自己的方式给医护人员送上最真挚的感谢。

> 活动资源

教师提供医院看病流程示意图，帮助幼儿回忆和了解看病的流程。

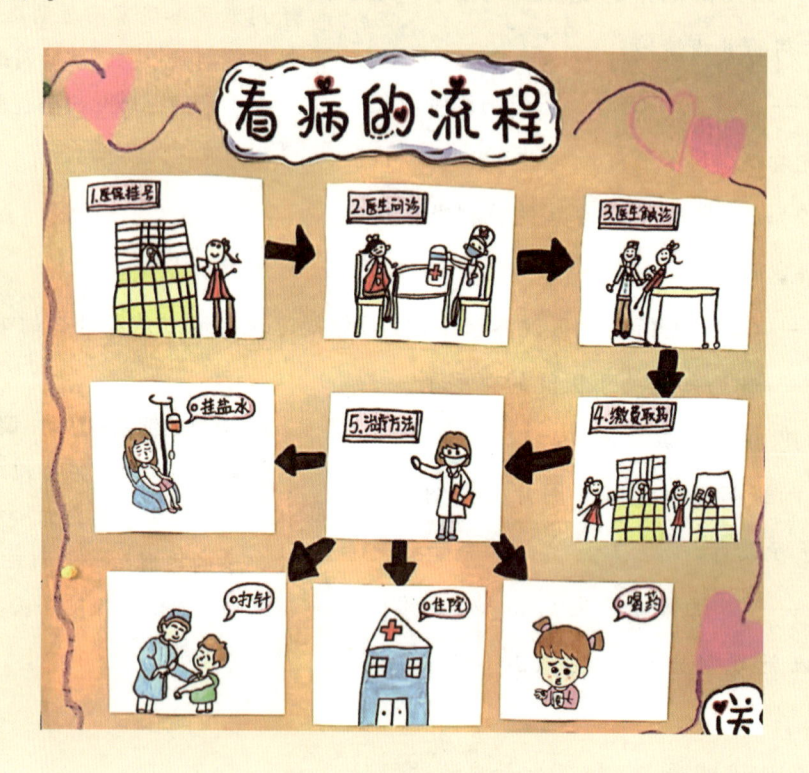

智救猪宝宝

> 活动领域 健康、语言

> 活动目标

1. 尝试拖拉物体四散跑，避免与其他幼儿碰撞。
2. 提升奔跑的速度及身体的协调能力。

> 活动年龄 3.5岁至5岁。

> 活动准备

1. 废纸篓4个、皮筋2条、圆形拱门4个、纸球若干（数量为幼儿人数的2倍）。

2. 人手1只"小猪"（皮球绑上绳子）。

> 活动过程

1. "饲养员"学本领。

（1）幼儿装扮成小饲养员，选一只"小猪"，将其拖拉进入活动场地。

——"小猪"来做运动，看一看，小猪长什么样？

（2）幼儿听音乐，做热身运动。

可能开展的低结构活动：饲养

有条件的家庭，家长周末带幼儿去农场体验饲养员的生活。幼儿有喂养小动物的体验，并将视频、照片带回幼儿园进行分享。

2. 到农场喂"小猪"。

（1）幼儿扮演饲养员，排成4队，依次钻过用拱门做的"农场门"，跳过用皮筋摆成的"小河"，拿出"饲料"喂"小猪"。喂过的"猪宝宝"可以去"农场"散步。

（2）幼儿拖拉"猪宝宝"在场地内练习走、跑，教师提醒幼儿跑动时爱护"猪宝宝"，不要与其他的"猪宝宝"相撞。

3. 游戏"智救猪宝宝"。

可能开展的低结构活动：探玩

教师提供多样化的游戏材料，如软水管、积木等，幼儿扮演饲养员给"小宠物"搭窝，尝试用不同方式进行建构和探索。

（1）教师介绍游戏玩法。

——"猪宝宝"饿了，我们带着"猪宝宝"去"森林"里找好吃的。可是"森林"里有大灰狼，如果遇到它，我们可以用什么办法保护"猪宝宝"，不让大灰狼发现？

（2）幼儿游戏2～3次。

——幼儿听欢快的音乐，四散拖物跑。当出现代表"大灰狼来了"的紧张音乐时，幼儿用身体护住"猪宝宝"。

4.放松身体活动，结束游戏。

> **活动资源**
>
> 　　教师提供场地示意布置，可让幼儿去"农场"看护"小动物"，萌生愿意照护小动物的积极情感。

小小特警队

活动领域 健康、社会

活动目标

1.探索有关梯子的各种游戏，提高攀爬能力和平衡能力。

2.愿意参与挑战，知道安全的攀爬方法，学会保护自己。

活动年龄 5岁至6.5岁。

活动准备

竹梯、彩色滚筒、椅子、牛皮筋等。

> **活动过程**

1. 热身运动：小小特警准备出发。

——小特警听口令，绕过地上的障碍物，爬过草地，回到操场排成两列队伍并立正。

2. 教师出示竹梯桥，幼儿尝试各种过小桥的方法。

（1）平地小桥：用走、跳的方法在竹梯上通过。

（2）倾斜小桥：用走、爬的方法在竹梯上通过。

（3）悬空小桥：用手脚着地攀爬的方法在竹梯上通过。

> **可能开展的低结构活动：探玩**
>
> 找一块安全的平地，师幼一同放置不同高度、材质的平衡板，幼儿自主选择并进行探索，探究如何通过小桥，寻找和分享有趣的玩法。

3. 幼儿观察场地路线，进行探险活动。

（1）幼儿自主选择难度不同的障碍探索。

——"小特警"的任务是寻找敌人的"秘密情报"。基地里安装了很多"红外线"，谁碰到"红外线"警报就会响起来。我们需要想办法躲过"红外线"，用最安全的办法通过。

（2）幼儿分组讨论三组障碍的不同之处。

——你们发现三条线路，哪条比较难？在挑战时，我们可以如何保护自己？

4. 游戏"特警出击"。

——恭喜你们成功拿到"情报"，打开盒子发现里面有一封信。原来"情报"就藏在这封信里，看看上面写了什么秘密。

> **可能开展的低结构活动：参观**
>
> 有条件的幼儿园可以带幼儿去附近的公安局、派出所或交警队进行现场参观。参观的路线需要提前规划和安排，利于幼儿近距离地观察。

活动资源

教师提供场地布置示意图,随着游戏的深入可以增加过桥的难度和趣味性,如:带"小动物"过桥或在"红外线"上安装小铃铛。

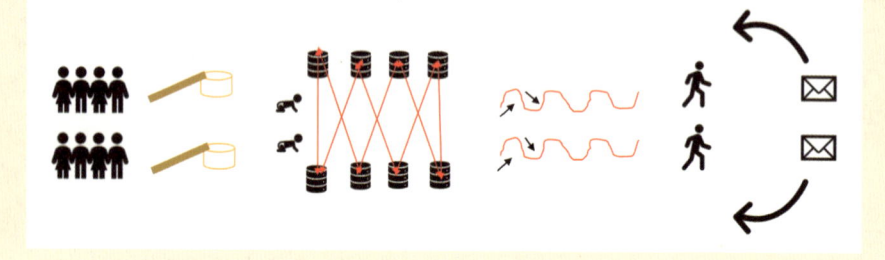

春天拍了拍你

暖暖的春风吹来了，
吹得花园里的小草发芽了，
吹得柿子树上的小鸟喳喳叫，
也吹得园子里的小朋友们更欢乐。

——乐乐、香宝

主题说明

春天是万物复苏的季节，彩色的花、绿色的草、枝头的嫩芽、飞舞的蝴蝶，还有暖暖的阳光、柔柔的细雨……还有孩子们追逐春天的脚步。于是，主题"春天拍了拍你"生成了。孩子们化身小小科学家，探究花朵染色的秘密，感受春雨绵绵的天气，开展了"蝴蝶对对碰""花儿朵朵开""编织花架""春日便当"等游戏化工作。孩子们"变身"小园丁、花艺师、制蜡师……在对不同角色的体验中观察周边的花草树木，用艺术家般的眼光细细品味与表达，在愉悦的氛围中建立与大自然的亲密关系，收获满满的惊喜。

环境创设

互动墙

在"春天拍了拍你"主题环境创设中，我们从"找春天""下雨了""蝴蝶""小花小草""做朋友"等话题入手，展开师幼、幼幼讨论并创设互动墙。

◆ 可能引发的学习

找春天

关键词：调查、表达

师幼一起观察春天的景象，幼儿通过调查发现春天万物特有的变化，用自己喜欢的方式收集春天的事物，与同伴交流、分享，说说在哪里能找到春天，唤醒对春天的已有经验。

下雨了

关键词：探索、实验

以"天气变暖"为线索，幼儿通过调查、实验，了解春天的气候，通过探索、游戏感知春雨的特征，初步理解春雨与植物生命之间的关系，萌发对大自然的热爱，有初步的环保意识。

蝴　蝶

关键词：饲养、阅读

蝴蝶是春天动物的典型代表。幼儿通过绘本阅读了解蝴蝶的外形特征，在饲养、照顾毛毛虫的过程中体验蝴蝶由卵变为成虫的一生。

小花小草

关键词：实验、种植、劳动

幼儿走进大自然，感知花朵的颜色、形状、气味等显性特征，在实验中探索花朵根茎吸水的秘密，在种植活动中观察植物的生长变化，在劳动中初步体验中国的茶文化。

做朋友

关键词：制作、实践

幼儿尝试用自己喜欢的方式将春天里的美好事物留存下来，用采集的材料编织花架，制作美味的樱花糕，与小伙伴分享春游趣事，并用喜欢的方式记录下来，表达对春天的喜爱。

◆ 参考图

展示区

在"春天拍了拍你"主题实施中,在活动室、门厅、走廊等地方悬挂、摆放幼儿设计、制作的与"春天"有关的手工艺品,引导幼儿寻找春天的踪影,激发幼儿对春天的喜爱(见表6)。

表6 展示区创设列表

地点	展示内容
活动室	1. 幼儿挑选喜欢的花瓣(日常收集),将花瓣装进相框,进行陈列展示。 2. 幼儿用黏土展现春日花卉的多种形态,营造郊游的快乐氛围。
门厅	1. 幼儿自制春日彩绘纸杯,将其悬挂于门厅,供小伙伴们相互欣赏。 2. 幼儿将春天的花草拓印在白布上,悬挂或摆放于环境中,从而美化环境。
走廊	1. 幼儿搭建有趣的"昆虫旅馆",约上小伙伴与昆虫讲讲"悄悄话"。 2. 幼儿用水彩画等方式表达眼中的春天,描绘昆虫的模样。

◆ 参考图

家园共育

亲子共读

◆《开往春天的列车》

绘本通过拼贴画的形式，讲述了春天的不同节气，动物、植物的不同表现以及小火车在前进中的不同感受，等等，给孩子们呈现了一个丰富多彩的春天。幼儿跟随小火车的脚步，一起发现春天的美好，感受春天的气息，体验生命的奇迹。

还可借阅《10只小青蛙迎春天》《春天理发师》《遇见春天》《你真的看过一朵花吗》《去郊游》等图书。

亲子游戏

◈ 树叶吹泡泡

目的：初步了解春天万物复苏的景象，体验春日玩耍的乐趣。

材料：瓶装泡泡水、一些落叶和Y形树枝。

玩法：将橡皮筋套在树枝上，将树叶对折在上面剪出任意形状的洞。将泡泡水倒进宽口容器里，用树枝、树叶沾上泡泡水，尝试用树枝分权处、树叶上的洞吹泡泡。用不一样的树叶尝试吹泡泡，观察哪些树叶吹泡泡的成功率较高。

主题脉络图

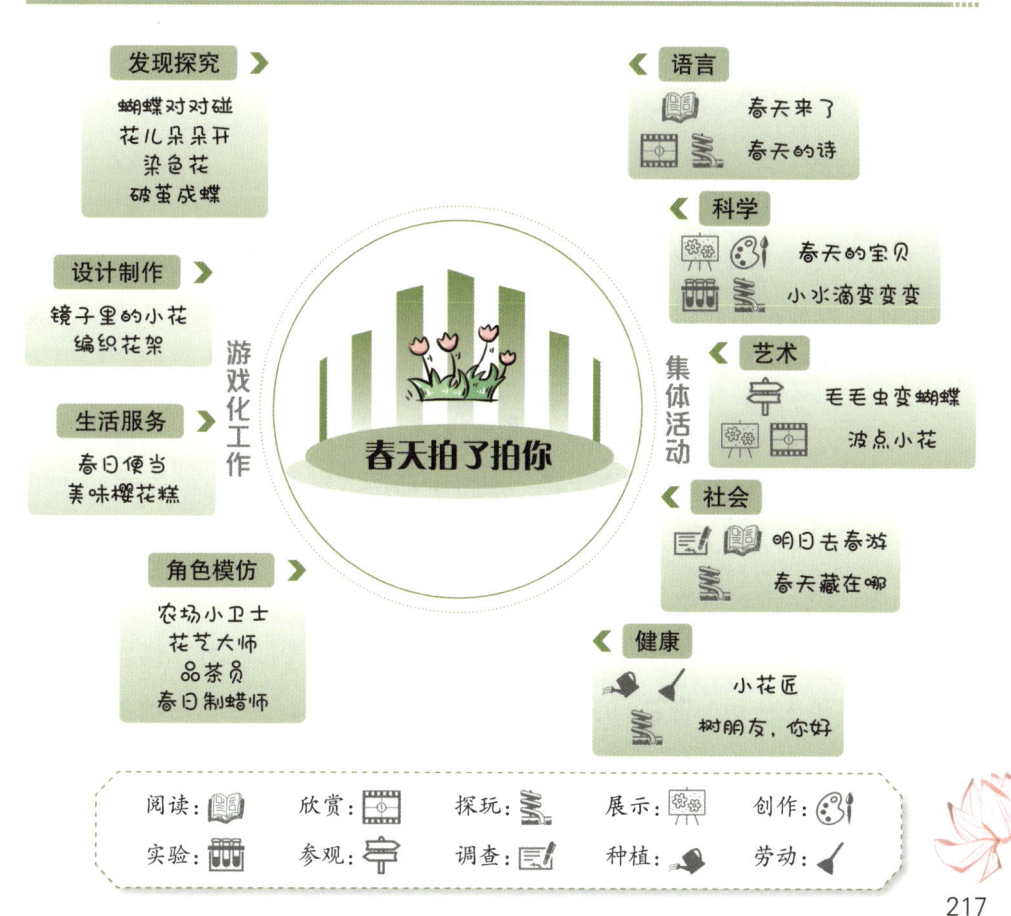

发现探究
- 蝴蝶对对碰
- 花儿朵朵开
- 染色花
- 破茧成蝶

设计制作
- 镜子里的小花
- 编织花架

生活服务
- 春日便当
- 美味樱花糕

角色模仿
- 农场小卫士
- 花艺大师
- 品茶员
- 春日制蜡师

游戏化工作

春天拍了拍你

集体活动

语言
- 春天来了
- 春天的诗

科学
- 春天的宝贝
- 小水滴变变变

艺术
- 毛毛虫变蝴蝶
- 波点小花

社会
- 明日去春游
- 春天藏在哪

健康
- 小花匠
- 树朋友，你好

阅读　　欣赏　　探玩　　展示　　创作
实验　　参观　　调查　　种植　　劳动

游戏化工作

发现探究：蝴蝶对对碰

准备 托盘1个（托盘里有4×7的表格）、卡槽1个、木盒子1个、6类棋子（蛹、卵、幼虫、蝴蝶、花、草图案）若干。

目标

1.通过观察找到相同的图案进行配对。

2.体验数学活动的有趣。

年龄 3.5岁至4岁。

预备 幼儿看过毛毛虫变蝴蝶的相关绘本。

过程

1.教师邀请幼儿观察材料，引导幼儿："谁来了？你认识它们吗？蝴蝶是谁变的？"教师一边介绍，一边请幼儿将蝴蝶、蛹、卵、幼虫等棋子随意摆放在表格里。

2.待第一层格子摆满棋子后，幼儿将蝴蝶、蛹、卵、幼虫等棋子随意叠加在第一层棋子上，以此类推，直至将三层格子都摆满棋子。

3.教师请幼儿从第三层棋子中寻找相同图案的棋子，找到三个相同图案的棋子为一组，将它们放到桌子左侧，剩余棋子不动。

4.幼儿将第三层卡槽内剩余的棋子与第二层棋子进行配对，找到三个相同图案的棋子为一组，将它们放到桌子左侧，以此类推，直至每层的棋子全部配对完成（也可能遇到棋子被剩下无法配对的情况）。

5.幼儿可以邀请同伴一起操作，如卡槽内相同图案的棋子三个为一组全部配对完成，则游戏成功；如卡槽内仍有棋子未配对成功，则重新开始游戏。

注意

"无边界"的猜想：幼儿大胆猜测每一排可以配成几对。

"反复"的试错：幼儿从众多棋子中找到三个相同图案的棋子，进行反复验证。

链接

日常生活：幼儿可饲养毛毛虫，了解毛毛虫的饮食特征，观察毛毛虫变蝴蝶的生长过程。

延伸工作：教师可针对4.5岁至5岁幼儿，引导其根据对角线找相同图案的棋子。

相关活动：可能引发的学习活动有"蝴蝶""好饿的毛毛虫"等。

发现探究：花儿朵朵开

准备 托盘1个、杯子1个、盆1个、铅笔1支、不同材质的纸若干、记录纸若干。

目标

1.感知不同纸张的质地，发现不同纸张在水中的张力也不同。

2.体验动手实验的乐趣。

年龄 4.5岁至5岁。

预备 前期参与各类纸张的收集。

过程

1. 教师出示不同材质的纸张，让幼儿触摸："这些纸摸起来有哪些不同？"教师鼓励幼儿运用语言描述触摸后的感觉。

2. 幼儿挑选喜欢的纸张，将其折叠成"花"的样子放入盛有水的盆中，观察纸"花"的变化。

3. 幼儿就观察到的现象大胆猜测：哪些"开花"速度快？哪些不会"开花"？哪些"花"缓慢打开？

4. 幼儿将自己的猜测以绘画形式记录在表中，并实践操作进行验证。

5. 幼儿观察纸张"开花"的情况，当遇到和自己的猜测不符的情况时，反复探索验证不同纸花在水中打开的速度快慢。

6. 教师与幼儿讨论实验结果，感知不同纸张的特征，感受实验的神奇。

注意

"无边界"的猜想：幼儿大胆猜测不同质地的纸花放入水中是否都能开花。

"打破砂锅问到底"的质疑：幼儿根据猜想提出疑问，如："为什么有些纸花能打开，有些纸花不能打开？"

"反复"的试错：幼儿对自己的猜测反复验证，在探索中发现不同的纸张质地不同，导致实验结果也不同。

链接

日常生活：幼儿通过纸张在水中的变化，观察、探究水的其他特性，如物体在水中的沉浮、水的张力等，继续在生活中探索水的奥秘。

延伸工作：教师可针对5岁至5.5岁幼儿，让其用画笔在纸上涂色，再探索涂色后的纸花在水中的变化。

相关活动：可能引发的学习活动有"芽儿苞苞""小树弟弟"等。

发现探究：染色花

准备 托盘1个、量杯4个、滴管4个、花篮1个、防水垫1个、剪刀1把、染花剂若干、记录纸若干。

目标

1.通过实验发现植物吸水的特性，探究给花朵染色。

2.在观察、比较中满足好奇心，萌发探究的兴趣。

年龄 4.5岁至5岁。

预备 对比花枝与容器的高度进行修剪；知道花是通过根茎吸水的。

过程

1.幼儿每人自选一种鲜花，相互交流花的外形特征。

2.幼儿根据玻璃瓶的高度修剪花枝。

3.幼儿选择自己喜欢的颜色的染花剂，猜测花染色后的样子。

4.教师引导幼儿拿滴管吸取染花剂，将染花剂滴入透明玻璃瓶。

5.幼儿将修剪好的花插入装有染花剂的玻璃瓶并进行观察和记录。

6.幼儿欣赏染好颜色的花："为什么有些花瓣染的颜色很深，有些很浅？"幼儿对花瓣的颜色进行比较并继续尝试。

注意

"无边界"的猜想：幼儿大胆猜测花瓣是否会变色、会变出什么颜色。

"打破砂锅问到底"的质疑：幼儿根据猜想提出可能会出现的颜色，并对比真实出现的颜色。

"反复"的试错：幼儿选择不同的花、不同的染花剂进行尝试、比较。

链接

日常生活：幼儿用自己的染花作品装扮教室。

延伸工作：教师可针对3.5岁至4岁幼儿提供小榔头、白布等，供幼儿对花瓣进行敲染，并对比不同印染颜色的差异。

相关活动：可能引发的学习活动有"七色花""春日水果拼盘"等。

发现探究：破茧成蝶

准备 十格托盘1个、水果图卡5种（各10张）、特制色子（一个色子含数字1~5，另一个色子含数字5~9）2个、0~9的数字卡1组、盲盒（内含"蝴蝶礼物"）1个。

目标

1. 尝试探索10以内数与量之间的关系。
2. 在游戏中感受数学学习的乐趣。

年龄 5.5岁至6岁。

预备 前期阅读过绘本《好饿的毛毛虫》。

过程

1. 教师问幼儿："你看过《好饿的毛毛虫》这本书吗？毛毛虫变成了什么？"

2. 教师介绍桌面材料，并告诉幼儿："毛毛虫需要吃下10个食物才会变成蝴蝶。"（教师将0~9的数字卡按照从上到下的顺序排列在桌面右侧，将5种水果图卡排列在数字卡的左侧。）

3. 教师投掷色子，请幼儿拿取对应数量的某一种"水果"放入格子内，每格只放一个"水果"。

4.幼儿投掷另一颗色子，根据色子上的数字拿取相应数量的另一种"水果"。

5.幼儿数一数格子里的"水果"数量，如："5个苹果和5个香蕉一共是10个水果，还有哪2个数字组合起来是10呢？"水果数量加起来满10个时，幼儿拥有一次抽盲盒的机会，帮助毛毛虫"破茧成蝶"。

注意

"无边界"的猜想：幼儿大胆猜测两种水果的数量合起来，如何凑成数字10。

"打破砂锅问到底"的质疑：幼儿根据猜想提出10的组成可能有几种。

"反复"的试错：幼儿对自己的猜测进行反复验证，在动手操作中获得对10的分合的了解。

链接

日常生活：幼儿有超市购物或买菜的生活经验，体验用10元钱买东西及找零。

延伸工作：教师可针对4.5岁至5岁幼儿提供纸、笔，供幼儿绘画更多种类的水果。

相关活动：可能引发的学习活动有"蝴蝶的一生""春日水果"等。

设计制作：镜子里的小花

准备 托盘1个、笔筒1个、彩色笔若干、鲜花若干、木质夹子若干、塑料薄膜若干。

目标

1.通过镜子观察发现花朵的细节

特征。

2.体验在镜子上作画的乐趣。

年龄 3.5岁至4岁。

预备 有过照镜子的生活体验。

过程

1.教师邀请幼儿把材料端至桌面,介绍材料名称。

2.教师对幼儿说:"我们要借助镜子来画画,请你挑选喜欢的花朵,将它夹到架子上。"

3.幼儿挑选了一朵红色的花,左手拿花,用右手三指打开夹子,将花夹住。

4.教师与幼儿观察镜子里的花朵,说说其外形特征:"这朵花的花瓣像扇子,这朵花的花瓣颜色像红色的太阳……"

5.幼儿根据镜像效果进行自主绘画。

6.幼儿将镜子上的塑料膜取下,与花朵比较,并张贴在展示区。

注意

"多通道"的感知:幼儿感知花朵造型的多样化,通过镜子多方位观察花瓣的外形特征。

"独一无二"的设计:幼儿选择不同的花和颜料,呈现不同的艺术作品。

链接

日常生活:幼儿和爸爸妈妈到植物园、小区、公园里寻找、记录不同形态的花。

延伸工作:教师可针对4岁至4.5岁幼儿增加户外镜子,供幼儿观察果实并尝试创意绘画。

相关活动:可能引发的学习活动有"给春天的祝福信""春天在哪里"等。

设计制作：编织花架

准备 装材料的器具若干、长15~20厘米的树枝若干、剪刀1把、麻绳1卷。

目标

1. 尝试运用"捆""绑"等手部动作进行编织。

2. 体验用自然物编织的快乐，提高动手能力。

年龄 4.5岁至5岁。

预备 前期做过十字编织的工作。

过程

1. 教师邀请幼儿尝试编花架："请你尝试用编织的方法将树枝编成一个花架。"

2. 幼儿自主设计，选择三根树枝："我要编一个三角形的花架。"

3. 幼儿将其中两根树枝的一端交叉摆放，形成一个"十"字。

4. 幼儿用左手捏住树枝的交叉处，将麻绳的一端按压在左手拇指下，用右手将麻绳在树枝交叉处绕两圈。

5. 幼儿尝试十字编织：首先将交叉的树枝的四个方向看作"A、B、C、D"；接着用右手拿着麻绳在A处缠绕一圈后，往路径B方向走；然后在B处缠绕一圈后，往路径C方向走；再在C处缠绕一圈后，往路径D方向走；最后在D处缠绕一圈后，往路径A方向走。

6. 幼儿用相同的方法继续编织直至完成，欣赏编织好的春日花架。

注意

"多通道"的感知：幼儿在编织过程中运用视觉、触觉等多种感官。

"独一无二"的设计：幼儿自由选择不同长短、粗细的树枝，用不同颜色、材质的绳子进行编织。

链接

日常生活：幼儿尝试编织四边形、五边形花架，还可以用干花花瓣进行装饰。

延伸工作：教师可针对5岁至5.5岁幼儿增加树枝数量，幼儿尝试编织多种立体花架。

相关活动：可能引发的学习活动有"春藤""编花环"等。

生活服务：春日便当

准备　米饭若干、海苔若干、沙拉酱调料若干、容器若干、各种造型模具若干、镊子1把、砧板1块、便当盒若干。

目标

1.探索并认识现有的食材，喜欢制作"春日便当"。

2.通过动手制作便当，体验自我服务的快乐。

年龄　4.5岁至5岁。

预备　有制作水果沙拉、用模具压花的经验。

过程

1.教师邀请幼儿戴上口罩和围裙，把制作便当的材料端至桌面并介绍：

"春日出游，我们可以带什么好吃的？""我们一起制作好吃的便当吧。"

2.幼儿挑选模具，B幼儿配合A幼儿将米饭放入模具并提醒："要压实一些！"

3.A幼儿托住模具，B幼儿用饭勺敲打模具的背面使饭团脱模。

4.A幼儿将海苔放入压花器，压出可爱的表情图案；B幼儿用镊子将表情图案夹住，将其粘在饭团上。

5.A幼儿将水果片放入水果模具内并压出造型，之后将其放入饭盒内；B幼儿在水果造型上挤沙拉酱。

6.教师鼓励幼儿："你们做的饭团真可爱，可以分享给好朋友！"

注意

"好朋友式"的分工：此工作幼儿可以与同伴一起完成，两人一起讨论饭团的造型、配料的选择等，自主商量分工，一个压模，另一个调制配料。

"小红花式"的点赞：教师鼓励幼儿邀请同伴品尝制作的"春日便当"。

链接

日常生活：本活动可与班级食物制备相融合，幼儿利用黄瓜、胡萝卜等材料进行装饰。

延伸工作：教师可针对5岁至5.5岁幼儿增加水果压花器，供幼儿进行多种塑形的可能。

相关活动：可能引发的学习活动有"郊游""好吃的饭团"等。

生活服务：美味樱花糕

准备 硅胶垫1张、装食用色素的碟子1个、硅胶搅拌棒1把、樱花模具若干、揉面团盆1个、勺子1把。

目标

1. 学习花朵糕的制作方法。
2. 尝试自制食物，体验制作美食的乐趣。

年龄 5.5岁至6岁。

预备 前期有将面粉变面团的经验。

过程

1. 教师引发幼儿对樱花的美好回忆："花园里的樱花开了，你喜欢吗？"教师将制作樱花糕的材料放至桌面："我们要制作樱花面点，你还记得怎么把面粉变成面团吗？"

2. 教师引导A幼儿在水中倒入红色食用色素（水和食用色素配比为1∶5），B幼儿进行搅拌。

3. A幼儿将调制完成的溶液倒入盆内与面粉混合，B幼儿利用硅胶棒以顺时针画圈的方式搅拌，直至完成面团的揉制。

4. 两名幼儿分别拿取一部分面团，将其揉捏成球状，放于硅胶垫上进行按压、平铺。

5. A幼儿将樱花样式的模具放于面团上，从上往下按压，将模具完全嵌入面团。B幼儿用手接住从模具中掉落的樱花糕。

6. 幼儿分享制作好的樱花糕，并邀请弟弟妹妹品尝。

注意

"好朋友式"的分工：幼儿在制作过程中与同伴合作，如一个人揉面团，

另一个人脱模。

"小红花式"的点赞：制作完成后，幼儿相互欣赏彼此的樱花糕并分享自己的樱花糕。

链接

日常生活：幼儿将制作完成的樱花糕带回家与爸爸、妈妈分享，并在家中尝试揉面团。

延伸工作：教师可针对5.5岁至6岁幼儿增加多种馅料，幼儿根据自身口味挑选馅料进行制作。

相关活动：可能引发的学习活动有"春日来信""樱花"等。

角色模仿：农场小卫士

准备 肥料若干、不同大小的铲子各1把、剪刀1把、大漏勺1把、篮子1个。

目标

1. 发展手指的精细化动作。
2. 积累关于植物养护的经验。
3. 萌发对大自然的热爱，体会劳动的辛苦。

年龄 4.5岁至5岁。

预备 能较熟练地使用剪刀。

过程

1. 教师引导幼儿拿取材料并介绍："我们是农场小卫士，今天要给果树修剪枯树叶、施肥。"
2. 幼儿尝试说出植物的名字，或向同伴、教师求教。随后寻找植物发黄、

变干的树叶,用剪刀对准枯树叶的叶柄处,将其剪落,并将落在地上的枯树叶收进篮子里。

3.树叶修剪完成后,幼儿拿取大漏勺给"农场"施肥,并用铲子将肥料铲平。

4.幼儿将洒水壶中灌满水,对准小树的根部进行浇灌,直到泥土变深色后,停止浇水。

5.教师与幼儿一起将材料整理好并放回原处。

注意

"以我为中心"的冲突:幼儿判断树叶是否枯萎,和同伴商量给植物浇水的水量。

"我不怕"的挑战:幼儿仔细观察、寻找枯萎的树叶,用剪刀将枯树叶剪下来,能够独立或在老师的协助下叫出植物的名称。

链接

日常生活:幼儿将修剪的枯树叶制成各种树叶创意作品。

延伸工作:教师可针对5岁至6岁幼儿提供塑料瓶、吸管等,供幼儿搭建灌溉系统。

相关活动:可能引发的学习活动有"探土""泥巴手掌印画"等。

角色模仿:花艺大师

准备 托盘1个、海绵1块、取水壶1个、水盆1个、水桶1个、碟子1个、防水垫1块、花泥1块。

目标

1.初步体验插花艺术,学习插花的方法。

2.提升对美的想象力与创造力。

年龄 5.5岁至6岁。

预备 幼儿能熟练使用剪刀。

过程

1.教师引导幼儿观察材料："我们来布置一个春日活动室，需要插花来装饰。"教师逐一介绍材料并请幼儿选取材料。

2.教师与幼儿一起观察不同种类的鲜花，邀请幼儿自主选择鲜花。

3.幼儿将手中的鲜花与花泥的高度进行比对，用剪刀剪去多余的花枝，将鲜花插入花泥中。

4.幼儿拿取第二枝鲜花，用同样的方法剪去多余的花枝，将鲜花插在第一支鲜花旁，对比花枝的长短。若花枝太长，遮挡住旁边的花朵，再次修剪花枝。

5.幼儿将鲜花全部插满花泥后，挑选活动室中自己喜欢的位置摆放插花。

6.幼儿自主整理材料，并将垃圾丢入垃圾桶。

注意

"以我为中心"的冲突：对花枝修剪多少合适、怎样摆放才好看等问题，幼儿与同伴商议后达成一致。

"我不怕"的挑战：当花枝的高度不合适时，幼儿再次修剪，直至满意为止。

链接

日常生活：幼儿能认识各种各样的花，创作与花有关的作品。

延伸工作：教师可针对5.5岁至6岁幼儿增加包花纸、绸带等，供幼儿制作花束。

相关活动：可能引发的学习活动有"走进花园""编花环"等。

角色模仿：品茶员

准备 托盘1个、公道杯1套、泡茶壶1个、毛巾1块、茶漏1个、不同种类的茶叶若干。

目标

1. 初步掌握沏、冲、泡等泡茶步骤。

2. 了解中国传统茶文化。

年龄 5.5岁至6岁。

预备 能熟练做出倒茶的动作。

过程

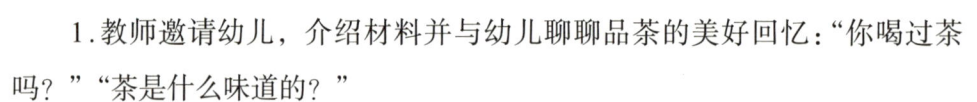

1. 教师邀请幼儿，介绍材料并与幼儿聊聊品茶的美好回忆："你喝过茶吗？""茶是什么味道的？"

2. 教师出示装有不同茶叶的罐子，请幼儿打开盖子闻一闻："这些茶叶有什么不同？它们闻起来气味一样吗？"幼儿观察茶罐里的茶叶，通过闻香、识色挑选喜爱的茶叶。

3. 教师引导幼儿泡茶："把这些茶叶放在水里，水会变成什么味道？"幼儿猜测。

4. 幼儿舀取一勺茶叶，将茶叶放入杯中并倒入热水，观察茶叶在水中的变化。

5. 幼儿观察茶汤的变化，并商量洗茶及后续的步骤。

6. 邀请同伴品茶：幼儿将茶依次倒入公道杯内，邀请工作组的同伴品茶。

7. 幼儿介绍茶叶的名称并讨论茶叶的香气，聊聊喝茶后的感受。

8. 教师与幼儿一同整理教具，并清洗茶具。

注意

"以我为中心"的冲突：幼儿共同讨论泡茶步骤及注意事项，挑选想要泡制的茶叶种类。

"我不怕"的挑战：幼儿熟练掌握泡茶的基本步骤，能仔细观察茶叶在热水中的变化。

链接

日常生活：幼儿回家后自己动手泡茶给家人品尝，表达对家人的爱。

延伸工作：教师可针对5.5岁至6岁幼儿增加蜂蜜，供幼儿制作蜂蜜柚子茶。

相关活动：可能引发的学习活动有"茶叶的秘密""好喝的水果茶"等。

角色模仿：春日制蜡师

准备 化蜡工具1套，镊子1把，硅胶模具1套，白蜂蜡和豆蜡各1瓶，精油1瓶，颜料块若干，干花若干，彩色丝带、礼盒若干。

目标

1. 了解制作香薰蜡片的步骤。
2. 体验制蜡师工作的辛苦。
3. 感受与同伴合作的乐趣。

年龄 5.5岁至6岁。

预备 有参与过其他制蜡活动的经验。

过程

1.教师介绍制蜡材料，邀请两名幼儿穿好制蜡师的服装，进行分工。

2.幼儿开始化蜡：A幼儿用搅拌棒将豆蜡和白蜂蜡以相同比例倒入锅中进行搅拌。B幼儿放入颜料块调色，加入精油后一同搅拌，直至蜡化成蜡液，将其倒入模具中。

3.两名幼儿对模具内还未凝固的蜡液进行装饰。幼儿可以选择不同的干花进行修剪，待蜡液边缘泛白时插入干花，等蜡液凝固后脱模。

4.A幼儿在包装盒里放入拉菲草，B幼儿轻轻地将凝固的蜡片放入盒中，包装完成。

5.幼儿可根据意愿互换工作任务，或采取互帮互助的形式进行操作。

注意

"以我为中心"的冲突：幼儿对制蜡有自己的想法，如尝试后发现倒入模具中的蜡液需与模具边缘持平。

"我不怕"的挑战：幼儿在工作过程中可能会遇到一些困难。比如：插入干花时速度太慢，蜡液提前凝固，对插花造成影响；脱模过程中蜡片容易折断；等等。需要幼儿有不言放弃、敢于挑战的精神。

链接

日常生活：幼儿可以将制作好的蜡片分享给自己的好朋友，或用其美化环境。

延伸工作：教师可针对4.5岁至5岁幼儿，引导其将教室内即将枯萎的鲜花制成干花。

相关活动：可能引发的学习活动有"春日里的香香""我把春天留下来"等。

集体活动

春天来了

活动领域 语言、社会

活动目标

1. 通过阅读绘本了解故事，感受春天带来的喜悦。
2. 尝试用自己的语言描述春天的情景，理解"美好春天"的含义。

活动年龄 3.5岁至5岁。

活动准备

1. 绘本《遇见春天》、书签。
2. 音乐《春天天气真好》。

活动过程

1. 教师出示绘本，引导幼儿观察，鼓励幼儿猜测。

（1）幼儿观察绘本封面，讨论、猜测。

——请你们仔细观察这本书的封面，你们看到了什么？这是什么季节？

> **可能开展的低结构活动：阅读**
> 教师在活动区域投放绘本《遇见春天》，鼓励幼儿自主阅读，了解春天的天气、环境及事物的变化，发现春天的气息。

2. 师幼共读故事，了解故事《遇见春天》的内容。

（1）阅读第1~5页，了解两只小熊出门的原因。

（2）阅读第6~12页，跟随小熊的旅程一起看一看。

——小熊兄弟是怎么做的？他们遇到了谁？

（3）大胆表达，寻找眼中的春天。

——如果你们是小熊兄弟，你们会去哪里寻找春天呢？

(4)阅读故事的最后部分,发现绘本颜色的变化(由黑白到彩色)。

(5)感受如春天一般的美好心灵。

——虽然小女孩不是"春天",却有一颗和春天一样美的心灵。美好的春天,就在给别人带去的快乐里!

3.教师播放音乐《春天天气真好》,师幼一同走入小花园寻找春天。

——小熊们找到了春天,我们也一起到教室外面去寻找春天、享受春天吧!

> **可能开展的低结构活动:阅读**
> 教师鼓励家长在家与幼儿共读关于春天的儿歌等文学作品,感受春天的美好,拉近亲子距离。

活动资源

教师提供二十一世纪出版社出版的绘本《遇见春天》,供幼儿阅读欣赏,并对春天的内容进行后续创编。

春天的诗

活动领域 语言、艺术

活动目标

1.观察春日景色,在讨论中发现春日景色的特点与不同。

2.结合图片理解古诗内容,运用镜面游戏熟悉古诗内容。

3.尝试联想春天到来时大自然的变化,体验春天生机勃勃的美好。

活动年龄 5岁至6.5岁。

活动准备

1.古诗《村居》的背景音乐、相关图片,卡纸,春日风光图。

2.幼儿前期已有关于"春天"经验的积累。

活动过程

1. 教师呈现春日风光图，幼儿看图发现春天的变化。

（1）教师邀请幼儿作为小小观察者，一起寻找春日风光图中的小秘密。

——你发现了什么小秘密？和我们分享一下吧。

> **可能开展的低结构活动：欣赏**
> 师幼一起在园内收集素材。幼儿创作春日风光图，在互相欣赏中，不断发现春天景物的变化，感受春天美好的景色。

（2）幼儿听故事《村居》（教师将古诗转换成故事），发现关键诗句。

——故事里的小朋友在干什么？为什么要放风筝？

（3）幼儿初次欣赏古诗《村居》，寻找与图片对应的诗句。

——教师朗诵诗歌，逐幅出示图片。

——古诗讲了什么？请你从图片中找一找。

2. 教师播放音乐，呈现诗歌图片，引导幼儿感受古诗描绘的春天的美好场景。

（1）幼儿观察图片，再次欣赏古诗，根据不同的图片讨论古诗表述的春景。

（2）幼儿根据线索创编相应动作，通过与同伴"镜面"模仿互动来理解古诗的内容。

——你可以用什么动作来表现这句古诗？

（3）幼儿寻找古诗中有趣的春日活动——放风筝，讨论放风筝的有趣画面。

——春天除了放风筝，还可以去做什么游戏呢？

3. 成为小小画师，绘制心中的《村居》。

（1）抓住古诗中有关春景的描述，了解"二月""归来""纸鸢"等词语的

> **可能开展的低结构活动：探玩**
> 教师借助可呈现诗歌的图片、视频等，帮助幼儿归纳、梳理、表达对春天的理解和探索。

含义。

（2）教师播放音乐，幼儿化身小画师，通过绘画表现古诗中春景的变化。

4.师幼共同走入幼儿园的户外环境，一同寻找春日里大自然的不同景色。

——春天的大自然还会有哪些变化呢？小朋友们在春天还会有哪些活动呢？

> **活动资源**
>
> 教师提供《村居》相关图片，幼儿欣赏、熟悉诗歌内容，进一步理解《村居》的意境。

春天的宝贝

活动领域 科学、健康

活动目标

1.喜欢大自然，愿意与同伴分享在春天里的发现。

2.收集春日宝贝，在活动中体验寻找春天的快乐。

活动年龄 3.5岁至5岁。

> 活动准备

1. 用卡纸制作的"小相机"、篮子、记号笔。
2. 学过歌曲《春天在哪里》。

> 活动过程

1. 回忆歌曲《春天在哪里》，回顾春天的美好。

（1）幼儿在歌曲中"寻找"春天。

——你们知道春天在哪里吗？春天里有些什么？

——春天藏着许多宝贝，我们一起去幼儿园里找一找。

（2）幼儿在幼儿园里寻找春天的宝贝。

——老师捡到一朵紫色的小花，把它压成书签，留存下来。

——你们想去幼儿园里找找春天的宝贝吗？

2. 寻找幼儿园里春天的宝贝，感受大自然的魅力。

（1）寻宝前的准备：教师介绍寻宝用的工具，如用卡纸制作的"小相机"、篮子等。

——你们准备用什么工具寻找春天？如何使用这些工具找春天？

（2）幼儿四散寻找春天，用工具收集春天里的小花、小草、虫子等宝贝。

——你在大自然里看到了什么？听到了什么？闻到了什么？

——我们怎样将这些找到的宝贝保存下来呢？

3. 分享、交流话题"带回来的春日宝贝"，集体讨论春天的美好。

（1）幼儿将自己收集的春日宝贝带回教室，相互分享自己寻找的春日

可能开展的低结构活动：创作

教师提供多种材料，供幼儿自主选择进行创作，如：可以利用透明玻璃瓶将发现的景物保存下来，也可以在本子上用透明胶粘贴花花草草，将它们摆出有趣的造型。

可能开展的低结构活动：展示

感兴趣的幼儿可以在小区或周边的公园里继续寻找春天里的宝贝，并和家人分享、展示。

宝贝。

（2）教师：春天非常美好却十分短暂，我们应该珍惜、爱护春天里的宝贝。

> **活动资源**
>
> 教师提供部分春天景物的展示形式，幼儿也可以采用其他形式记录幼儿园里美好的春日景物。

小水滴变变变

活动领域 科学、语言

活动目标

1. 了解雨是由水分蒸发后遇冷凝结而成的。
2. 能积极参与实验，通过观察、对比得出实验结果并记录。
3. 喜欢参与科学探究，愿意与他人分享自己的发现。

活动年龄 5岁至6.5岁。

活动准备

1.《小水滴旅行记》故事图片、PPT。

2."雨的形成"视频、小雨滴贴纸、毛巾、记录纸、两个相同的玻璃杯、装有热水的保温杯、不同材质的盖板、记号笔。

> **活动过程**

1. 会变身的小水滴。

（1）教师呈现故事图片，讲述故事《小水滴旅行记》，激发幼儿对小水滴的兴趣。

——小水滴去哪里旅行了？

——为什么小水滴会变成水蒸气？

（2）师幼共读绘本，了解水的不同形态，初步理解水滴变形的过程。

——我们看看图片中的小水滴是如何变化的。

2. 变身水蒸气。

（1）将小水滴倒入两个相同的玻璃杯里。

——我们把小水滴倒入有热水的玻璃杯里，看看会发生什么有趣的事。

> **可能开展的低结构活动：探玩**
>
> 师幼共同收集可将水滴变水蒸气的材料，如玻璃瓶、滴管、玻璃球等。教师鼓励幼儿边收集材料边探索，寻找水滴变身水蒸气的原因。

（2）把观察到的现象用记号笔画下来。

——小水滴说："当我感觉很热时，就会变成水蒸气。你们猜对了吗？"（教师引导幼儿将结果记录在小水滴贴纸上。）

3. 变身小雨滴。

（1）继续探索：水蒸气遇到不同材质的盖板时会变成什么样？

——水蒸气遇到不同的盖板会发生什么变化？

——请你仔细观察，并记录下来。

（2）根据记录纸说说自己小组的发现。

4. 探讨雨的形成。

——我们一起观看"雨的形成"视频，请你简单说说雨是如何形成的，怎样从天空中落下来。

> **可能开展的低结构活动：实验**
>
> 幼儿观看"雨的形成"视频，师幼共同收集雨形成实验的内容和材料，幼儿陆续到活动区进行探索，根据实际操作结果，尝试说说雨形成的原因。

> 活动资源

教师提供自主绘制的图片"小水滴变变变",供幼儿阅读、理解。

毛毛虫变蝴蝶

> 活动领域 艺术、语言

> 活动目标

1. 倾听音乐,感受音乐速度的快慢,初步了解毛毛虫变蝴蝶的故事。
2. 根据音乐旋律,将音乐与故事结合,尝试用肢体动作来表现。

> 活动年龄 3.5岁至5岁。

> 活动准备

1.《毛毛虫变蝴蝶》的故事图谱、文本。
2. 音乐《毛毛虫变蝴蝶》。

活动过程

1. 教师讲述故事《毛毛虫变蝴蝶》，激发幼儿的好奇心。

（1）教师讲述故事《毛毛虫变蝴蝶》并提问。

——故事中的毛毛虫是如何往前走的？它为什么要吃很多叶子呢？

——毛毛虫变成蛹后又发生了什么？

> **可能开展的低结构活动：参观**
>
> 幼儿在周末和家长一起阅读或参观自然博物馆，在亲子互动中观察、发现蝴蝶的变化过程，积累相关经验。

（2）幼儿初次欣赏音乐，跟着故事《毛毛虫变蝴蝶》的录音感受音速的快慢。

——你发现哪段音乐比较快，哪段音乐比较慢？

——音乐慢代表"毛毛虫"，音乐快代表"蝴蝶"，为什么？

——中间还有像"滑滑梯"一样的音乐，你认为毛毛虫发生了什么变化？

2. 教师呈现《毛毛虫变蝴蝶》故事图谱，引导幼儿感受音乐的变化。

（1）毛毛虫慢慢爬。（幼儿用右手指尖"一伸一缩"沿着左手手臂爬上"枝芽"，尝试用手指动作表现毛毛虫的蠕动。）

（2）毛毛虫慢慢长大，努力从蛹里钻出来。（幼儿双臂贴着双耳表现毛毛虫变蛹的过程，再到双臂打开、左右舞动"变成"飞舞的蝴蝶。）

（3）幼儿展开手臂模仿蝴蝶在树林中快乐地飞舞，结伴做动作，表现快乐的情绪。

（4）教师呈现音乐图谱。

3. 幼儿化身"毛毛虫"，跟随音乐体验蝴蝶的生长变化。

（1）教师与幼儿在小树林里完整倾听音乐，化身"毛毛虫"，跟着

> **可能开展的低结构活动：参观**
>
> 教师选取晨间入园、离园等多个时段带幼儿进入花园参观，也可在春日雨后或晴天等不同天气组织参观，让幼儿感受花丛中蝴蝶的不同姿态。

音乐大胆用动作完整地表现毛毛虫变蝴蝶的生长过程。

（2）幼儿和教师在小舞台上寻找合适的道具，装扮自己，再次表演。

> **活动资源**
>
> 教师提供图谱，供幼儿直观感受、熟悉音乐的变化。

波点小花

活动领域 艺术、语言

活动目标

1. 欣赏草间弥生的作品，认识波点和网状的表现方式。

2. 鼓励幼儿大胆用捏、搓、揉等方式将超轻黏土混合搭配，发现色彩的变化。

3. 呈现各种花卉作品，在分享中体验陶泥创作的乐趣。

活动年龄 5岁至6.5岁。

活动准备

1. 各色超轻黏土、擀面杖、垫板、压泥板、镊子、筐、若干真实的花卉图片。

2.草间弥生的作品范例。

> **活动过程**

1.欣赏草间弥生的作品《花》，了解其作品特点。

（1）欣赏不同的草间弥生的作品《花》，寻找作品的共同点。

——你们看到的这些作品图案是由什么组成的？

——这些花有没有相同的特点？

（2）将草间弥生的作品图案与实物对比，寻找两者的不同之处与相同之处。

——观察作品图案和真实花朵的差异。

——这些作品图案和真实的花朵有什么不同？哪里不同？（花的颜色都很鲜艳，花朵上布满了许多圆点。）

2.观察图片中花朵的外形结构，了解黏土材料。

（1）观察花朵的特征，讨论借助黏土表现的方式。

——我们尝试用各色黏土变出美丽的"花朵"。（教师引导幼儿观察发现：花蕊、花瓣、花枝是不同的颜色，每一朵花都是独一无二的。）

（2）了解黏土制作的工具，知道压泥板、擀面杖、垫板、镊子的作用。

（3）分组探索制作的方式，合作设计花蕊、花瓣并进行拼搭组合。

——观察花瓣的轮廓和形状，大胆用不同黏土组合并捏成圆形花蕊和扇形花瓣。

3.运用波点装饰黏土花朵，感受春日的艺术魅力。

（1）分组运用波点对拼搭组合的

> **可能开展的低结构活动：欣赏**
>
> 幼儿欣赏草间弥生的各类作品，自由选择纸张、黏土、画笔等材料尝试绘画、制作、粘贴，并分享制作方法，说说是如何做出波点花的。

> **可能开展的低结构活动：展示**
>
> 教师陆续将幼儿在活动中呈现的作品布置成展览，供幼儿欣赏，或作为美术添画、语言讲述的内容。

花朵进行装饰、美化。

（2）小组分享作品，并将制作完成的"波点小花"布置在班级的角落。

> **活动资源**
>
> 教师提供部分草间弥生的作品，幼儿欣赏、了解波点艺术。

明日去春游

活动领域 社会、语言

活动目标

1. 知道春游时需要准备的物品以及它们的作用。
2. 模拟春游，了解可能发生的危险情况的解决方法，树立自我保护意识。

活动年龄 3.5岁至5岁。

活动准备

1. 提前在教室内布置好春游场景（教师可用课件或立体背景图、地毯等创设场景）。
2. 春游时需要准备的物品的简笔画图片，纸、笔若干。
3. 贴着电话号码标签的小玩偶娃娃。

> 活动过程

1.教师模拟春游情境，激发幼儿的兴趣。

（1）模拟坐汽车去春游的场景。

——旅游大巴开来了，带着我们去春游。用什么办法可以安全又快速地上车呢？

> **可能开展的低结构活动：阅读**
> 教师收集有关"春游"的绘本或动画小视频，在活动区域展示，使幼儿逐步积累和春游有关的经验。

（2）说说春游时看到的独特景色。

——幼儿在搭建好的春游场境中选几处标志性的场景，走走、看看、说说。

2.教师提供春游所需的物品的简笔画，幼儿了解各物品的作用。

（1）通过情境设置，幼儿观察图片，寻找需要用到的物品。

——吃完东西，产生了一大堆垃圾／小嘴、小手黏黏的，怎么办？

（2）教师模仿玩偶娃娃哭的样子，幼儿讨论走丢之后的正确处理方法。

——小娃娃不小心走丢了，她该怎么办呢？

（3）教师模拟玩偶娃娃走在河边的情景，讨论和同伴玩耍的正确方法。

——小娃娃特别想和小伙伴们在河边玩耍，这样有危险吗？应该怎么做呢？

（4）教师模拟玩偶娃娃采摘花朵的情景，讨论爱护公物的正确办法。

——小娃娃看到身边的小花真好看，想摘一朵，对吗？如何爱护环境和公物？

3.春游结束，幼儿整理物品回幼儿园。

——你们整理好小书包了吗？一起拍照留念吧。春游结束了，嘀嘀嘀——汽车开回幼儿园喽！

> **可能开展的低结构活动：调查**
> 教师鼓励幼儿通过不同的途径体验"春游"，如周末郊游、春季旅游，将游玩计划做成调查表并记录。

活动资源

教师提供幼儿春游可能需要的物品的图片，让幼儿了解各类物品的作用。

春天藏在哪

活动领域 社会、语言

活动目标

1. 用自己喜欢的方式主动记录所发现的春天的秘密。
2. 喜爱在集体面前分享自己找到的春天景物，能大胆进行描述、展示。

活动年龄 5岁至6.5岁。

活动准备

1. 幼儿自行准备"存放"春天的容器，如透明的盒子、瓶子、袋子等。

2. 活动记录表、记号笔。

3. 前期幼儿有与家长出门踏青的经验。

活动过程

1. 教师引出话题"我们的春天"，激发幼儿对春景的好奇。

（1）师幼谈话，引出寻春的话题。

——小朋友们，春天来了，你们和家人一起出去玩了吗？发现了什么？

（2）教师发放春日线索表，幼儿选取自己喜欢的容器。

——春天在幼儿园里藏起了小秘密，请你们根据调查表上提供的线索，把你们找到的春天的小秘密用自己喜欢的方式"存放"起来。

（3）教师带领幼儿熟悉线索表，了解这次寻春行动的具体步骤。

——春天到了，我们先按照线索寻找可以藏春天的秘密的地方，并用笔圈出来。

2. 幼儿分小组行动，寻找幼儿园里的春天。

（1）幼儿圈出线索，分组寻找幼儿园里可能藏着的春天的秘密。

（2）幼儿将发现的春天的秘密记录下来，收集春天里的事物。

> **可能开展的低结构活动：探玩**
>
> 活动中，教师或家长可以结合大自然中的事物开展相关的游戏活动或亲子游戏，如"春日迷宫""春日宝藏"等。

3. 教师鼓励幼儿将收集的事物及时装入自己所带的容器内。

——大家找到了嫩绿的树叶、盛开的鲜花等，请你们分享自己收集的"春日秘密"。

4. 幼儿进行交流、分享，丰富经验。

（1）教师引导幼儿说说用什么方式、在哪儿找到了"春天"，发现了春天幼儿园里事物的哪些变化。

> **可能开展的低结构活动：探玩**
> 家长利用双休日或节假日带幼儿走进公园、小区，收集、欣赏各种各样的春日景物，感受春日的天气和景物丰富多彩的变化。

（2）教师和幼儿将寻找到的"春天"放在活动室，幼儿相互欣赏和讨论。

活动资源

教师为幼儿提供部分图片作参考，让幼儿了解装春天"秘密"的多种形式，也可提供手册或小手作供幼儿分享。

小花匠

活动领域 健康、科学

活动目标

1. 观察向日葵的生长变化，了解向日葵的生长过程。

2.愿意尝试种植、养护向日葵等植物,体验劳动的乐趣。

 活动年龄 3.5岁至5岁。

 活动准备

1.向日葵的种子、铲子、水壶。

2.向日葵生长过程的图片。

 活动过程

1.猜谜,认识生活中的向日葵。

(1)幼儿初步了解向日葵。

——身体长又长,开花黄又黄,脸蛋像太阳,籽儿香又香(谜底:向日葵)。

(2)教师出示向日葵发芽生长的照片,幼儿说一说向日葵的外形。

——请你们把这些照片排排序,说说向日葵是怎么长大的。

2.观察图片,初步发现、了解不同的向日葵。

(1)幼儿发现不同的向日葵。

——观察图片,你发现这些向日葵都一样吗?

可能开展的低结构活动:种植

在活动过程中,教师可以和幼儿聊聊:向日葵应该怎样养护?什么时候浇水?向日葵在不同的阶段有什么变化?……

——请你来给这些向日葵取个有趣的名字吧。

(2)幼儿选择喜欢的种子,去园所"农场"种植。

3.种植向日葵,期待种子的发芽。

(1)幼儿分组,准备种植工具。

可能开展的低结构活动:劳动

在劳动过程中,教师鼓励幼儿一起动手,如给向日葵安装小木桩,制作一些日常养护的小标志,等等。必要时给予幼儿帮助。

——刚才大家选择了自己喜欢的种子,现在我们把种子种在地里,让它快点发芽开花吧。

——大家一起看看保安叔叔是怎么种向日葵的。

（2）幼儿现场播种，教师个别指导。

——先用铲子松土，再播撒种子。

——每名幼儿为种植好的向日葵制作一块小标牌。

（3）幼儿和教师每周一起照护向日葵。

——经常观察、浇水，记录向日葵的生长变化。

活动资源

教师提供"向日葵成长记"的图片，帮助幼儿直观了解向日葵的生长过程。

树朋友，你好

活动领域 健康、社会

活动目标

1. 敢于与大树进行多种互动，发展身体的协调性、灵活性等素质。

2.在与同伴一起探索和大树的玩法中,体验游戏的快乐。

活动年龄 5岁至6.5岁。

活动准备

1.找一块较为平坦的场地。

2.制作好的小树桩。

活动过程

1.和树打招呼,进行热身活动。

(1)我是一棵大树,和树朋友打招呼。

——春天到了,我们去看看哪些树发出了新芽,和树朋友打个招呼吧!

(2)全身律动,和大树打招呼。

——模仿大树的枝丫(伸展运动),模仿大树的树根(压腿运动);和大树打招呼(踮脚,活动脚腕、手腕);拥抱大树(扩胸运动)。

2.和大树一起玩,合作探索玩法。

> **可能开展的低结构活动:探玩**
>
> 在探索过程中,幼儿可进行个别或小组交流:用什么方式玩?在此过程中如何和小伙伴互动?教师鼓励幼儿大胆表述自己的探索过程和发现。

(1)幼儿结伴自由探索和树互动的多种方式。

——树是我们的好朋友,邀请我们一起玩耍,可以怎么玩?

(2)游戏一:定点往返跑(幼儿从一棵树跑到另外一棵树)。

(3)游戏二:我来找大树(幼儿围成大圈,听音乐顺时针走,音乐停止,每个人迅速寻找身边的树桩坐下)。

(4)游戏三:我和大树做朋友(幼儿听音乐,在范围内自由地走。音乐停止,每个人快速找到"大树朋友"互动抱一抱或拍一拍等)。

(5)幼儿分享互动的新方式,拓展经验。

3.听一听大树的声音,进行放松活动。

——走钢丝:幼儿寻找树枝,用树枝沿着树桩铺成"小路",幼儿沿着"小路"往前走。

——(播放音乐)大树也很高兴,你们听,风和大树在跟你们打招呼。

> **可能开展的低结构活动:探玩**
>
> 师幼一起玩关于"树"的自创小游戏,如"我和小树捉迷藏""树的抱抱"等,教师鼓励幼儿展示或介绍关于"树"的自创游戏。

活动资源

教师提供游戏场地示意图,还可根据场地实际情况进行布置。

游戏一:往返跑　　　　　游戏二:找树朋友

创客小玩家

瓶子摇一摇，变小猪；
花布裁一裁，变衣裳；
白纸折一折，变拱桥；
还有更多的奇思妙想，
我们都是创客小玩家。

——上上、小橙子

主题说明

"爱玩"是孩子们的天性，能激发孩子们的无限创意。孩子们在"玩"的过程中不断生发奇思妙想。在"创客小玩家"主题背景下，孩子们利用身边常见的瓶瓶罐罐、不同材质的纸、花花绿绿的布等，开展"光影探玩""瓶子喷水""瓶子滚滚乐"等发现探究类游戏化工作，动手设计、制作"瓶子乐器""布偶玩具"，化身"扎染师""造纸师"，在天马行空的想象中"玩"出无限的创意。孩子们借助多种感官，在玩中发现事物的"秘密"，与生活中各种各样的材料互动、游戏，体会存在于身边的科学之美、科学之趣。

环境创设

互动墙

在"创客小玩家"主题环境创设中,围绕"瓶瓶罐罐""瓶罐大变身""走进纸王国""我和纸做朋友""布的故事"等话题展开学习与讨论,并创设互动墙。

◆ 可能引发的学习

瓶瓶罐罐

关键词:调查、劳动

教师鼓励幼儿收集生活中各种各样的瓶罐,通过调查发现它们在材质、造型与功能上的异同。关注幼儿日常使用不同瓶罐的方法,开展清洁瓶罐的劳动。

瓶罐大变身

关键词:制作、创作、展示

教师从"瓶罐变变变"活动入手,聚焦变废为宝,使幼儿体验动手改造瓶罐的乐趣,设计、制作瓶罐乐器,举办一场瓶罐演奏会。幼儿利用瓶罐开展艺术创作,感知生活中的艺术美。

走进纸王国

关键词:调查、实验

纸在幼儿的生活中扮演着不同的角色,如图画纸、餐巾纸、报纸等。幼儿通过调查生活中的各种纸,发现纸的多样性和可变性,知道纸有不同用途,在实验中感知纸能吸水、有张力等多种特性。

我和纸做朋友

关键词:欣赏、创作、展示

幼儿欣赏用各种纸创作出的艺术作品,尝试通过染、撕、画、折、剪、揉等方法,根据纸的不同特性进行创造性的艺术表达,能运用各种彩纸,随音乐创编动作并展示。

布的故事

关键词:调查、制作、创作、展示

幼儿寻找生活中的布,调查布从哪里来,欣赏各种各样的布制品,在观察、对比中感知布的不同特性,尝试用不同种类的布进行艺术创作,开展"百变大咖"艺术展。

◆ 参考图

展示区

在"创客小玩家"主题实施中,在活动室、门厅、走廊等地方悬挂、摆放幼儿制作的与瓶罐、布、纸有关的艺术作品,引导幼儿发现生活中随处可见的材料都能作为创客活动的素材,满足幼儿进行不同形式表达、表现活动的需要(见表7)。

表7　展示区创设列表

地点	展示内容
活动室	1. 幼儿画一画各种"莫兰迪色的瓶子",利用多元材料组合布置墙面。 2. 幼儿动手改造各种瓶罐,将其变废为宝,创设小景,体会共享的乐趣。
门厅	1. 幼儿在画框上制作布艺粘贴画,用小标签简单记录、展示布的故事。 2. 幼儿运用各种布装饰瓶罐,萌发创造力和想象力。
走廊	1. 幼儿制作各种布偶小人,装饰一周计划等展示板。 2. 师幼合作制作纸艺场景,如雨天的幼儿园、花的世界等。

❖ 参考图

家园共育

亲子共读

❖《马蒂斯的剪刀》

本书是一本人物传记绘本，讲述的是艺术大师马蒂斯的故事。孩子们在书中可以欣赏各种有趣的纸质作品，感受艺术的神奇，也可以从中感受到马蒂斯对艺术的热爱与坚持。在亲子共读过程中，家长可跟随情节发展，与孩子一同了解马蒂斯的生平，讨论绘本中的作品，引导幼儿说一说它像什么、想表达什么、喜欢哪件作品等。阅读后家长可与幼儿用粘贴的方式，感受马蒂斯作品中的"色与形"之美。

还可借阅《记忆的饼子》《纸娃娃》《布瓜的世界》《奶奶的布头记》等图书。

亲子游戏

◆ 巧玩报纸

目的：锻炼下肢肌肉力量和平衡能力。

材料：废旧报纸若干。

玩法一：孩子和家长将报纸一张张打开，平铺在地面上。孩子与家长玩"剪刀、石头、布"，赢的一方双脚并拢跳到报纸上。哪一方先将地面的报纸全部跳过一遍，哪一方获胜。

玩法二：孩子和家长将地面上的报纸平铺成两列。口令响起后，孩子和家长双脚或单脚向前跳，最先达到终点处的一方获胜。

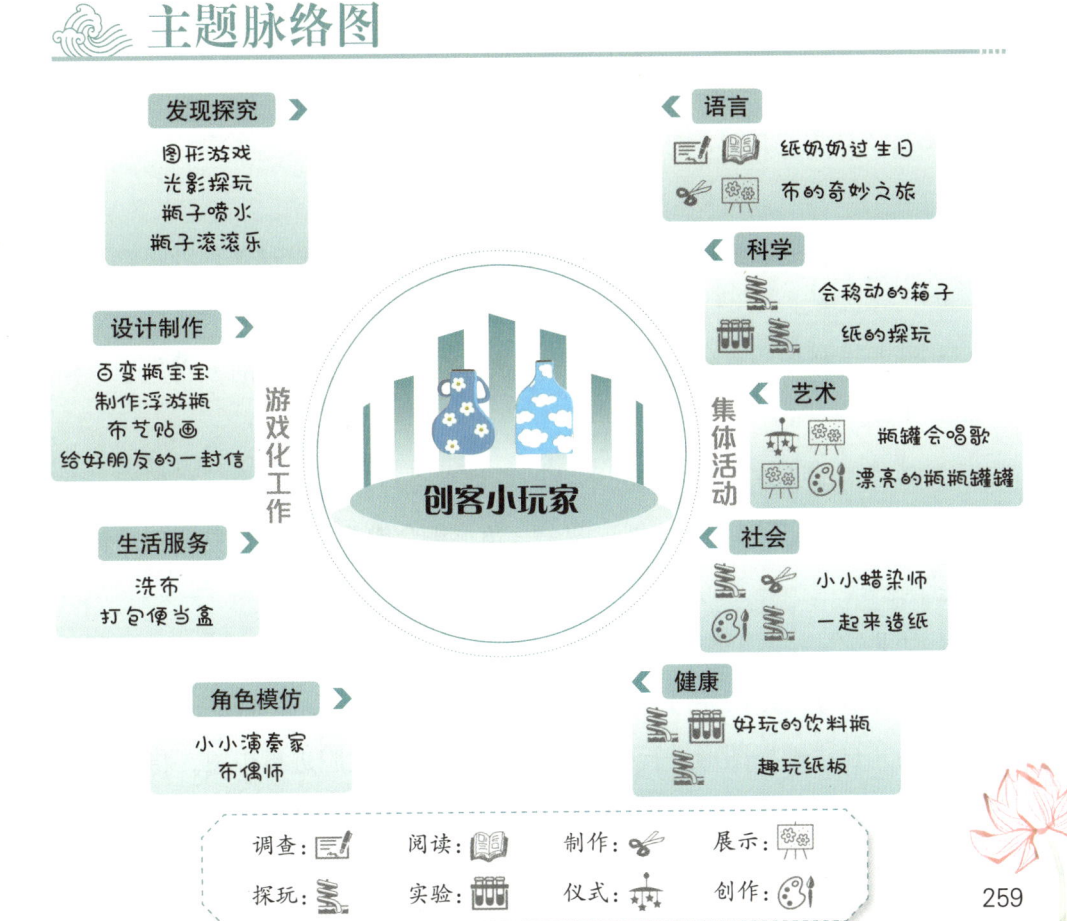

主题脉络图

发现探究
- 图形游戏
- 光影探玩
- 瓶子喷水
- 瓶子滚滚乐

设计制作
- 百变瓶宝宝
- 制作浮游瓶
- 布艺贴画
- 给好朋友的一封信

生活服务
- 洗布
- 打包便当盒

角色模仿
- 小小演奏家
- 布偶师

游戏化工作

创客小玩家

语言
- 纸奶奶过生日
- 布的奇妙之旅

科学
- 会移动的箱子
- 纸的探玩

艺术
- 瓶罐会唱歌
- 漂亮的瓶瓶罐罐

集体活动

社会
- 小小蜡染师
- 一起来造纸

健康
- 好玩的饮料瓶
- 趣玩纸板

调查　阅读　制作　展示
探玩　实验　仪式　创作

游戏化工作

发现探究：图形游戏

准备 白色毛毯1块、光影盘1个、托盘1个、多种形状的玻璃纸若干。

目标

1. 初步体验光影世界，感受光的折射下物体颜色的变化。
2. 知道圆形、长方形、三角形、正方形等图形，并尝试用图形创意组合成多种图案。

年龄 3.5岁至4岁。

预备 认识三角形、圆形、长方形等基本图形。

过程

1. 幼儿拿取玻璃纸进行观察与触摸，教师提问："你见过这种纸吗？请你看一看、摸一摸。"

2. 幼儿向教师分享纸张的质地与形状，如它摸上去滑滑的，它是个三角形等。

3. 教师请幼儿拿取两张相同形状的玻璃纸进行组合："两个三角形组合在一起，变成了什么形状？你能把这两个三角形组合成不一样的形状吗？请你试一试。"

4. 幼儿尝试将两个相同的三角形组合成不同的图案。

5. 教师引导幼儿："还可以选择不同的形状进行组合，你来试一试吧。"

6. 幼儿自主选择图形进行摆放。教师鼓励幼儿大胆进行想象，将更多的玻璃纸图形组合成全新的图案。

注意

"无边界"的猜想：幼儿有好奇心，探索用相同形状或不同形状组合成新图案。

"反复"的试错：幼儿能用不同形状反复进行组合，了解形状之间的秘密，如三角形可以组合成四边形、五边形。

链接

日常生活：幼儿尝试制作不同形状的光影玻璃纸和光影画。

延伸工作：教师可针对4岁至4.5岁幼儿提供透明垫板，让幼儿感知两个图形在透明垫板上完全重叠后变成的新图案。

相关活动：可能引发的学习活动有"各种各样的纸""神秘的影子"等。

发现探究：光影探玩

准备 白布1块、玻璃瓶2个、手电筒1个、托盘1个、不同颜色的玻璃纸若干。

目标

1. 在探究中初步感知玻璃纸具有透光性，感受颜色的渐变。

2. 发现能用不同颜色的玻璃纸照射出不同颜色的光。

年龄 4.5岁至5岁。

预备 了解玻璃纸的特性，玩过变色游戏。

过程

1. 教师拿出手电筒，玩光影游戏，引发幼儿的兴趣："你们看，白布上发生了什么变化？""为什么白布会变得这么漂亮？"幼儿将猜测的结果与教师进行交流。

2. 幼儿在教师的引导下将白布掸平整，选择自己喜欢的玻璃纸放入玻璃瓶中，打开手电筒，欣赏光照在白布上白布颜色的变化。

3. 教师引导幼儿选择两片或多片不同颜色的玻璃纸，将其放入瓶中："请你看一看，这几片玻璃纸的颜色融合之后是怎样的呢？"幼儿观察玻璃纸颜色的变化，并将结果记录在表单上。

4. 教师引导幼儿选择同系列的颜色："你这次可以试试将深红、粉红、暗红色融合，看看又有什么不一样的效果。"幼儿操作并观察、感受渐变色的美。

5. 幼儿自主探索光影游戏，并按自己喜欢的方式将结果记录在便签纸上。

注意

"无边界"的猜想：幼儿猜想不同颜色的玻璃纸组合后的颜色。

"反复"的试错：幼儿能用不同颜色的玻璃纸反复玩变色游戏，了解颜色融合后的秘密。

链接

日常生活：幼儿探究舞台上演员的裙子变色的原因，尝试制作彩灯。

延伸工作：教师可针对5岁至5.5岁幼儿引导其利用彩色玻璃纸制作角色插片，利用光与影的关系，鼓励幼儿进行创编与表达。

相关活动：可能引发的学习活动有"玩玻璃纸""寻找影子"等。

发现探究：瓶子喷水

准备 水、水盆1个、水瓶（瓶壁上有小洞）1个、瓶盖1只、纸巾1张、纱布1块、小袋子1个。

目标

1. 发现有小孔的瓶子喷水或不喷水的有趣现象。

2. 感知气压在日常生活中的作用。

年龄 4.5岁至5岁。

预备 前期了解过水位的高低与水柱喷射远近的关系。

过程

1. 教师提出疑问："你见过会喷水的瓶子吗？"教师提供瓶子和水，请幼儿自由探索。

2. 幼儿慢慢将瓶子装满水，观察水从瓶壁上的小洞喷出。教师问："水从哪个洞喷出来喷得最远？为什么？"（当瓶子里的水慢慢变少时，幼儿发现水喷不出来了。）

3. 幼儿尝试往瓶子里吹气，发现水又从洞里喷出来了。教师问："吹气的力气大小和喷水远近有什么关系？"

4. 幼儿重新将瓶子装满水，大胆猜测："有什么办法能让瓶子不喷水？"

5. 幼儿分别尝试：将瓶盖拧紧；用塑料纸盖住瓶口；用纱布盖住瓶口；等等。

6. 幼儿将瓶子喷水的现象与分析记录在纸上，并与同伴分享。

注意

"无边界"的猜想：幼儿依据生活经验与想象大胆猜测瓶子能否喷水。

"打破砂锅问到底"的质疑：幼儿根据猜想提出让瓶子不喷水的方法。

"反复"的试错：幼儿对自己的猜测进行反复验证，探索瓶子喷水或不喷水的秘密。

链接

日常生活：幼儿寻找生活中利用气压原理发挥作用的物品，如洗手液、打气筒等。

延伸工作：教师可以针对5岁至5.5岁幼儿提供小锥子，让幼儿制作会喷水的瓶子。

相关活动：可能引发的学习活动有"瓶子吹气球""制作漂流瓶"等。

发现探究：瓶子滚滚乐

准备　同样大小、形状的瓶子6个（装有不同水量的水的瓶子2个、空瓶子4个），不同坡度的板子2块（搓衣板、光滑木板），黄豆、大米、彩珠、弹珠各若干，记录纸。

目标

1. 探索瓶子滚动的速度与材料、瓶子的重量、斜坡的角度等之间的关系。
2. 尝试学习记录，大胆交流实验结果，愿与同伴体验探究的乐趣。

年龄　5.5岁至6岁。

预备　在生活中曾体验过或发现物体的滚动。

过程

1. 教师引导幼儿将瓶子放在地面上滚动："哪个瓶子'跑'得更快、更

远？""为什么我的瓶子'跑'得更快、更远呢？"幼儿大胆猜测。

2.幼儿尝试在瓶子内放置不同的材料，让瓶子"跑"得更快、更远。

3.幼儿尝试滚动不同水量的瓶子，比比哪个瓶子"跑"得更快、更远。

4.幼儿取空瓶子，自主选择黄豆或大米，分别将其装入瓶子，比比哪个瓶子"跑"得更快、更远。

5.幼儿选取同样的瓶子，尝试将瓶子在不同坡度的板子上滚动，比一比哪个瓶子"跑"得更快、更远。

6.幼儿将每一次探索结果与教师进行分享。教师鼓励幼儿："不同的材料、瓶子的重量、斜坡的角度，都能让瓶子滚动有不同的效果，你可以找小伙伴继续进行发现与探索。"

注意

"无边界"的猜想：幼儿大胆猜测瓶子里装的是什么、装多少，将不同坡度的板子如何放置，瓶子才会滚得更远、更快。

"反复"的试错：幼儿对猜想反复进行验证，探索瓶子滚动的速度与瓶子质量、物品材质等因素之间的关系。

链接

日常生活：幼儿寻找身边会滚动的物品，继续探索滚动的秘密。

延伸工作：教师可针对5.5岁至6岁幼儿提供测量工具，让幼儿尝试测量瓶子滚动的距离。

相关活动：可能引发的学习活动有"怎样滑不倒""瓶罐来运动"等。

设计制作：百变瓶宝宝

准备 托盘1个、画笔若干、小块布料若干、双面胶1卷。

目标

1. 尝试用布对瓶子进行改造，发展动手能力。

2. 感知瓶子"变身"的乐趣，萌发创造力和想象力。

年龄 3.5岁至4岁。

预备 学习使用过双面胶。

过程

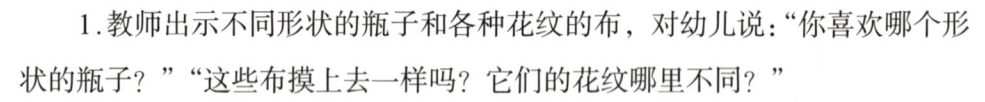

1. 教师出示不同形状的瓶子和各种花纹的布，对幼儿说："你喜欢哪个形状的瓶子？""这些布摸上去一样吗？它们的花纹哪里不同？"

2. 教师请幼儿挑选自己喜欢的瓶子，引导幼儿："我们要用这些布把瓶子变得很漂亮。"

3. 幼儿在教师的引导下将双面胶剪成一段一段，然后一圈一圈地围在瓶身上。

4. 幼儿从托盘里挑选自己喜欢的布，先将布从瓶子底部开始往上粘贴，一直粘到瓶口处。

5. 师幼一起欣赏，教师引导幼儿观察是否需要对布的空隙处进行修补。

6. 幼儿挑选大小合适的布，用双面胶将布固定在缝隙处。

7. 幼儿再次欣赏，并与同伴分享作品。

注意

"多通道"的感知：幼儿在选择布料时，可通过触觉、视觉来感受布的质

地特征。

"独一无二"的设计：多样化的瓶子和布料，让幼儿在制作时有更多的选择与呈现方式。

链接

日常生活：幼儿尝试在生活中将更多的物品"变废为宝"，用来美化教室、幼儿园等。

延伸工作：教师可针对4岁至4.5岁幼儿提供大块的布，引导幼儿将布剪成不同形状；也可针对4.5岁至5岁幼儿提供针线，引导幼儿将珠子、亮片等缝制在布上进行装饰。

相关活动：可能引发的学习活动有"瓶子线描画""瓶子的用途"等。

设计制作：制作浮游瓶

准备 各种各样的瓶子若干，树叶、干花各若干（作为填充材料），画笔若干，食用油若干，丝带若干，油1瓶。

目标

1. 了解浮游瓶的制作方法，能运用多种材料制作浮游瓶。

2. 发挥想象，感受浮游瓶的美。

年龄 4.5岁至5岁。

预备 幼儿掌握绑蝴蝶结的方法。

过程

1. 教师展示制作好的浮游瓶，请幼儿欣赏："你喜欢这些瓶子吗？里面有

什么？"幼儿大胆表达自己的感受。

2.教师引导幼儿："你也可以做个这么漂亮的瓶子。"幼儿从托盘中选择自己喜欢的瓶子。

3.幼儿在教师的引导下观察树叶、干花等材料，并说一说它们的样子。

4.幼儿自主挑选树叶与干花，确定植物类主题的创作内容。

5.幼儿根据自己的喜好将自选材料修剪后逐一放入瓶中，随后倒入食用油，塞好瓶塞，放置在一旁。

6.幼儿选择丝带，将其绑在瓶口上。

7.幼儿将瓶子放在小展台上，美化班级环境。

注意

"多通道"的感知：教师提供多样化材料，引导幼儿从颜色、形状、大小、气味等方面进行感知。

"独一无二"的设计：幼儿凭借自己的想象选择装饰物，制作自己专属的浮游瓶。

链接

日常生活：幼儿收集花草、枝叶等自然物，将其存放在浮游瓶里，将浮游瓶作品布置在班级环境内。

延伸工作：教师可针对4.5岁至5岁幼儿提供精油和扩香棒，供幼儿制作浮游花香薰；也可针对5岁至5.5岁幼儿提供牛皮纸等材料，供幼儿制作包装盒、设计品牌标志。

相关活动：可能引发的学习活动有"漂亮的瓶罐""有趣的水分层"等。

设计制作：布艺贴画

准备 托盘1个、剪刀1把、画板1个、彩色笔1盒、白乳胶1支、黑色勾线笔1支、纽扣若干、各色花布若干。

目标

1. 了解不同种类的布。

2. 能用剪、贴、画等方法创作布艺画。

年龄 4.5岁至5岁。

预备 幼儿做过布艺花瓶的工作。

过程

1. 教师出示材料："我们用布装饰过漂亮的花瓶，今天我们要用布来装饰画框，你想怎么装饰？"

2. 幼儿选择不同颜色、不同材质的布，根据想象用剪刀剪出自己想要的形状或图案。

4. 幼儿挤适量的白乳胶，将其涂抹在布块上，将布块组合粘贴在画框上。

5. 幼儿自主拼贴，完成后用勾线笔在布块上进行添画，根据自己的想法完善作品。

6. 幼儿整理好材料，与同伴分享自己的作品。

注意

"多通道"的感知：幼儿在选择布料时，可通过触觉、视觉来感受布的质地特征。

"独一无二"的设计：幼儿根据喜好进行创作，可关注碎布之间的巧妙搭配。

链接

日常生活：教师将幼儿的布艺作品展示在幼儿园环境中，供幼儿相互欣赏。

延伸工作：教师可针对5岁至5.5岁幼儿提供便签、黏土、树叶等低结构材料，供幼儿进行装饰。

相关活动：可能引发的学习活动有"布艺堆绣""小布袋展"等。

设计制作：给好朋友的一封信

准备 胶水1支、印章若干、纸张若干、信封若干。

目标

1. 初步了解信件的功能与特征。
2. 发展沟通和表达的能力。

年龄 5.5岁至6岁。

预备 知道写信的基本格式。

过程

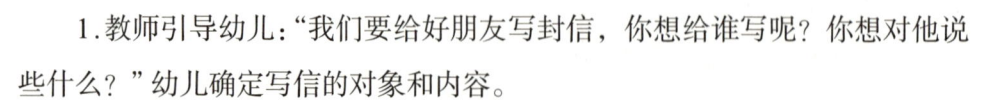

1. 教师引导幼儿："我们要给好朋友写封信，你想给谁写呢？你想对他说些什么？"幼儿确定写信的对象和内容。

2. 幼儿在教师的引导下，回忆一封信包含的基本元素：称呼、问候语、想说的话、写信人、日期等。

3. 教师请幼儿从不同样式的信纸和笔中进行自主挑选，鼓励幼儿用喜欢的方式写信。

4. 幼儿写完信后，根据自己的意愿与教师分享信中的内容。

5. 教师引导幼儿用不同的方法折信纸，将信纸放入信封内，然后在封口

处盖上印章，做好标记，送给同伴。

注意

"多通道"的感知：教师提供不同样式的信纸和笔，使幼儿的书写呈现不同的效果。

"独一无二"的设计：幼儿根据自己想表达的内容进行创意书写。

链接

日常生活：幼儿通过写信、送信，感受用信纸交流的乐趣，甚至可以写信邮寄给远方的朋友。

延伸工作：教师可针对5.5岁至6岁幼儿提供扮演邮递员的帽子、小马甲、邮差包等，引导幼儿进行角色模仿，体验"小小邮递员"的工作。

相关活动：可能引发的学习活动有"走进纸王国""制作信封"等。

生活服务：洗布

准备　水壶1个、水盆2个、水桶1个、搓衣板1块、小刷子1个、肥皂1块、小碟子2个、围裙2件、夹子若干、布若干。

目标

1. 学习洗布的基本流程和方法。
2. 能够与同伴合作洗布，并分享劳动成果和经验。

年龄　3.5岁至4岁。

预备　观察过家人洗衣服的情景。

过程

1.教师和幼儿进行团体讨论："你知道如何洗布吗？洗布需要用到哪些工具？"幼儿凭借生活经验进行表达。教师肯定幼儿："你们是爸爸妈妈的好帮手，今天我们也来试一试洗布。"

2.教师请幼儿穿好围裙，出示洗布的工具及材料。两名幼儿尝试分工：A幼儿给布打肥皂进行搓洗；B幼儿清洗、晾晒布。

3.A幼儿在教师的引导下将布浸湿，打上肥皂后，用刷子刷一刷，并在搓衣板上搓揉布。

4.B幼儿在教师的引导下更换干净的水反复清洗布，直至洗布的水几乎没有泡沫，然后将布进行晾晒。

5.幼儿分工整理材料并将材料归位：A幼儿倒水，清洗工具；B幼儿整理台面。

6.幼儿欣赏洗干净的布，竖起大拇指相互鼓励："下次我们再一起劳动吧！"

注意

"好朋友式"的分工：好朋友一起洗布，协商谁清洗布、谁打肥皂等。

"小红花式"的点赞：幼儿一同欣赏洗干净的布，为合作伙伴点赞。

链接

日常生活：幼儿参与家务劳动，家长鼓励幼儿洗洗小毛巾、小袜子等小件物品。

延伸工作：教师可针对4.5岁至5岁幼儿提供熨烫机、喷水壶、木质立架，引导幼儿熨烫毛巾、围巾、小衣物等。

相关活动：可能引发的学习活动有"洗小毛巾""晾晒衣物"等。

生活服务：打包便当盒

准备 托盘1个、幼儿自制的打包方法手册1本、便当盒若干、各种样式的大块布若干。

目标

1. 认识便当盒，尝试学习给便当盒打包的方法。

2. 乐意动手，体验给便当盒打包的乐趣，提高自我服务的能力。

年龄 4.5岁至5岁。

预备 会打结；会用不同方法叠布。

过程

1. 教师出示便当盒，引导幼儿："我有几个便当盒要带回家，可没有袋子，怎么办？"幼儿分享自己的办法。

2. 教师拿出大块的布，对幼儿说："我有一块布，要用这块布把便当盒打包回家。"随后教师出示打包手册，与幼儿分享各种打包的经验，了解打包的方法和步骤。

3. 两名幼儿在教师的引导下尝试打包。两人共同选择一种打包方式，并协商分工：A幼儿主要负责装包；B幼儿辅助A幼儿进行打结。

4. 将便当盒打包完成后，A幼儿感谢B幼儿："谢谢你的帮助！"B幼儿回应："我们还可以试一试其他的打包方法。"

5. 教师退场观察，两名幼儿自主探索。

注意

"好朋友式"的分工：幼儿邀请好朋友一同打包，两人合作完成便当盒的打包任务。

"小红花式"的点赞：打包完成后，幼儿用语言向同伴表达感谢与赞许。

链接

日常生活：亲子自制便当，在游玩中教师鼓励幼儿给便当盒打包，并与小伙伴们分享便当。

延伸工作：教师可针对5岁至5.5岁幼儿提供牛皮纸、卡纸等，供幼儿尝试制作各种盒子进行打包。

相关活动：可能引发的学习活动有"探寻包装的秘密""制作礼物盒"等。

角色模仿：小小演奏家

准备 乐谱架1个，不同形状、不同大小的玻璃瓶1套，用铝罐制作的小鼓1个，用瓶盖制作的响板2个，节奏卡若干，筷子、勺子各若干，彩色头套若干。

目标

1. 探索用瓶罐发出不同的声音，能用瓶罐有节奏地伴奏。

2. 学习$\frac{2}{4}$拍节奏，体验合作演奏的乐趣。

年龄 4.5岁至5岁。

预备 前期有尝试打击乐器的经验。

过程

1. 幼儿选取材料，教师激发幼儿兴趣："上周我们用可乐瓶演奏了一场好听的音乐会。这次我们用玻璃瓶来演奏，你们想试试吗？"

2. 幼儿在教师的引导下尝试往瓶罐里加入不同剂量的水，探索敲击玻璃瓶发出的声音是否相同。"敲击不同的玻璃瓶，发出的声音一样吗？哪里不一

样？""水多的玻璃瓶发出的声音是高还是低？"教师引发幼儿思考。

3.教师出示节奏卡，引导幼儿认识节奏"××"和"×"。幼儿根据节奏型"　　　"选择喜欢的玻璃瓶进行敲击。

4.教师播放音乐，带领幼儿共同感受音乐的节奏。

5.幼儿挑选节奏卡，继续自主演奏。

注意

"以我为中心"的冲突：幼儿往玻璃瓶里加入不同剂量的水，发现敲击后能发出不同的声音。

"我不怕"的挑战：幼儿尝试根据难易程度不同的节奏卡，敲击出好听的节奏。

链接

日常生活：幼儿通过模仿演奏家，尝试角色扮演，不断挑战，感受音乐的魅力。

延伸工作：教师可针对5岁至5.5岁幼儿提供大小相同的玻璃瓶（瓶内装有不同剂量的水），并将玻璃瓶悬挂于架子上，供幼儿敲击出不同的节奏。

相关活动：可能引发的学习活动有"制作瓶罐乐器""响瓶响罐操"等。

角色模仿：布偶师

准备 大托盘1个、小托盘1个、小盒子1个、透明器皿1个、小藤篮1个、针线若干、各种样式的布若干、彩色木棒若干。

目标

1. 初步了解布偶的外形及特征。

2. 尝试用布料制作简单的布偶，体验做布偶师的成就感。

年龄　5.5岁至6岁。

预备　有基本的缝制技能，会使用针和线。

过程

1. 教师与幼儿交流："布偶剧场要开演了，可是布偶娃娃还不够，需要我们来制作一批布偶娃娃。"

2. 两名幼儿在教师的引导下将材料端至桌面，根据布偶剧场提供的剧本，讨论要做一个什么样的布偶，用什么材料可以让布偶立起来。

3. A幼儿用木棒制作一个"大"字形支架，B幼儿用绳子捆绑木棒。两名幼儿互相协作完成此步骤。

4. 两名幼儿协商选择布料，A幼儿用粘贴或缝制的方法为布偶制作外衣，B幼儿为布偶制作其他装饰，如头饰、五官等。

5. 幼儿与同伴一起欣赏布偶，并为作品点赞。

注意

"你我之间"的共识：制作布偶的过程中，两名幼儿想法达成一致，如制作什么样的布偶，如何装饰布偶等。

"我不怕"的挑战：幼儿运用不同材料，用多种方式制作将布偶立起来的支架。

链接

日常生活：幼儿把创作的布偶展示在活动区内，让更多的小伙伴欣赏。

延伸工作：教师可针对5岁至5.5岁幼儿提供各种材料，供幼儿为布偶进行装饰。

相关活动：可能引发的学习活动有"木偶戏""制作小靠枕"等。

集体活动

纸奶奶过生日

活动领域 语言、社会

活动目标

1. 了解故事中的变色纸、吸复纸、防皱纸等纸张的特殊功能。

2. 学说故事中的对话，了解不同纸的特点。

3. 大胆想象未来的新型纸，萌发初步的创新意识。

活动年龄 3.5岁至5岁。

活动准备

1. 用故事绘本图片制作的PPT课件。

2. 投放不同功能的纸，如复写纸、泡泡纸、防水纸等。

活动过程

1. 谈话：纸奶奶过生日。

——纸奶奶过生日，我们为纸奶奶唱首生日歌。哪些纸宝宝来参加纸奶奶的生日会？

2. 给纸奶奶送祝福。

（1）教师完整讲述故事。

——故事中有哪些纸宝宝来给纸奶奶过生日了？

（2）幼儿说说听到的纸宝宝的本领。

3. 认识各种纸宝宝。

（1）幼儿再次倾听故事，讨论新型纸的特殊功能。

> **可能开展的低结构活动：阅读**
>
> 师幼共同收集与纸有关的绘本故事、文学作品等。在一日活动中可以通过自主阅读、小组阅读、同伴共读等形式，在较为宽松的氛围中进行阅读。

——第一个赶来的是谁？它有什么本领？如果你有一张音乐纸，你想怎么做？

——变色纸有什么本领？你想用变色纸、防皱纸做什么？

——复写纸是用来干什么的？它有什么特殊本领？

（2）幼儿讲述生活中见过的各种各样的纸。

——幼儿玩一玩教师提供的复写纸、泡泡纸、防水纸等新型纸。

——幼儿分组操作，讨论发现各种纸的功能。

> **可能开展的低结构活动：调查**
> 教师鼓励幼儿与小伙伴分享自己的调查结果，说说"见过有哪些纸""它们有什么用"……并将分享的内容记录下来。

（3）教师鼓励幼儿大胆想象，交流、讨论未来的新型纸。

——你还想发明哪种有意思的纸呢？可以画一画你的想法。

活动资源

教师提供故事绘本《纸奶奶过生日》，幼儿结合讨论的内容进行后续故事创编。

布的奇妙之旅

活动领域 语言、艺术

活动目标

1. 理解故事的内容，能大胆表达自己的发现。
2. 感受各种布制品，丰富有关布的各种用途的经验。

活动准备

各种各样的布，各种布制品。

活动年龄 5岁至6.5岁。

活动过程

1.花布旅行记。

（1）话题：小花布旅行。

——请大家猜猜，小花布去哪里旅行了？旅途中它快乐吗？

（2）听教师讲述故事。

——小花布的心愿实现了吗？为什么？

——它被剪去做成了什么？小花布越剪越小，还能做成花裙子吗？

（3）感受小花布的心情。

——如果你是小花布，愿意被老奶奶、阿姨们剪裁吗？

——小花布最终被做成了什么？她喜欢现在的样子吗？为什么？

2.找找花布藏在哪里。

（1）幼儿分组找找藏在教室里的小花布。

——布的本领可真大，能变出很多有用的东西，我们找找哪些东西是花布变的。

（2）幼儿回家找找家里哪些物品是用布做的。

3.创想布的其他用途。

（1）幼儿用编织、拼贴等方法，用碎布装饰物品或将碎布制成其他物品。

可能开展的低结构活动：制作

教师在区域中为幼儿提供各种各样的碎布、纽扣、毛根、毛线等低结构材料，支持幼儿用布进行创意制作。

（2）教师将幼儿创作的布的小艺术品展示在教室里，形成一个小小的布艺展。

可能开展的低结构活动：展示

教师将幼儿的作品投放于展示区，协助幼儿记录作品名称和背后的创作故事，鼓励幼儿向同伴和家长展示并介绍自己的作品。

> **活动资源**

教师提供布艺作品照片，激发幼儿开展有关布的艺术创作。

会移动的箱子

> **活动领域** 科学、健康

> **活动目标**

1. 探索拖、拽和滚等移动物体的方法，感受用这些方法移动物体便利程度的差别。
2. 喜欢参与移动箱子的游戏，发现各种游戏的变化和有趣。

> **活动年龄** 3.5岁至5岁。

> **活动准备**

大小纸箱、PVC水管、麻绳各若干。

活动过程

1. 尝试徒手推箱子。

——这里有个大箱子，你们可以移动它吗？

——教师请一名幼儿坐在箱子里，其他幼儿来推箱子，使箱子移动。

——幼儿体验并分享坐箱子和推箱子的不同感受。

2. 利用滚筒推箱子。

（1）教师出示水管，幼儿讨论如何利用水管使箱子移动。

——小朋友们来挑战，怎样让箱子向前移动？可以用水管来帮忙。

——幼儿分组讨论，进行第一次尝试。

（2）幼儿尝试用讨论的方法移动箱子，与同伴探索并讨论改进的方法。

——刚才大家想了很多办法，我们一起来试试。

——借助水管我们把箱子向前移动了一点，如果还想往前移动，我们可以怎么办？

（3）幼儿再次尝试用滚筒让箱子移动。

——我们将滚筒一个挨一个放在地上，将箱子放在滚筒上面，试试用麻绳拉动箱子。

（4）幼儿自主讨论。

——直接推拉箱子容易，还是利用滚筒推箱子容易？

3. 把箱子拉得更远。

（1）幼儿分小组或个体探索如何把箱子拉得更远。

——用几个滚筒能把纸箱拉得更远吗？怎么做？

可能开展的低结构活动：探玩

教师提供丰富的探索材料。在幼儿探索过程中，教师可以提出驱动性问题，引导幼儿观察、交流游戏经验。

可能开展的低结构活动：探玩

师幼一起将探索过程记录、梳理并呈现在墙面上。教师将幼儿想到的方法与操作结果进行一一对应，在互动中引发幼儿做进一步探究。

（2）幼儿在幼儿园寻找合适的工具继续探索。

——找找还有什么工具可以帮助我们把箱子运走。

活动资源

教师提供集体游戏示意图，帮助幼儿快速了解游戏的玩法。

纸的探玩

活动领域 科学、语言

活动目标

1. 探索纸的不同种类和用途，了解经过特殊加工的纸制品给人们的生活带来的便利。

2. 发现纸的秘密，了解纸易折、易撕碎、易揉皱、易吸水、易燃烧等特点。

活动准备

生活中各种各样的纸。

活动年龄 5岁至6.5岁。

> 活动过程

1. 生活中的纸。

(1) 谈话：回忆生活中的纸。

——我们的生活离不开纸，你见过什么样的纸？它们分别有什么用处？

(2) 幼儿根据已有经验进行讲述，教师总结记录。

2. 创意玩纸：感知纸的特征。

(1) 幼儿观察桌上的各种纸，摸摸、看看，分享自己的感受。

——老师给小朋友们带来了许多纸，看一看，摸一摸，玩一玩，它们有什么不同？

可能开展的低结构活动：实验

教师鼓励幼儿尝试用不同材质的纸进行实验，并引导幼儿设计实验表，用记录单记录不同纸的特性，如纸是否防水。教师将实验记录表装订成小册子，供幼儿交流、分享。

(2) 幼儿自由观察、讨论，交流、分享自己的发现。

——有各种各样的纸，它们有不同的颜色，有的大、有的小，有的厚、有的薄，有的光滑、有的粗糙，有的有光泽、有的暗淡……

3. 操作探玩：发现纸的特点。

(1) 教师出示各种纸艺作品，幼儿了解纸易折、易碎、易揉的特点。

——不同的纸有不同的用处，老师带来了纸的好朋友，看一看，猜一猜，它们是怎么做出来的？（教师出示折纸、粘贴画、纸蘸画等。）

可能开展的低结构活动：探玩

幼儿利用材料进行探索。教师提供各种纸、笔，让幼儿用符号表征、绘画等形式记录自己的发现，并在环境中展示。

(2) 幼儿分组自由探索。

——这些作品是用什么方法做出来的？你还看到过怎样的纸艺作品？

(3) 幼儿分享、表达。

——原来可以撕纸做粘贴画，用纸蘸颜料画画，还可以折纸。纸的用处真不少。

> **活动资源**

教师提供图片，激发幼儿探索发现各种纸的特性。教师提供实验材料，支持幼儿探索和记录。

| 贴纸 | 餐巾纸 | 包花纸 | 牛皮纸板 |

瓶罐会唱歌

> **活动领域** 艺术、科学

> **活动目标**

1. 知道大小不同的物品装在瓶罐里，敲击瓶罐会发出不同的声音。
2. 尝试敲击装了物品的瓶子和罐子，给不同节奏的乐曲配乐。

> **活动年龄** 3.5岁至5岁。

> **活动准备**

1. 高低不同的瓶罐，颗粒大小不同的豆类和小石头若干。
2. 打击乐图谱。

> **活动过程**

1. 好玩的瓶罐。

（1）师幼一同手拿瓶罐，听音乐入场。

——有这么多彩色的瓶

可能开展的低结构活动：仪式

有条件的幼儿园可以选择山坡、草坪、操场等户外场地，举办小型音乐会。教师提供多种材料的瓶罐与各种谷物，创设一个宽松自主的表演环境，举行小小的入场仪式。

罐,请小朋友选一个,和老师玩有趣的游戏。

（2）幼儿选取自己喜欢的瓶罐。

2. 好听的声音。

（1）发出声音的瓶罐。

——请你想办法让手中的瓶罐发出声音,然后说说你的办法。

（2）幼儿自由探索,展示自己的办法。

——你是怎样让手中的瓶罐发出声音的?

3. 瓶罐演奏会。

（1）根据瓶罐发声的高低,幼儿坐成半圆形。

——瓶罐演奏会马上要开始了,敲击自己的瓶罐,听听发出的声音,和小伙伴们比比,发出高高的声音坐在这边,发出低低的声音坐在另一边。

可能开展的低结构活动：展示

教师在区域内投放一些表演道具、材料,如话筒、小鼓、碰铃等,支持幼儿自主表演。教师可以捕捉和记录下精彩瞬间,以二维码的形式进行展示。

（2）演奏《大雨,小雨》。

——教师放音乐,幼儿听歌曲声音的高低进行瓶罐演奏。

（3）"瓶罐宝宝"睡觉了。

——"瓶罐宝宝"和我们玩了这么久,让我们哄它们睡觉吧。(教师播放歌曲《小星星》,幼儿轻轻地抚摸"瓶罐宝宝",不发出声音。活动结束时幼儿将瓶罐送回篮子里。)

活动资源

教师提供图谱,让幼儿玩一玩"会歌唱"的瓶罐,引导幼儿发现由于瓶罐的大小不同和放入材料的不同,敲击瓶罐发出的声音也不同。

活动资源

XXXX，XXXX，XXX，XXX。

XXXXX，XXXXX，XXX，XXX。

大雨，小雨

1=C 2/4　　　　　　　　　　　　　　汪爱丽　词曲

5 4 3 2 | 1 - | 5 4 3 2 | 1 - | 1 1 1 1 |
大 雨 哗 啦　啦，　大 雨 哗 啦　啦，　哗 啦 哗 啦
小 雨 淅 沥　沥，　小 雨 淅 沥　沥，　淅 沥 淅 沥

3 3 3 3 | 5 4 3 2 | 1 - ‖
哗 啦 哗 啦 大 雨 哗 啦　啦。
淅 沥 淅 沥 小 雨 淅 沥　沥。

漂亮的瓶瓶罐罐

活动领域　艺术、语言

活动目标

1. 初步感知马赛克艺术的特点。
2. 尝试用马赛克颗粒装饰瓶罐，感受色彩搭配的魅力。

3.在装饰活动中主动发现美和感受美，体验创作的快乐。

活动年龄 5岁至6.5岁。

活动准备

1.活动前收集并清洗各种瓶罐，数量多于幼儿人数。

2.用马赛克颗粒装饰好的瓶罐若干，挂历纸、毛线、包装带、水彩颜料、剪刀等。

活动过程

1.马赛克艺术。

（1）教师出示各色马赛克，引导幼儿说说生活中见过的马赛克。

——这是什么？在生活中你见过吗？在哪里见过？

（2）师幼共同欣赏视频《马赛克艺术》。

——我们欣赏了从古至今的马赛克艺术，小朋友是不是也想来试试？我们一起动手来做一个马赛克艺术品。

2.马赛克瓶罐创作。

（1）幼儿选择喜欢的瓶罐，把双面胶贴在瓶罐上。

——幼儿选择喜欢的马赛克颗粒，拼贴出不同的图案。

——幼儿用小小的马赛克颗粒把罐子的表面铺满。

（2）幼儿尝试填充白色填缝剂。

——教师先往白色填缝剂中加入适量的水，将溶液搅拌成牙膏状，引导幼儿用小刷子蘸适量填缝剂，填满马赛克之间的缝隙。

（3）晾晒和清洁。等填缝剂半干后，幼儿用海绵蘸适量水，擦干净马赛克表面的填缝剂。

> **可能开展的低结构活动：创作**
>
> 教师在活动区投放多样的材料，并给予幼儿充分的创作时间，鼓励幼儿尝试叠加材料，不断丰富对瓶罐的想象，按照喜欢的方式进行创作。

3. 展示与欣赏。

（1）幼儿把自己装饰好的瓶罐放在展示台，相互介绍、欣赏，感受创作的快乐。

（2）幼儿用装饰好的瓶罐布置活动室，体验将废旧瓶罐重新变成艺术品的喜悦。

> **可能开展的低结构活动：展示**
>
> 师幼在教室中进行"我的瓶罐"的墙面布展。在布展及欣赏展品的过程中，教师提醒幼儿关注艺术品的陈列方式、展示的标识与内容介绍，关注参观流程以及参展礼仪。

活动资源

教师提供马赛克艺术作品图片，后续可搭建立体展示的区域，供幼儿布展，欣赏作品。

小小蜡染师

活动领域 社会、语言

活动目标

1. 欣赏蜡染工艺并讨论，了解蜡染工艺的制作过程。
2. 感受单色染、复色染等不同的蜡染工艺，欣赏重叠图案的独特美。
3. 对我国古老的民间传统蜡染工艺感兴趣。

活动年龄 3.5岁至5岁。

活动准备

多媒体课件、染布颜料、海绵棒、布、手套。

活动过程

1. 蜡染花布的由来。

（1）幼儿观看蜡染花布的制作过程（视频）。

——老师在旅行中看到了一场有趣的蜡染，还带回了一段视频。

——视频里，蜡染师傅是怎样进行蜡染的？

（2）幼儿比较蜡染和扎染的区别。

——小朋友们觉得蜡染和我们做过的扎染有什么不一样？它们又有什么相同的地方？

> **可能开展的低结构活动：探玩**
>
> 教师鼓励幼儿寻找生活中的蜡染作品与扎染作品，将它们投放到区域中供幼儿一起探索。通过实物，幼儿直接感受两者的不同特点。

2. 了解蜡染花布的制作工艺。

（1）幼儿自由说说蜡染花布是怎么做的。

——这么漂亮的蜡染花布是怎么制作出来的？视频里的蜡染花布有哪些颜色？

（2）幼儿观看蜡染的过程。

——阿姨们是如何制作蜡染花布的？用到了哪些工具？

——蜡染的时候，有蜡的地方会变成什么颜色？为什么？

——看了有趣的蜡染，我们来尝试当一回小小蜡染师。

3. 尝试蜡染。

（1）幼儿戴上手套，选一块布，分组用棉棒蘸取蜡进行染色。

（2）待染上的蜡干后，幼儿可以尝试将布浸泡到不同的染色剂里。

> **可能开展的低结构活动：制作**
>
> 幼儿制作完成后可以将作品放在班级区域。教师可以在活动区投放多样化、适合的材料，供幼儿继续进行装饰和制作。

4.欣赏蜡染布,将作品布置在班级门厅或区域。

活动资源

教师提供蜡染工艺的视频和图片,在区域中投放材料。幼儿可在单色染的基础上尝试多色染,发现蜡不溶于水的特点。

一起来造纸

活动领域 社会、科学

活动目标

1.了解纸的演变过程,知道纸是如何做出来的。

2.初步了解纸的制造过程,知道造纸术是中国古代的四大发明之一,感受作为中国人的自豪。

活动年龄 5岁至6.5岁。

活动准备

1. 自制的再生纸、宣纸若干。

2. 造纸的材料和工具：废旧宣纸、卫生纸，脸盆等容器，榨汁机，纱布，挤压板，自制过滤网（把铁丝衣架折成长方形，套入连裤袜，固定后做成一个过滤网）。

3. 视频《神奇的造纸术》。

活动过程

1. 中国古代四大发明之一——造纸术。

（1）猜测、了解纸的来历。

——你们看，老师手里拿的是什么？纸是从哪里来的？

（2）听听《蔡伦造纸》的故事。

——幼儿听故事，自主讨论造纸可能需要的材料。

（3）猜猜纸是如何变出来的。

——每组投放宣纸，幼儿摸摸、闻闻宣纸，说说宣纸是怎么造出来的。

2. 造纸术学一学。

（1）观看视频《神奇的造纸术》。

——幼儿说说纸是怎样做出来的，可以用什么材料制作纸浆。

> **可能开展的低结构活动：探玩**
>
> 师幼共同收集各种各样的纸，将纸投放在区域，开展玩纸游戏，并进行小组讨论：纸可以怎么玩。幼儿记录各种纸的玩法并展示、分享。

（2）纸浆如何变成纸。

——幼儿观察桌上的材料，了解造纸的方法和步骤。

（3）观察再生纸，了解纸的回收利用和可再生特性。

——幼儿比较发现宣纸和再生纸的不同，了解废纸也可以被回收、重新变成纸再次利用。

3.动手试试造纸。

（1）幼儿尝试造纸：撕纸、打浆、淘洗、铺平、压制和晾晒。

（2）幼儿将纸晾晒完成后进行揭纸，教师鼓励幼儿体验造纸的完整过程。

可能开展的低结构活动：创作

教师给予幼儿充分的时间，幼儿通过个体创作与合作创作的方式，利用纸浆及相关材料自由进行纸艺创作。教师及时捕捉幼儿有价值的创作技法，如拓印、堆叠等，通过语言、照片等方式进行展示。

活动资源

教师提供造纸相关的视频、工具和材料，后续幼儿可探究制作不同颜色、不同材质的纸。

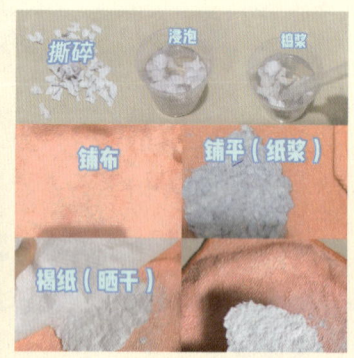

好玩的饮料瓶

活动领域 健康、科学

活动目标

1.探索瓶子的多种玩法。

2.尝试滚球击物，提高手眼协调性与手腕、手指的力量。

3.体验与同伴一起游戏的乐趣。

活动年龄 3.5岁至5岁。

活动准备

1. 废旧的饮料瓶若干(瓶内装有水),皮球6个。

2. 画好起点线、终点线(两线相距5米)。

活动过程

1. 律动:瓶子操。

(1)幼儿每人手拿一个饮料瓶进入场地,跟随教师进行"瓶子操"的律动。

——小朋友们,我们和"瓶娃娃"一起做操,你们喜欢"瓶娃娃"吗?

2. 和饮料瓶做游戏。

——幼儿自由探索瓶子的玩法并分享。

——幼儿再次带着饮料瓶游戏,跟随教师夹着瓶子跳一跳,顶着瓶子走一走,背着瓶子爬一爬。

3. 饮料瓶和其他材料的组合玩法。

(1)用皮球和饮料瓶来打"保龄球"。

——幼儿将几个"瓶娃娃"摆好,将一个大皮球滚向"瓶娃娃",比比谁碰倒的"瓶娃娃"最多。

(2)用呼啦圈和饮料瓶来绕"树林"。

——幼儿将"瓶娃娃"和呼啦圈间隔一定的距离摆好,幼儿绕过障碍来回跑动游戏。

(3)用拱门和饮料瓶来玩进球游戏。

——多名幼儿滚动手中的瓶子,让瓶子滚向拱门做的球门,比比谁的饮料瓶进球门最多。

> **可能开展的低结构活动:探玩**
>
> 教师鼓励幼儿玩瓶子游戏,同伴相互交流饮料瓶的玩法。师幼共同记录探索的过程与结果,可不断调整记录内容。

> **可能开展的低结构活动:实验**
>
> 教师可追随幼儿的兴趣,开展小组对比实验,如比比谁碰倒的"瓶娃娃"最多等,鼓励幼儿记录实验结果,及时捕捉幼儿在游戏中的价值点。

4."瓶娃娃"回家了。

——我们和"瓶娃娃"玩了游戏,"瓶娃娃"累了,我们带"瓶娃娃"回家休息吧。

> **活动资源**
>
> 幼儿后续还可将瓶子和其他材料组合进行游戏,变化出多种形式的游戏。

趣玩纸板

活动领域 健康、科学

活动目标

1. 掌握助跑跨跳等动作,跨跳距离不少于50厘米。
2. 提高动作的灵活性、协调性,增强合作能力。
3. 喜欢与同伴合作,体验运动的挑战与快乐。

活动年龄 5岁至6.5岁。

活动准备

人手一块纸板,轻快的热身音乐。

活动过程

1. 纸板热身运动。

(1)纸板热身操。

——小朋友们,我们要用纸板做游戏。(幼儿跟随音乐的变化,将纸板举过头顶、用膝盖夹住等,做伸展、伸弯、下蹲、体转、跳跃、整理等动作。)

2. 自由探索纸板的玩法。

(1)幼儿自由探索纸板的玩法,如跳、顶、爬。

——纸板可以怎么玩?我们来试一试。谁愿意来示范,你是怎么玩的?

(2)幼儿自由结伴,探索纸板的新玩法。

——纸板还可以怎么玩?大家可以学一学小伙伴的新玩法。

> **可能开展的低结构活动:探玩**
>
> 教师给幼儿提供数量充足的纸板,幼儿可在晨间、午餐后等时间进行自由探索,并进行记录与分享。

3. 分组进行纸板游戏。

(1)跨过"纸板房":幼儿将纸板折成屋顶状,进行助跑跨跳,脚不踩到纸板上。

(2)顶纸板骑车:幼儿头顶纸板,脚踩自行车,保持身体的平衡直到终点。

(3)交替过"小河":幼儿两两结伴,将纸板垫在脚下当小桥,两人交替走过"河"。

4. 纸板游戏接力赛。

(1)幼儿分成两组接力:轮流跨过"纸板房"——顶纸板骑车——交替过"小河"。

> **可能开展的低结构活动:探玩**
>
> 教师鼓励幼儿开展多形式的纸板接力赛,如跳跃纸板等。活动前教师做好安全预案,排除场地安全隐患,避免幼儿活动时发生意外。

（2）游戏进行2～3遍结束，幼儿跟着音乐一起做放松活动。

活动资源

教师提供场地示意图，幼儿可以结合场地和器械，用纸板进行多种形式的游戏。

完美夏日

轰隆隆，打雷了，
哗啦啦，下雨了，
雨滴打在荷叶上，
小青蛙跳了出来，
呱呱呱，夏天来了。

——甜心、睿睿

主题说明

　　夏天是炎热的，也是令人快乐的。孩子们可以尽情享受阳光、挥洒汗水，可以泡在游泳池里嬉戏，可以聆听知了在树上唱着动听的歌，也可以和小伙伴分享冰激凌的甜蜜，自然就有了属于孩子们的"完美夏日"。孩子们在与夏天的亲密接触中，感受特有的缤纷趣事，体验"剥莲蓬""清洗荷叶""制泡荷叶茶"等生活服务类的游戏化工作，并借助身边的材料，制作扇子、驱蚊水等物品，想办法消暑纳凉，度过夏日的夜，尽情享受"完美一夏"的美好时光。

环境创设

互动墙

在"完美夏日"主题环境创设中，围绕"夏天在哪里""夏天真热""甜甜的西瓜""夏天的向往"等话题展开师幼讨论、亲子讨论，并创设互动墙。

◆ 可能引发的学习

夏天在哪里

关键词：调查、探玩

幼儿与家长一起开展"夏天有什么"的调查，通过对花草树木的仔细观察，发现植物在夏天特有的变化。感受嬉戏、玩耍时的酣畅淋漓，在探索中感知夏天雨水的多样性，对夏天有初步的印象和感知。

夏天真热

关键词：阅读、制作

夏日炎炎，幼儿围绕"如何给自己降温"的话题展开讨论。通过绘本阅读了解动物、植物降温的方法，寻找生活中的降温、防晒小妙招，尝试制作草帽、扇子、花露水等防暑降温物品，感受在炎热的夏天开展活动所带来的快乐。

甜甜的西瓜

关键词：表达、阅读、制作、探玩

由"甜甜的西瓜"引发幼儿对夏天美食的期待。通过绘本阅读，了解西瓜的生长过程；在美食制作过程中，感知西瓜的基本特征。开展"西瓜皮可以用来做什么"的话题讨论，探索西瓜的其他用途。

夏天的向往

关键词：探玩、创作、仪式

收集身边玩沙、玩水的材料，如雨衣、雨鞋、装雨水的容器、水枪等，体验与小伙伴玩沙、玩水的乐趣，在游戏中探索水的变化。用不同的绘画工具描绘夏天的"颜色"，创作独特的夏日艺术品。筹备"夏天的梦""六一"晚会，在欢笑声中体验节日的快乐氛围。

◆ 参考图

展示区

在"完美夏日"主题实施中,在门厅、活动室等地方,师幼共同布置幼儿制作的与"夏天"有关的手工艺品或毕业班的幼儿自制的纪念品,感受夏日的别样风景(见表8)。

表 8　展示区创设列表

地点	展示内容
活动室	1. 幼儿在不同造型的扇子上自主创作添画,并进行陈列。 2. 幼儿用黏土创作"夏日荷塘",还原西湖边荷花盛开的景象。
门厅	1. 幼儿将绘制的"想在这个夏天做的 100 件小事"进行分享。 2. 幼儿用创作的"去游泳吧"等毕业班艺术作品进行布展。
走廊	1. 幼儿用小砖头、防水膜搭建"池塘",放入荷花、鹅卵石等进行装饰。 2. 幼儿用水彩、黏土等各种材料创作"西瓜工厂",并互相欣赏。

◆ 参考图

家园共育

亲子共读

◆《夏天也是西瓜做的一个梦》

绘本将西瓜和建筑物巧妙结合，将夏日的每个节气融入其中，给孩子们呈现了从立夏一直到立秋的节气变化，以及每一个节气的特有习俗。结合中国的传统文化，幼儿在亲子共读中萌发更多的奇思妙想，感受夏日的生动有趣。

还可借阅《魔法的夏天》《蚂蚁和西瓜》《30000个西瓜逃跑了》《夏日的一天》等图书。

亲子游戏

◆ **水枪喷画**

目的：感受夏日里玩水的快乐，体验亲子共同创作的乐趣。

材料：水枪、水彩画纸、液体水彩。

玩法：将水彩画纸固定在树上，家长邀请孩子在水枪里装满液体水彩后，喷绘作品。待画纸在草地上晾干一段时间，亲子可尝试用石头压一压画纸，尝试多种形式的创作，激发幼儿的艺术潜能。

主题脉络图

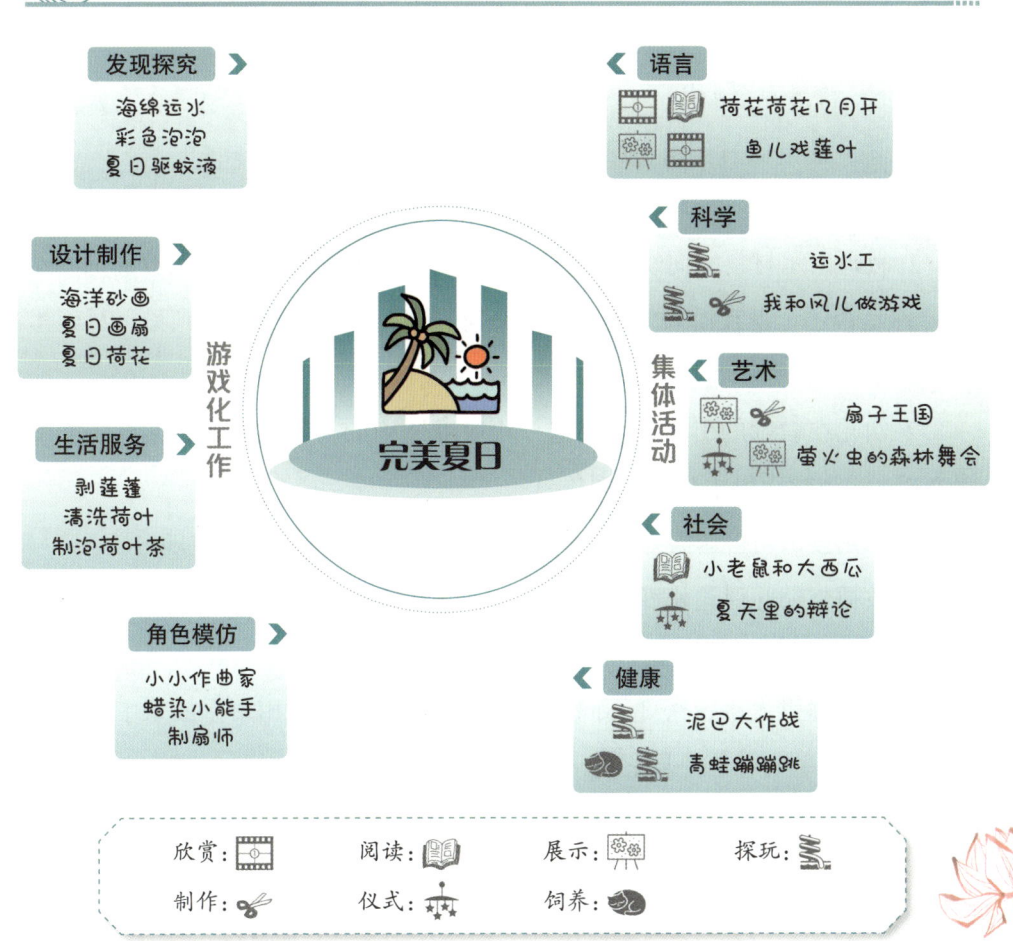

发现探究
- 海绵运水
- 彩色泡泡
- 夏日驱蚊液

设计制作
- 海洋砂画
- 夏日画扇
- 夏日荷花

生活服务
- 剥莲蓬
- 清洗荷叶
- 制泡荷叶茶

角色模仿
- 小小作曲家
- 蜡染小能手
- 制扇师

游戏化工作

完美夏日

语言
- 荷花荷花几月开
- 鱼儿戏莲叶

科学
- 运水工
- 我和风儿做游戏

艺术
- 扇子王国
- 萤火虫的森林舞会

社会
- 小老鼠和大西瓜
- 夏天里的辩论

健康
- 泥巴大作战
- 青蛙蹦蹦跳

集体活动

欣赏　阅读　展示　探玩
制作　仪式　饲养

游戏化工作

发现探究：海绵运水

准备 托盘1个、碗3个、记录纸、大小和密度不同的海绵若干。

目标

1. 了解海绵吸水的特性，掌握挤的动作。
2. 锻炼手指的力量，促进手眼协调能力的发展。

年龄 3.5岁至4岁。

预备 前期做过倒水、舀水的工作。

过程

1. 教师出示材料，向幼儿发出挑战："我们要用海绵来运水。"教师询问幼儿："你是否还记得在游戏中你是用什么材料将一只碗里的水运到另一只碗里的？"幼儿回忆并作答。

2. 幼儿在教师的引导下，挑选一块厚度适中的正方体海绵，尝试将海绵浸在碗中，观察碗里水变少的现象。

3. 幼儿尝试用挤压海绵的方式，将海绵中的水放入另一个空碗内。

4. 教师与幼儿讨论水变少的原因，了解海绵被挤压时可吸水的原理："你看轻轻的海绵是如何变重的？"

5. 教师提供大小、密度不同的海绵，引导幼儿尝试用单手或双手挤压海绵并吸水，体验有什么不同之处。

6. 幼儿将自己的实验结果进行记录，并与教师分享自己的发现。

注意

"无边界"的猜想：幼儿大胆猜测海绵变重的原因。

"打破砂锅问到底"的质疑：幼儿用不同大小、密度的海绵进行反复实验。

"反复"的试错：幼儿感知海绵吸水、放水的变化，通过捏、拧等方式尝试将海绵弄干。

链接

日常生活：幼儿在生活中运用清洁海绵清洗杯子、碗碟等。

延伸工作：教师可针对4岁至4.5岁幼儿增加硬币、滴管等材料，探究"物存水"的原理。

相关活动：可能引发的学习活动有"水枪大作战""变色的纸巾"等。

发现探究：彩色泡泡

准备 滴管6支、量杯3个、记录卡1张、油壶1瓶、洗洁精1瓶、海绵1块、纸架1个、试管架1个、透明杯子若干。

目标

1. 在探索中感知将颜料滴在不同液体中的现象变化。

2. 增强对科学知识的兴趣和探索的主动性。

年龄 4.5岁至5岁。

预备 熟练使用滴管，做过用滴管滴水的工作。

过程

1. 教师出示材料："你见过彩色的泡泡吗？""我们要变彩色的泡泡，能成

功吗？"

2.幼儿在教师的引导下将清水倒入量杯内100mL处。

3.幼儿依次拿取油壶和洗洁精瓶，分别将油和洗洁精倒入两个量杯中，并观察两个量杯溶液的变化。

4.教师介绍试管架上的颜料及操作方式，邀请幼儿猜测两个量杯中会发生的现象："滴入颜料，溶液会变出泡泡吗？会变出什么颜色的泡泡？"

5.幼儿观察桌面上的试管架，挑选喜爱的颜色，用滴管将颜料依次滴入量杯内，并观察量杯内溶液的变化。

6.幼儿将实验结果记录下来，教师鼓励幼儿描述观察到的现象，讨论"颜料无法下沉"的原因。

注意

"无边界"的猜想：幼儿对将颜料滴入不同液体中产生的变化提出猜想：颜料是浮在水面上，还是消失了？

"反复"的试错：幼儿通过实践操作，对不同液体的密度有初步的感知并进行自主探索。

链接

日常生活：幼儿寻找生活中各种水的奥秘，尝试用油、洗洁精去除污渍。

延伸工作：教师可针对5岁至5.5岁幼儿开展水油分离实验活动。

相关活动：可能引发的学习活动有"七彩下雨天""水的流动"。

发现探究：夏日驱蚊液

准备 托盘1个、闻香瓶8个、捣碎器1个、手套1双、中草药（薄荷、金银花、艾叶、迷迭香）若干、记录纸若干、玻璃瓶若干。

目标

1.通过看、摸、闻等方式直接感知中草药的神奇，理解节气与生活之间是息息相关的。

2.在观察、比较中萌发制作驱蚊液的兴趣，满足好奇心。

年龄 5.5岁至6岁。

预备 前期开展过制作驱蚊液需要哪些材料的小调查。

过程

1.教师与幼儿对不同气味的中草药进行闻香体验，幼儿运用语言描述闻香后的感觉。

2.幼儿挑选喜欢的中草药，依次将它们放入玻璃瓶中。

3.教师引导幼儿观察玻璃瓶的容量，并提醒幼儿："我们戴上手套，防止酒精滴到手上。"幼儿将酒精倒入玻璃瓶内静置。

4.幼儿就观察到的现象大胆猜测："这些中草药会有什么变化？酒精会变成什么颜色？……"

5.教师引导幼儿观察静置后的玻璃瓶，幼儿拿取漏斗过滤驱蚊液。

6.幼儿记录自己的实验结果，并与同伴分享自己制作的驱蚊液。

注意

"无边界"的猜想：幼儿大胆猜测中草药静置后的变化以及驱蚊水的制作原理。

"打破砂锅问到底"的质疑：幼儿通过猜想，提出"为什么中草药叶子的颜色变深""为什么加入酒精后中草药的气味发生了改变"等问题。

"反复"的试错：幼儿在反复探索中发现中草药和酒精的配比不同，制作的驱蚊液香味也不同。

链接

日常生活：幼儿将自制的驱蚊液带回家，用于日常涂抹。

延伸工作：教师可针对5.5岁至6岁幼儿增加中草药的种类，供幼儿了解驱蚊包的配方。

相关活动：可能引发的学习活动有"香包制作""驱蚊好办法"等。

设计制作：海洋砂画

准备　托盘1个，油画纸、刮刀各若干，石英砂若干，蓝色水粉颜料若干，贝壳等装饰物若干。

目标

1. 初步了解海洋中各种各样的贝壳。

2. 用生活中常见的沙子进行创意表达。

年龄　3.5岁至4岁。

预备　会使用搅拌棒进行搅拌。

过程

1. 教师和幼儿一同观察贝壳，并分享："夏天到了，海边的沙滩上有各种各样的贝壳。""这些贝壳好漂亮，我们要把它们送回到大海里。"

2. 教师请幼儿将石英砂、白乳胶和蓝色的颜料混合在一起，用搅拌棒进行

搅拌。

3.幼儿用刮刀将调配好的混合物涂抹到圆形油画纸的表面。

4.幼儿将喜欢的贝壳放在画纸上，选择珍珠、干花等装饰物，将装饰物用刮刀轻轻地按压、固定。

5.教师引导幼儿："在海洋中除了贝壳，还有哪些可爱的小动物呢？"教师引导幼儿进行更多的创意制作。

6.完成作品后，幼儿与同伴分享作品、表达想法。

注意

"多通道"的感知：教师提供各种纸、颜料、黏土、亮片、贝壳等低结构材料，让幼儿通过用眼睛看、用小手摸等多种方式进行感知和创作。

"独一无二"的设计：幼儿根据喜好自主选择、搭配不同的贝壳，塑造自己心目中的贝壳海洋之家。

链接

日常生活：幼儿与父母去海洋公园寻找从绘本中了解过的海洋生物，萌发保护自然环境的意识。

延伸工作：教师可针对4岁至4.5岁幼儿提供多种水粉颜料，幼儿可表现有层次的海洋。

相关活动：可能引发的学习活动有"解密海洋""美人鱼"等。

设计制作：夏日画扇

准备 固体水彩1盒、水洗笔1支、洗笔器1个、白乳胶若干、食盐若干、各种类型的扇子若干。

目标

1. 链接生活经验，了解夏日里扇子的用途。
2. 能够按照自己的喜好进行美术创作。

年龄 4.5岁至5岁。

预备 前期有用固体水彩绘画的经验。

过程

1. 教师取出托盘里的扇子，请幼儿凭借扇子上已有的半张脸，猜猜他（她）是班里的哪位小朋友。幼儿表示想将自己画在扇子上，请同伴猜测。

2. 教师请幼儿挑选扇子，鼓励幼儿用自己喜欢的颜料画画。

3. 幼儿欣赏镜子中的自己，在教师的引导下用扇子遮住下半张脸，露出眼睛、眉毛和鼻子，随后进行观察。

4. 幼儿取出水洗笔和洗笔器，用笔蘸取固体水彩，对照镜子中的自己，尝试在扇面上画出自己的样貌。

5. 教师与幼儿欣赏扇子作品，幼儿邀请同伴猜测扇子上的人物是谁。

注意

"多通道"的感知：幼儿2~3人为一组，利用水粉、肌理画等方式装饰扇子。

"独一无二"的设计：幼儿在扇子上画出其他同伴的样貌特点，凸显同伴的特征。

链接

日常生活：幼儿寻找生活中的扇子，发现制作扇子的材料，为后续制作扇子做好准备。

延伸工作：教师针对4.5岁至5岁幼儿设置扇子艺术品展台，供幼儿欣赏与借鉴。

相关活动：可能引发的学习活动有"夏天也是西瓜做的一个梦""水彩画

欣赏"等。

设计制作：夏日荷花

准备 吸管1根、木盒1个、喷壶1个、刮刀1把、铁丝若干、闪粉若干、有掐丝荷花图案的书签若干、量杯若干、沙子若干、白乳胶若干。

目标

1. 尝试创作掐丝的荷花，借助闪粉进行上色。

2. 感受珐琅工艺的美，对中国传统文化感兴趣。

年龄 5.5岁至6岁。

预备 前期用扭扭棒制作荷花，对荷花有简单的了解。

过程

1. 教师选取材料，与幼儿一同欣赏："老师带来了一件传统工艺品，你看见了什么？这些图案和花纹有什么共同的特征？"

2. 教师邀请幼儿将装有铁丝的盒子打开，根据颜色将铁丝摆放在桌面上："你摸到铁丝后是什么感觉？你可以试试用拧扭扭棒的方式给铁丝做个造型。"

3. 交流设计荷花的想法后，幼儿在教师的引导下用白乳胶和刮刀将设计完成的荷花造型固定在书签上。

4. 幼儿挑选粉色闪粉："可以用闪粉给荷花涂上渐变色。"

5. 幼儿尝试按照掐丝珐琅步骤，对荷叶、花心等部分进行创意制作。"观察夏日里的荷花，除了花瓣，你还想创作什么？"教师退场观察。

注意

"多通道"的感知：幼儿通过抓握、揉捏等方式感知铁丝，用闪粉填色时，感知非遗传统工艺带来的视觉震撼。

"独一无二"的设计：对于掐丝的荷花图案，教师鼓励幼儿链接前期经验，进行自主设计。

链接

日常生活：幼儿在生活中观察荷花，欣赏小区里、西湖里的荷花的形态。

延伸工作：教师可针对4.5岁至5岁幼儿增添刮沙盒和沙盘，供幼儿体验用沙子绘画的乐趣。

相关活动：可能引发的学习活动有"荷花图鉴""荷花灯笼"等。

生活服务：剥莲蓬

准备 托盘1个、玻璃器皿2个、圆头镊子1把、莲蓬若干。

目标

1. 学习剥莲蓬、剥莲子，品尝莲心，了解莲蓬和莲子的关系。

2. 愿意分享自己剥的莲子，体验与同伴合作的乐趣。

年龄 3.5岁至4岁。

预备 已清洗过莲蓬，泡过荷叶茶。

过程

1. 教师请幼儿拿取莲蓬，观察其外形特征："你知道莲子是从哪里来的吗？"

2. 教师引导幼儿用大拇指按压包裹在莲蓬里的莲子，随后用手指将莲子

剥出。

3.幼儿用手将莲子轻轻掰开,用镊子将绿色的莲心夹出。

4.幼儿讨论分工:A幼儿对莲子、莲心进行分类,并用莲心点缀水果拼盘;B幼儿点数莲子的数量,将莲子平分后装入食品袋。

5.剥完莲蓬后,幼儿清理桌面垃圾,与教师分享经验。

6.幼儿邀请同伴品尝自己剥好的莲子,绘制点赞卡赠予彼此。

注意

"好朋友式"的分工:2~3名幼儿合作分工剥莲蓬,并数一数剥好的莲子的数量。

"小红花式"的点赞:幼儿将剥好的莲子送给小伙伴们品尝,收获分享的喜悦。

链接

日常生活:结合日常生活中吃莲子的经验,教师鼓励幼儿为家人剥莲子。

延伸工作:教师可针对4岁至4.5岁幼儿增加剥百合、给小米脱壳等工作,供幼儿制作莲子羹。

相关活动:可能引发的学习活动有"莲蓬书签""一颗莲子的生命旅程"等。

生活服务:清洗荷叶

准备 托盘1个、喷壶1个、碟子1个(内装有海绵)、剪刀1把、取水壶1个。

目标

1.与同伴分工对荷叶进行喷水、

擦拭、修剪，观察荷叶的不同形态。

2.分享养护荷花的小技巧，萌发爱护周边环境的意识。

年龄 4.5岁至5岁。

预备 前期有清洗碟子、树叶、玻璃杯的简单经验。

过程

1.教师引导幼儿观察池塘里的荷花："池塘里的荷花好久没被清理了，今天我们来清理它们吧！"教师引导幼儿关注植物的养护（上有灰尘、污泥等）。

2.幼儿讨论各自的分工：A幼儿给荷叶浇水，B幼儿把荷叶上的灰尘擦干净。

3.A幼儿修剪荷叶，拿掉干枯的荷叶，将枯叶放入垃圾桶。

4.B幼儿一边浇水一边关注土壤的湿润程度。

5.幼儿分别完成任务后，一起欣赏整洁的植物角并分享经验。

6.教师引导幼儿相互鼓励，并在植物上悬挂劳作牌。

注意

"好朋友式"的分工：幼儿能观察荷叶的情况，并进行自主分工，一起照料植物。

"小红花式"的点赞：幼儿将照料植物的过程拍摄下来，做成展示栏，供其他幼儿参考，愿意鼓励自己和同伴。

链接

日常生活：幼儿收集荷叶养护的相关信息，借助绘本、网络资源等了解有关荷花、荷叶、莲蓬在日常生活中的作用。

延伸工作：教师可针对5岁至5.5岁幼儿引导其尝试盖碗泡茶法，体验中国传统文化。

相关活动：可能引发的学习活动有"莲藕拓印""荷叶柄吐泡泡"等。

生活服务：制泡荷叶茶

准备 托盘1个、玻璃碗1个（内装有新鲜的荷叶、干枯的荷叶）、茶壶1把、剪刀1把、刷子1个、竹筛1个、碟子1个、吸水纸若干、袋子1个。

目标

1.在与同伴的分工合作中了解荷叶茶的制作过程，萌发对荷叶探究的欲望。

2.初步掌握荷叶的清洗、晾晒、剪枝等技能，体验劳动的乐趣。

年龄 5.5岁至6岁。

预备 能够熟练使用剪刀，做过泡茶的工作。

过程

1.教师与幼儿欣赏泡茶的材料："你在家里见过爸爸妈妈喝茶吗？你喜欢喝茶吗？"

2.幼儿将鼻子凑近玻璃碗闻茶香，教师向幼儿介绍荷叶茶的制泡流程：清洗荷叶—撕剪荷叶—泡茶。

3.幼儿讨论分工。A幼儿穿上围裙，开始尝试清洗荷叶：将荷叶放置容器内，用刷子从上到下轻轻地刷洗荷叶的正反面。

4.B幼儿在桌面铺上吸水纸，将清洗好的荷叶放置在吸水纸上，反复翻面。

5.B幼儿用剪刀将荷叶剪成小片，将其放置在竹筛中进行晾晒。

6.荷叶变干后，教师引导幼儿拿取少许荷叶放入茶壶中，向茶壶中倒入开水并观察荷叶在水中的变化。

7.幼儿相约品尝荷叶茶,交流、分享彼此喝茶后的心情。

注意

"好朋友式"的分工:2~3名幼儿讨论泡荷叶茶的步骤并主动分工、认领任务。

"小红花式"的点赞:幼儿将荷叶茶给自己的好朋友品尝,收获分享的喜悦。

链接

日常生活:幼儿收集荷叶其他用途的资料,结合实际尝试开展亲子活动,如品尝荷叶鸡。

延伸工作:教师可引导4.5岁至5岁幼儿给植物角里的荷叶换水,给金鱼喂食等。

相关活动:可能引发的学习活动有"神奇的叶子""劳动小能手"等。

角色模仿:小小作曲家

准备 桌子1张、桌布1块、曲谱架1个、小棒1根、托盘1个(内放各色彩笔)、音片架1个(上有彩色音片若干)、画纸若干。

目标

1.愿意敲击音片,聆听音片发出的不同声音。

2.尝试用各种颜色绘制曲谱。

年龄 3.5岁至4岁。

预备 已做过音感钟的工作,并参与过创编曲谱的活动。

过程

1.教师向幼儿介绍:"你们知道编曲师吗?这是编曲师用来创作的乐器,你们想来试一试吗?"教师介绍相关材料及乐器名称。

2.教师拿起小棒,敲击不同的音片,请幼儿听一听音片发出的不同音色。

3.幼儿倾听,教师鼓励幼儿将听到的音律用颜色替代,绘制在曲谱上。

4.教师有节奏地敲击不同的音片,引导幼儿用自己的方式表示音色与节奏。

5.幼儿根据敲击的音色与节奏,再次选择彩笔绘制自己想要的曲谱。

6.创编完成后,幼儿挑战完整敲击音片进行演奏,教师与其他幼儿一同欣赏。

7.幼儿在曲谱下署名,整理材料。

注意

"你我之间"的共识:师幼共同完成曲谱创编,体验不同的音色与节奏。

"我不怕"的挑战:幼儿根据曲谱进行演奏,并不断完善曲谱,力求演奏出自己喜欢的乐曲。

链接

日常生活:幼儿将创作的曲谱继续保留在操作区内,让更多的同伴尝试演奏。

延伸工作:教师可针对4.5岁至5岁幼儿,引导其尝试为舞台剧创作多种背景音乐。

相关活动:可能引发的学习活动有"粉刷匠""小雨沙沙"等。

角色模仿：蜡染小能手

准备 收纳架1个、垫板1块、软塑板若干（大小不同）、颜料若干、工具笔若干、多种样式的滚刷若干。

目标

1. 初步学习蜡染的基本步骤，发现民俗文化的鲜明特点。
2. 尝试运用多种材料创作出造型丰富的蜡染作品，体验成功感。

年龄 4.5岁至5岁。

预备 前期有拓印的经验。

过程

1. 教师邀请幼儿欣赏蜡染作品："你发现蜡染作品有什么特点？你闻到了什么香味？"

2. 教师与幼儿观察、讨论蜡染所需要的材料，邀请幼儿穿上工作服。

3. 幼儿自主讨论分工，进行蜡染：A幼儿挑选工具笔进行细节雕刻并抠出相应图案；B幼儿选取颜料调配颜色。

4. 幼儿完成后，教师鼓励幼儿将软塑板与同伴进行分享，并邀请B幼儿给软塑板上色。

5. 幼儿根据蜡染的步骤进行滚刷上色。A幼儿根据B幼儿完成的蜡染雏形挑选精油，给作品上蜡，静置后闻香。教师鼓励幼儿用语言表达闻到的香味。

6. 师幼欣赏蜡染作品并布置展览，共同讨论："只有软塑板才可以蜡染吗？你愿意试试别的材料吗？"

注意

"以我为中心"的冲突：幼儿筛选蜡染材料，确定主材料。

"你我之间"的共识：幼儿欣赏双方共同完成的作品，并主动分享经验。

"我不怕"的挑战：同伴之间相互鼓励，并约定下一次制作时可交换工作内容。

链接

日常生活：幼儿将制作完成的作品用于其他工作中，如制作杯垫、小桌布等。

延伸工作：教师可针对5岁至5.5岁幼儿增加棉布等材料，供幼儿尝试蜡染布艺体验。

相关活动：可能引发的学习活动有"蜡染衣服""蜡染布艺"等。

角色模仿：制扇师

准备 工作服2套、扇面若干、不同样式的扇骨若干、棉棒若干、白乳胶若干、颜料若干。

目标

1. 了解制作扇子的步骤，制作扇骨、扇面等。

2. 独立制作扇子或与同伴合作制扇，体验制扇师的成就感。

年龄 5.5岁至6岁。

预备 有画扇子的经验，并对扇子的组成部分有初步的了解。

过程

1. 幼儿穿好制扇师服装，教师引导："这里有三种样式的扇骨，请你挑自己喜欢的样式。"

2. A幼儿尝试给扇骨上胶：用棉棒蘸取少量白乳胶，以画圆心的方法将白乳胶点涂在扇骨上。B幼儿尝试粘贴扇面：折叠扇面，一正一反折叠出匀称的扇面，并按照顺序将扇面粘贴在扇骨上。

3. 两名幼儿也可以相互配合粘贴扇面，如：A幼儿拿住扇骨，B幼儿将扇面从左到右覆盖在扇骨上，按压后放置在一旁。

4. 两名幼儿对扇面进行装饰，可以用水彩绘制扇面，也可以在扇面上粘贴装饰物。

5. 幼儿可根据意愿互换工作任务，或采取互帮互助的形式。

6. 幼儿相互欣赏作品并交换，用自制的扇子纳凉。

注意

"以我为中心"的冲突：幼儿应注意涂抹白乳胶的量与位置能否将扇面固定在扇骨上。

"你我之间"的共识：针对工作中出现的问题，幼儿讨论并互助完成。

"我不怕"的挑战：粘贴扇面时，白乳胶容易错位，需幼儿两两协作反复操作；绘制的扇子内容也需要幼儿协商完成，绘制过程中需要更多的耐心。

链接

日常生活：幼儿了解扇子在生活中的多种用途，如遮阳、扇风等。

延伸工作：教师可引导6岁至6.5岁幼儿制作折扇、团扇等其他材质的扇子。

相关活动：可能引发的学习活动有"美丽的中国扇""扇子变形记"等。

集体活动

荷花荷花几月开

活动领域 语言、社会

活动目标

1. 欣赏夏季花卉的图片，初步了解花卉的外部特征。
2. 玩"你问我答"的语言游戏，用"×花×花几月开"的句式大胆表述。
3. 在游戏中感受言语表达的乐趣。

活动年龄 3.5岁至5岁。

活动准备

1. 夏季花卉的图片若干。
2. 纸艺荷花若干。
3. 前期围绕"夏日花卉"话题已积累相关经验。

活动过程

1. 谜语导入，引发对"荷花"的好奇。

（1）猜谜：叶子大而圆，长在水里边，坐上小娃娃，好像一只船。

——猜猜，这是什么？你们知道它是什么时候开放的吗？

2. 欣赏儿歌内容，尝试角色扮演，玩"你问我答"的游戏。

（1）幼儿欣赏并熟悉儿歌内容，发现时间规律，尝试角色扮演，玩"你问我答"的游戏。

> **可能开展的低结构活动：阅读**
> 亲子可共读一些关于荷花的绘本，了解荷花的外部特征和生长过程，在交流中丰富相关认知经验。

> **可能开展的低结构活动：欣赏**
> 家长与幼儿在周末可拍摄身边所看到的荷花，并将照片带到幼儿园用于布置墙面并欣赏。

（2）幼儿提问"荷花荷花几月开"，教师扮演荷花姑娘，师幼进行儿歌问答。

——荷花荷花几月开，一月不开二月开。荷花荷花几月开，二月不开三月开。……

（3）幼儿按照句式继续提问，教师回答"六月荷花朵朵开"时，做莲花开放的手势。

3.利用不同形式表现儿歌的内容，尝试认识更多的夏季花卉。

（1）集体提问，个别幼儿轮流回答并相互传递纸艺荷花。

（2）幼儿念至"七月荷花全部开"时，拿到纸艺荷花的幼儿扮"花仙子"，其他幼儿蹲下，双手呈花瓣状。

（3）"花仙子"抽取夏季花卉图片并进行提问："×花×花几月开。"

（4）其他幼儿根据夏季花卉图案进行猜测并以"×花×花几月开"的句式应答。

（5）幼儿借助花卉图片验证答案，并进行下一轮活动。

> **活动资源**
>
> **荷花荷花几月开**
>
> 荷花荷花几月开，一月不开二月开。
>
> 荷花荷花几月开，二月不开三月开。
>
> 荷花荷花几月开，三月不开四月开。
>
> 荷花荷花几月开，四月不开五月开。
>
> 荷花荷花几月开，五月不开六月开。
>
> 荷花荷花几月开，六月荷花朵朵开。

完美夏日

活动资源

教师提供夏季花卉图片，供幼儿进一步认识夏季开放的花卉。

不同的夏季花卉图片

纸艺荷花

鱼儿戏莲叶

活动领域 语言、艺术

活动目标

1. 欣赏江南的秀丽风景，尝试用简洁明快的诗词进行表达。
2. 学习辨别东、南、西、北四个方向，并在游戏中尝试辨别方向。
3. 与同伴互动，体验诗歌所带来的乐趣。

活动年龄 5岁至6.5岁。

活动准备

1. 《江南采莲》动画。
2. 背景音乐《青花瓷》（选用高潮部分"天青色等烟雨……"）。
3. 小鱼挂件、莲花手持各若干。

活动过程

1. 故事导入，初步感受诗歌的意境。

（1）教师播放背景音乐，带领幼儿走进"江南"，倾听故事《江南采莲》。

——故事中发生了什么？他们为什么要采莲？是怎么采莲的？

> **可能开展的低结构活动：欣赏**
>
> 条件允许的情况下，教师提供采莲视频，幼儿自主播放并观看，引发针对"采莲"话题的学习和讨论：为什么采莲？怎么采莲？……

（2）幼儿集体探讨，说说在故事中听到的趣事。

——人们在采莲蓬的时候，发现河中的小鱼有方向地游来游去。

2. 欣赏诗歌《江南》的相关图片，理解诗歌的内容。

（1）教师出示图片，逐句朗诵诗歌，幼儿寻找图片中的江南夏日小景。

——诗歌和《江南采莲》的故事有什么相同之处？你听到诗歌中的什么内容？

（2）根据夏日小景，幼儿对应故事《江南采莲》中的趣事，进一步理解诗歌。

——鱼戏莲叶间，鱼戏莲叶东……

——小鱼在莲叶之间游来游去，快乐地玩耍呢。

3.通过游戏"鱼儿戏莲叶"，辨别东、南、西、北方位。

> **可能开展的低结构活动：展示**
>
> 教师鼓励幼儿以小组形式合作，进行一场"鱼儿戏莲叶"的展示，并从展示场域、展示形式等方面确定方案，在展示中相互欣赏。

（1）部分幼儿扮演鱼儿，部分幼儿扮演莲叶，听到相应方向的指令，做出相应的动作（如：小鱼游到东边，东边的"莲叶"左右摇摆）。

（2）幼儿分小组开展游戏活动，进一步理解"鱼戏莲叶东/西/南/北"的意境。

4.与同伴跟随音乐进行角色扮演，进一步巩固对诗歌《江南》的认识。

——请你们跟着轻柔的音乐，与身边的小伙伴互动。

活动资源

幼儿欣赏、熟悉诗歌内容，教师帮助幼儿进一步理解诗歌《江南》。

江南

（汉乐府）

江南可采莲，

莲叶何田田。

鱼戏莲叶间。

鱼戏莲叶东，

鱼戏莲叶西，

鱼戏莲叶南，

鱼戏莲叶北。

运水工

活动领域 科学、健康

活动目标

1. 发现水流动、透明、无味等特征,知道水在人们生活中是至关重要的。
2. 尝试寻找并乐意使用各种工具运水,发现水的功能。
3. 在运水过程中充分感受水带来的乐趣,以及完成运水任务的成就感。

活动年龄 3.5岁至5岁。

活动准备

1. 盆、漏斗、瓶子、水桶、杯子、铲子、筐、勺子、毛巾、棉花、吸水纸、海绵等各类运水工具。
2. 可装水的容器2组(1组装满水,另1组是空的)。

活动过程

1. 话题讨论:我想当运水工。

(1)师幼对话,初步感知水的特征。

——你们认识水吗?水是什么样的?水有什么作用?

(2)幼儿当运水工,一起想办法运水。

——水如此重要,我们如何保护水资源?又怎样搬运水呢?

2. 实验尝试:我是运水工。

(1)幼儿尝试徒手运水,知道水的珍贵。

——你们身边有两个水箱,我们先来试试用手来运水吧。

——水很珍贵,怎样可以让水不漏在地上?

> **可能开展的低结构活动:探玩**
>
> 幼儿多次开展运水游戏,根据运水的距离等,选用适合的方法、喜欢的工具来运水,如水桶和扁担、PVC管道等,并将运水探究过程记录在记录单上。

完美夏日

（2）幼儿寻找适合的工具，巧妙运水。

——你觉得用哪些工具运水能又快又多？

——水还剩一点点了，我们怎样把这些水运过去？

3. 交流、思考：运水知多少。

可能开展的低结构活动：探玩

教师鼓励幼儿在日常生活中寻找、发现更多的运水方式，每名幼儿推荐觉得特别的运水妙招，同伴相互模仿、探玩。

（1）幼儿交流、探讨每个工具在运水活动中的作用。

（2）结束搬运，幼儿把工具放回原位。

——请你们将可以运水的和不可以运水的工具进行分类，把它们分别放到不同的收纳筐里吧。

> **活动资源**
>
> 幼儿在活动中通过玩水、运水，探索在不同情形下适合的工具和材料。

| 舀水类工具 | 盛水类工具 | 吸水类工具 | 漏水类工具 |

325

我和风儿做游戏

活动领域 科学、语言

活动目标

1. 了解大自然中风的特性，发现风有大小差异。
2. 尝试用各种材料制造风，分享在实验中的发现。
3. 探索发现其他能形成风的材料，体验实验成功后的喜悦。

活动年龄 5岁至6.5岁。

活动准备

1. 风铃、纸风车、气球、羽毛、扇子、硬纸板、打气筒、吹风机等。
2. 旗子若干面。

活动过程

1. 猜谜导入活动，发现风的特性。

（1）幼儿猜谜语，发现大自然中无处不在的风。

——看不见我的影子，捉不住我的身子。沙沙沙，有时我只摇树枝。呼呼呼，有时我要推倒房屋。

（2）幼儿集体讨论"风"的作用。

——风是什么样的？风有什么作用？风这么厉害，我们来找找身边的风。

2. 探寻生活中的风，进一步了解风的特性。

（1）教师提供各种材料，幼儿自由选择工具，寻找大自然中的风。

——这里有风铃、纸风车、羽毛、气球……你用什么方法能找到大自然中的风？你是怎样发现它的？

> **可能开展的低结构活动：制作**
> 师幼准备各种能产生"风"的材料，如扇子和羽毛等，可自由组合，尝试制造"风"的方法。

（2）幼儿分小组进行实验，组合运用以上材料来发现风。

3. 和风儿做游戏，探索风的形成。

> **可能开展的低结构活动：探玩**
> 幼儿在探索过程中进行个别或者小组交流：用什么材料制造风？怎样才能知道制造出了风？教师鼓励幼儿在探索中借用各种他物判断风的存在。

（1）用我们的身体寻找风。

——想一想，在不碰旗子的前提下，用身体哪个部位的什么方法可以让旗子动起来？为什么旗子可以挥动起来？是谁来了？

（2）幼儿玩游戏"我和风儿做游戏"，运用材料制造风。

——这里有个百宝箱，大家想想，还有哪些办法可以让旗子动起来？

4. 开展交流分享会，丰富幼儿的经验。

活动资源

教师提供相关材料，幼儿尝试进一步探索风的形成和特点。

扇子王国

活动领域 艺术、语言

活动目标

1. 比较扇子外形的差异,知道扇子的功能和使用方法。
2. 设计独特的夏日扇子,在扇面上大胆用不同材料进行装饰。
3. 布置"扇子王国",展示自己的作品,提高审美情趣,树立创新意识。

活动年龄 3.5岁至5岁。

活动准备

1. 布置环境"扇子王国"。
2. 不同类型的扇面、扇柄若干,以及胶水、双面胶。
3. 黏土、毛球、亮片、羽毛、皱纹纸等不同的装饰材料。

活动过程

1. 参观"扇子王国",初步感知、欣赏不同类型的扇子。

(1)教师引导幼儿观察扇子的形状、颜色、图案。

——"扇子王国"里有很多漂亮的扇子,请你说一说你喜欢的扇子。

——你看到的扇子是什么形状的?上面有什么?

(2)师幼一同讨论,了解扇子的作用。

——扇子可以用来做什么?你还见过怎样的扇子?

——你想设计一把怎样的扇子?我们一起用扇子布置属于自己的"扇子王国"吧。

2. 布置"扇子王国",大胆尝试制作扇子。

(1)教师介绍材料,引导幼儿了解扇面与扇柄的制作办法。

> **可能开展的低结构活动:制作**
> 师幼陆续收集制作扇子的材料,如塑料袋、吸管、羽毛等。教师提供扇子制作步骤的小书、图片,供幼儿自主探索、制作。

——小小扇面转一转，我来找找双面胶，慢慢脱下白衣裳，手指宝宝来帮忙，轻轻按上小扇柄，我的扇子做好啦。

（2）教师介绍各种装饰物，幼儿尝试用不同材料装饰扇子。

——这里有黏土、亮片、羽毛等材料，我们来制作扇子，布置属于自己的"扇子王国"。

3.布置心中的"扇子王国"，欣赏扇子作品。

——将扇子布置在"扇子王国"，欣赏自己和同伴的扇子作品，感受被他人称赞的喜悦。

可能开展的低结构活动：展示

师幼共同设计扇子展示会，发送邀请函，邀请其他班的幼儿一同来欣赏，感受作品的创意，使幼儿获得情感上的满足。

活动资源

教师提供材料，供幼儿直观感知欣赏不同的扇子。

萤火虫的森林舞会

活动领域 艺术、语言

活动目标

1.感受歌曲优美的旋律和动听的乐句,运用肢体动作和柔和的嗓音来表达歌曲的意境。

2.熟悉萤火虫的特点和习性,借助角色扮演萌生探索夏日昆虫的愿望。

活动年龄 5岁至6.5岁。

活动准备

1.歌曲《萤火虫》录音、歌曲图谱。

2.萤火虫图片,手电筒若干。

活动过程

1.创设夜晚森林的环境,了解萤火虫的特点。

(1)教师播放音乐,借助手电筒表现萤火虫闪烁的光芒。

——你们知道老师刚才扮演的是什么昆虫吗?

(2)教师提供萤火虫图片,幼儿观察萤火虫。

——萤火虫是很特别的昆虫,它的尾部会发光。在夏天的夜晚,它们看起来像小灯笼一样,真漂亮!

2.欣赏歌曲《萤火虫》,理解歌词内容。

(1)幼儿欣赏歌曲,理解歌词。

——萤火虫是怎样飞的?飞舞的萤火虫像什么?

(2)观察《萤火虫》歌曲图谱,感受音乐的变化。

——小小萤火虫,飞来飞去。请你尝试用动作表现萤火虫飞的样子。

——萤火虫聚在一起飞的时候像小灯笼。请你借用手电筒表现飞舞、闪

> **可能开展的低结构活动:展示**
>
> 教师鼓励幼儿在班级区域内跟着音乐自由模仿萤火虫飞舞,或自行设计萤火虫飞舞的造型,并自由展示各种飞舞的姿势。

烁的萤火虫，熟悉歌词内容。

3. 夜晚的森林，萤火虫来聚会。

（1）教师创设"夜晚森林"的环境，幼儿感受夏日夜晚萤火虫飞舞的梦幻氛围。

（2）幼儿手拿手电筒，扮演萤火虫，边演唱歌曲边在森林中自由"飞舞"，结束活动。

> **可能开展的低结构活动：仪式**
>
> 在条件允许的情况下，班级举办"夜晚森林舞会"，组织开展"萤火虫光影秀""萤火虫音乐节"等户外活动，并邀请家长参与。

活动资源

教师提供歌曲图谱供幼儿直观感受，熟悉音乐旋律的变化。

萤火虫

1=D 4/4

```
3 2 3  1 1 5 | 3 3 2 3  1 1 5 | 3 1 5 - - | 3 1 5 - - |
小小  萤火虫，飞到西  飞到东，这边亮，      那边亮，

0 0   0 0 | 0 0  0 0 | 0 0 3 1 5 | 5 - 3 1 5 |
                              这边亮，      那边亮，

3 3 3 1 5 2 | 1 - - - : | 3 3 3 1 5 2 | 1 - - - ||
好像许多小灯    笼。      好像许多小灯    笼。

5 - 0 0 | 0 0 0 0 : | 3 3 3 1 5 2 | 1 - - - ||
                     好像许多小灯    笼。
```

小老鼠和大西瓜

活动领域 社会、语言

活动目标

1. 愿意想办法帮助小老鼠解决在看望奶奶途中所发生的一系列问题,并能大胆表述。

2. 根据故事情节的发展,体验"帮助""感谢"所带来的快乐。

活动年龄 3.5岁至5岁。

活动准备

绘本《大西瓜》、小老鼠头饰、西瓜卡片。

活动过程

1. 情景导入:鼠奶奶生病了。

(1)教师邀请一名幼儿扮老鼠。

——小老鼠,你匆匆忙忙地要去干什么呀?

——我奶奶生病了,我要去看她。

(2)欣赏故事绘本《大西瓜》的封面、封底。

——猜猜故事里的大西瓜和小老鼠会发生什么事情。

——看看封底,小老鼠见到自己的奶奶了吗?

2. 故事阅读:小老鼠偶遇大西瓜。

(1)幼儿仔细观察绘本的第1~2幅画面。

——幼儿自主阅读,说说小老鼠经过西瓜地时发生了什么事。

——吃了西瓜以后,小老鼠把西瓜皮丢掉了吗?

(2)教师和幼儿阅读第3~4幅画面。

> **可能开展的低结构活动:阅读**
>
> 利用晨间谈话、阅读专用室活动等时间,师幼共读"大西瓜"相关主题的书籍,如《藏西瓜》《谁偷走了西瓜》等,并集体讨论:大西瓜是什么样的?你喜欢西瓜吗?大西瓜发生了什么事?

——太阳火辣辣的，它为什么要戴上西瓜帽呢？

（3）小组阅读第5~8幅画面，阅读后分享、交流西瓜皮的用处。

> **可能开展的低结构活动：阅读**
> 教师可开展阅读分享活动，鼓励幼儿大胆向同伴讲述自己在书中看到的内容，幼儿可分小组互相点赞或评选出故事大王。

——小老鼠又遇到了什么事？它不会游泳，又遇到了狐狸，怎么办？

——遇到河流，小老鼠是怎么用西瓜过河的？

——遇到狐狸，小老鼠是怎么用西瓜帮助它逃跑的？

3.完整欣赏故事，绘制西瓜贺卡表达感谢。

——小老鼠说："谢谢你们的帮助！"幼儿将自己制作的西瓜贺卡送给同伴。

活动资源

教师提供黑龙江美术出版社出版的绘本《小老鼠种大西瓜》，将其投放在区域中。幼儿可继续创编故事，并制作感谢卡，对同伴表达感激之情。

夏天里的辩论

活动领域 社会、语言

活动目标

1.大胆、清楚地表述喜欢夏天或不喜欢夏天的观点及理由。

2.积极参与辩论活动，在辩论中遵守规则，并尝试质疑、反驳别人的观点。

3.尝试在合作中阐述自己的观点，在挑战中发现可突破的论点，并体验辩论所带来的快乐。

活动年龄 5岁至6.5岁。

活动准备

1. 幼儿观看过辩论赛的视频，初步了解辩论赛的规则。

2. "夏天好"和"夏天不好"的大标识牌、小标识牌，记录纸、记号笔各若干，黑板，正方、反方记分牌，红色、绿色裁判牌。

活动过程

1. 以话题"你喜欢夏天吗"引发幼儿对夏天的兴趣。

（1）师幼谈话，引出关于夏天的辩论赛。

——你喜欢夏天吗？为什么？（幼儿学习使用"我喜欢／不喜欢夏天，因为……"句式。）

> **可能开展的低结构活动：仪式**
> 辩论之前，教师可倾听幼儿的想法与意愿，同时鼓励幼儿就"你期待的夏日辩论赛""辩论赛中需要哪些环节"等话题进行小组讨论和交流。

（2）关于夏天的辩论赛，辩题为"你喜欢夏天还是不喜欢夏天"。

2. 关于夏天的辩论。

（1）幼儿根据意愿（喜欢或不喜欢夏天）进行分组，并进行小组讨论。

——夏天可以玩水、放暑假、吃冰激凌等，但夏天蚊虫多、天气炎热、容易生病等。（幼儿思考喜欢还是不喜欢夏天，并分组讨论。）

（2）教师提供纸、笔，幼儿用简笔画的形式记录自己的观点。

——喜欢夏天的小朋友和不喜欢夏天的小朋友把自己的观点画下来，并分组分享观点。

（3）幼儿分组阐述理由，教师用简笔画的形式进行记录，将同类理由归类，帮助幼儿梳理。

——梳理发现大家喜欢或不喜欢的理由，主要是天气、可以玩的地方和食物，你们同意以上理由吗？有没有要补充的？

（4）幼儿尝试辩驳对方的观点，学习使用"我不同意，因为……"句式。

——幼儿再次分组，将自己不同意的观点用简笔画形式记录下来并阐述理由。

3.教师结合记录板，总结"夏天辩论赛"的情况。

——大家对夏天有这么多有趣的想法，可以在区域中继续讨论。

> **可能开展的低结构活动：仪式**
> 本活动与"完美夏日"主题相关联，教师可鼓励幼儿持续用辩论的方式解决本主题中发现的问题。

活动资源

教师提供材料记录单，供幼儿记录、分享，整理思路。

泥巴大作战

活动领域 健康、社会

活动目标

1.了解泥巴的特点，发现玩泥巴的乐趣。

2.尝试用材料与泥巴进行多种互动，体验与同伴玩泥巴的快乐。

活动年龄 3.5岁至5岁。

活动准备

1.场地：一片泥坑。

2.绘本《吧唧吧唧踩泥坑》。

3.雨衣、雨鞋、小毛巾、铲子、水管、木块、树枝等材料。

活动过程

1. 绘本《吧唧吧唧踩泥坑》导入，吸引幼儿玩泥巴的兴趣。

（1）幼儿阅读绘本，了解泥巴的特点。

——故事里的小朋友在做什么？你们想不想玩？

——泥巴是什么样的？

（2）师幼讨论，我们可以怎样玩泥巴。

——玩泥巴时会出现哪些问题？要怎样才能避免？

——我们需要准备哪些物品？它们分别有什么用？

（3）师幼准备玩泥巴的材料，做好玩泥巴的准备。

2."泥巴大作战"，体验玩泥巴的快乐。

——教师鼓励幼儿使用多种材料来玩泥巴，发现"泥"的秘密。

3.分享"泥巴大作战"的活动感想。

——教师带领幼儿总结玩泥巴的经验，为之后的泥塑活动做好准备。

> **可能开展的低结构活动：探玩**
>
> 有条件的幼儿园，雨天后，师幼可在幼儿园里寻找泥巴地，并通过踩一踩、跳一跳等方式感受玩泥巴的乐趣。

> **可能开展的低结构活动：探玩**
>
> 在幼儿玩"泥巴大作战"时，教师要关注幼儿的安全，如：提醒幼儿不将泥巴扔到他人的脸、耳朵等部位。

活动资源

教师提供长江少年儿童出版社出版的绘本《吧唧吧唧踩泥坑》，帮助幼儿直观了解泥巴的特点。

青蛙蹦蹦跳

活动领域 健康、社会

活动目标

1.学习双脚并拢向上跳,发展腿部肌肉力量,提高身体的平衡能力。

2.在游戏"青蛙跳跳跳"中体验参与体育活动的乐趣。

活动年龄 5岁至6.5岁。

活动准备

1.用来布置"池塘"场景的轮胎若干(高度不同)。

2.歌曲《捉害虫》《我爱洗澡》。

活动过程

1.热身运动:小蝌蚪变青蛙。

(1)小蝌蚪跟着妈妈在池塘里学游泳。

——小蝌蚪扭一扭身体,扩胸运动;小蝌蚪长出前腿,伸展运动;小蝌蚪长出后腿,压腿运动;小蝌蚪变成青蛙,踮脚,活动脚腕、手腕。

2.观察跳跃的姿势:小青蛙跳跳跳。

(1)幼儿尝试从一定高度的"岸上"跳进"池塘"。

(2)幼儿尝试从不同高度的"岸上"往下跳(重点:脚并拢、膝盖弯曲)。

3.游戏挑战:小青蛙呱呱叫。

(1)游戏一:幼儿化身小青蛙,"消灭害虫",巩固跳的技能。

——教师扮作虫子,发出"嗡嗡"声。"小青蛙"发现"虫子",双脚并拢,在"荷叶"上一边跳,一边用双手拍打"虫子"。

(2)游戏二:"跳荷叶",幼儿探索不同的跳跃动作。

> **可能开展的低结构活动:探玩**
>
> 师幼可以有意识地选择不同的高度和距离,探索青蛙跳跃的方式,讨论和分享青蛙跳跃的特点和技巧,互相学一学青蛙跳跃的样子。

——小青蛙在有间距摆放的"荷叶"上双脚并拢向前跳。

（3）游戏三："营救小蝌蚪"，幼儿挑战从更高的高度往下跳。

——小青蛙从高处的"荷叶"上跳下，将"荷叶池"里的"小蝌蚪"送往"池塘"的另一边。

4. 全身放松：小青蛙爱洗澡。

——"青蛙妈妈"带领"小青蛙"放松：小青蛙累得满头大汗了，快来跟妈妈一起洗个澡吧！

可能开展的低结构活动：饲养

师幼可在区域中饲养小青蛙，幼儿日常可以随时观察。教师投放饲养活动记录单，鼓励幼儿主动记录饲养青蛙的过程以及发生的趣事。

活动资源

教师出示游戏示意图，帮助幼儿快速了解游戏的玩法。

池塘场景布置示意图

游戏一：从一定高度往下跳

游戏二：探索不同的跳跃动作

游戏三：比比谁跳得轻、跳得远

图书在版编目（CIP）数据

游戏化工作：实践蒙氏教育本土化的幼儿园案例 / 须晶晶主编. -- 杭州 : 浙江教育出版社, 2024.11.
ISBN 978-7-5722-8890-6

Ⅰ. G612

中国国家版本馆CIP数据核字第2024KF6121号

游戏化工作——实践蒙氏教育本土化的幼儿园案例
YOUXIHUA GONGZUO SHIJIAN MENGSHI JIAOYU BENTUHUA DE YOUERYUAN ANLI

须晶晶　主编

责任编辑：杨　楠	责任校对：查奕倩
美术编辑：钟吉菲	责任印务：曹雨辰
封面设计：张曲如	

出版发行：浙江教育出版社
　　　　　（杭州市环城北路177号　电话：0571-88909743）
图文制作：杭州万方图书有限公司
印　　刷：杭州佳园彩色印刷有限公司

开　　本：710mm×1000mm　1/16	印　　张：22.75
标准书号：ISBN 978-7-5722-8890-6	字　　数：300 300
版　　次：2024年11月第1版	印　　次：2024年11月第1次印刷
定　　价：68.00元	

版权所有·侵权必究
如发现印装质量问题，影响阅读，请与本社市场营销部联系调换。
电话：0571-88909719